Understanding Leadership

리더십의 이해

2판

한형서

Business & Management Books
비앤엠북스

머리말

오늘날 지식정보사회에서는 최고 관리자뿐만 아니라 조직구성원 상호 간의 지식정보 공유와 수평적 의사전달 및 협력적 거버넌스가 매우 중요하다. 리더가 조직의 목표달성과 조직구성원의 역량을 극대화시키기 위해서는 탁월한 리더십을 통해서 새로운 변화와 가치를 추구해야 한다. 훌륭한 리더는 조직과 조직구성원 변화와 미래 불확실성에 대응할 수 있는 역량을 높이는 것이 중요하다. 즉, 지도자는 자신과 다른 사람들이 옳은 일을 실행하도록 돕는 것이다. 리더는 조직과 구성원의 방향을 구체적으로 설정하고, 이에 대한 비전과 실천적 행동을 세우고 도전하는 자세가 필요하다. 또한 리더는 방향을 설정하는 동시에 관리기술을 사용하여 조직구성원을 부드럽고 효율적인 방식으로 올바른 목적지에 도달할 수 있도록 안내하고 목표달성을 하도록 하는 것이다. 이 책을 통해서 관리자와 조직구성원들은 다양한 유형의 리더십과 지식을 습득할 수 있을 것으로 기대한다. 따라서 경영자와 관리자들이 다양한 유형의 리더십을 보다 쉽게 이해할 수 있도록 하였다. 리더는 다른 사람들이 행동하도록 영감을 주는 동시에 그들이 행동하는 방식을 지시한다. 이 책의 목적은 기본적인 리더십의 이해와 다양한 환경적인 변화에 따른 리더십과 다양성을 학습하는 데 있다. 리더가 어떤 특정 상황에서 구체적인 솔루션을 제공하는 데 많은 문제가 발생하고, 리더십은 시대적인 상황과 환경적인 변화에 따라 조직과 조직구성원에 지대한 영향을 줄 수 있기 때문에 이에 대한 학습이 중요하다.

이 책의 제1부는 리더십의 본질, 제2부는 현대적 리더십의 형태와 분류, 제3부는 미래 리더십의 변화와 방향 등으로 구성되어 있다. 먼저 리더십에 대한 이해와 고전적 이론 및 현대적 이론을 실용적인 관점에서 쉽게 이해하도록 하였다. 이와 같은 구성은 이론적인 토대에서 리더십과 상황에 따른 학습을 할 수 있도록 했으며, 다양한 유형의 리더십을 학습하고, 그리고 미래 리더십의 변화와 방향을 설계해 보았다.

이번 개정판은 기존의 부족했던 부분을 보완해 리더십에 필요한 주요 영역과 내용을 새롭게 추가하여 한층 더 완성도 높은 형태로 출간되었다.

이 책의 출간에는 독일 슈파이어대학교(Deutsche Universität für Verwaltungswissenschaften Speyer)에서 박사논문을 꼼꼼히 지도해 주셨던 Prof. Dr. Heinrich Reinermann 지도교수의 가르침에 많은 영향을 받았다. 특히 그는 퇴임 후 80세가 넘는 나이에도 활발한 저술활동과 연구에 전념하고 있으며, 최고의 석학으로서 학문적 열정과 연구에 존경과 함께 항상 건강하길 바란다. 그리고 이 책이 출간될 수 있도록 물심양면으로 많은 도움을 주신 비앤엠북스 정광식 사장님, 정경식 부장님, 그리고 편집부, 특히 세심하게 교정을 해주신 선생님께 진심으로 감사드린다.

2025년 2월

안양대 연구실(507)에서

한형서

L E A D E R S H I P

차 례

제 1 부 리더십의 본질

제 3 부

미래 리더십의 변화와 방향

L E A D E R S H I P

제1부

리더십의 본질

LEADERSHIP

제1장

리더십의 기본적 이해

제1절 리더십의 개념

제2절 리더가 갖는 조건과 자질

제3절 리더십의 역할과 발전 과정

제1장

리더십의 기본적 이해

제1절 _ 리더십의 개념

1. 리더십의 정의

오늘날 리더십의 개념은 지속적인 변화와 연구가 진행되고 있으며, 이러한 변화 과정 속에 리더십에 대한 함축적 의미와 지향점이 있다. 리더십이 학문적으로 체계를 갖추게 된 시기는 20세기 이후로, 리더십의 활용과 목적 및 환경에 따라 학자들의 다양한 주장이 제기되었다(Yukl, 2002). 드러커(Drucker, 1998)는 21세기에 들어서면서 노동 및 자본과 같은 원자재에 대한 접근으로 더 이상 기업의 성공과 실패에 결정적인 영향을 미치지 않고, 오히려 지식의 접근을 통해서 결정하는 지식과 경제시대에 대한 접근을 강조하였다. 또한 그의 저서 《미래경영(*Managing for the Future*)》에서 지식정보화사회는 조직 내의 상사와 부하의 구분이 없다. 또한 관리자는 지시와 감독을 중시하지 않으며 수평적인 조직의 의사소통을 강조하는 리더십의 변화의 필요성을 제기하고 있다(Drucker, 1992). 이러한 변화는 현대사회에서 지식정보와 관리를 중시하는 이론적 변화로 발전되었다. 따라서 리더십 이론은 조직에 있어서 리더와 부하 간의 관계, 즉, 과거 리더 위주의 지배 형태 변화, 또는 리더와 부하 간의 상호작용 과정에서 새롭게 변화되는 과정이라고 볼 수 있다.

리더십이란 리더가 소속된 조직의 목적 달성을 위해 조직구성원에게 목표지향적인 방향을 제시하고, 리더가 원하는 성과를 도출하는 다양한 능력을 발휘하는 것이 중요하다. 지금까지 많은 학자들은 다양한 분야와 영역에서 리더십을 연구해 왔다. 연구자들은 각자의 영역에서 관련된 리더십의 적용과 개발에 힘쓰며 그에 따른 정의를 하고 있으나, 리더십에 대한 통일된 개념 정의란 쉽지 않다.

일반적으로 리더십은 조직 내 · 외에서 사람들을 다루는 정치 · 경제 · 사회 · 심리 · 문화적 영역과 리더의 역량에 따라 조직의 목표를 달성하기 위한 다양한 형태와 과정으로 볼 수 있다. 특히 리더십은 리더가 갖는 성격과 특성을 바탕으로 전문적인 권위, 상황 및 조건, 사회적 관계와 같은 다른 요소를 결합한 사회적 과정으로 조직의 목표를 달성하는 데 있다. 여기서 리더십에 대한 역량은 공식적 조직과 비공식적인 조직에 따라 다르게 볼 수도 있다. 따라서 리더는 조직에서 주어진 목표달성을 위한 개인과 조직의 행동에 대한 상호작용의 역할, 상위 및 하위의 비대칭적 사회관계를 중시해야 한다. 특히 리더는 자기가 소속된 조직의 현안과 문제점을 찾아내고, 조직구성원들이 시대적 · 환경적 변화에 어떻게 대응하고 변화해 나가야 하는지 잘 파악하여 조직문화의 특성과 구성원에 맞는 동기부여를 해야 한다. 또한 리더는 조직이 추구하는 개인 및 조직의 목표달성에 초점을 맞추는 것 외에도 조직구성원의 욕구와 조직의 응집력을 만들어내는 역량을 갖춰야 한다.

르네상스 시대의 이탈리아 사상가이자 정치철학자인 니콜로 마키아벨리(Niccolò Machiavelli)[1)]는 지도자가 성공하기 위해서는 반드시 탁월한 능력을 갖춰야 한다는 것을 강조하였다. 탁월한 리더는 포용적인 지도력을 바탕으로 복잡한 조직 내의 문제와 미래의 방향을 제시하는 지적능력과 대응능력을 겸비해야 한다. 또한 리더십은 조직목표에 부합하는 조직구성원의 참여의식을 고양시키고, 조직구성원 개개인의 능력과 자질을 향상시키는 것이 중요하다. 따라서 리더십은 조직관리, 동기부여, 목표달성 등 조직이 추구하는 목표달성을 위하여 반드시 고려해야 하는 기본적인 사항이다.

이는 리더가 조직 내 구성원을 이끌어야 한다는 전통적인 사고에서 벗어나 조직구성원들과 함께하는 수평적인 관계로의 새로운 패러다임 전환을 요구하고 있다. 그럼에도 불구하고 리더십이란 조직 내에서 자기의 역량을 발휘하여 결과에 대한 책임과 과업을 완수하려는 강한 동기와 목표를 달성하는 의지와 창의성, 자신감, 판단력 등을 갖고 개인목표와 조직목표를 성취하는 결과물을 산출해야 한다. 따라서 리더십은 조직과 집단의 목표 설정 및 성취를 위한 단순

1) 니콜로 마키아벨리(Niccolò Machiavelli)는 1469년 5월 3일 피렌체에서 태어나 29세 때 피렌체 공화국의 관리로 임용되었고, 이후 외교분야에서 탁월한 능력을 발휘하여 많은 업적을 남겼다.

한 영향력뿐만 아니라 궁극적으로 조직의 목표달성을 위한 자발적 노력과 복합적인 영향력까지 내포한다고 볼 수 있다(Weihrich et al. 2008). 이러한 과정이 리더와 조직 내 구성원이 통일된 조직목표달성을 위한 적극적인 노력과 영향력을 행사하는 리더십의 기술적 과정이라고 할 수 있다.

표 1-1 **리더십에 대한 학자들의 견해**

학자	리더십 정의
Katz & Kahn(1978)	조직의 일상적인 지시를 기계적으로 순응하도록 구성원들에게 영향력을 행사하는 과정이다.
Burns(1978)	개인이 부하들에게 동기유발 시키고 관여하면서 그들을 만족시키기 위해 제도적·정치적·심리적·기타 자원 등을 동원할 때 리더십이 발휘된다.
Rauch & Behling(1984)	리더십은 조직화된 집단활동에 영향을 미쳐서 목표를 달성하도록 하는 과정이다.
Jacobs & Jaques(1990)	리더십은 집합적 노력에 의미 있는 방향을 부여하는 과정이며, 동기부여를 통한 목적 달성을 위해 사용된다.
Richards & Engle(1986)	리더십은 조직 내에서 비전을 제시하고 가치를 구현하며, 조직목표를 달성할 수 있는 환경을 조성하는 것이다.
House et al. (1999)	개인이 타인에게 영향을 미쳐 동기부여를 시키고, 타인은 조직의 효과성과 성공을 위해 공헌할 수 있도록 하는 능력이다.
Fiedler(1967)	리더십은 조직구성원들의 작업을 지시하고 조정하는 것이다.
Yukl(1989)	리더십은 집단이나 조직의 목표를 결정하고 목표달성을 추구하는 과정이다.
Northouse (2001)	리더십은 공동목표를 달성하기 위하여 한 개인(리더)이 집단구성원들에게 영향을 미치는 과정이다.

출처: 이학희(2019), 기업경영 리더십, p. 44; 정우일(2006), 공공조직론, pp. 546-547 재구성.

이와 같이 리더십의 정의는 연구하는 학자나 연구영역에 따라 매우 다양한 개념으로 정의할 수 있으며(**표 1-1** 참조), 리더십에 대한 개념을 하나로 정의하기란 쉽지 않다. 특히 리더와 리더십은 조직의 성격, 역할, 특성 등 필요에 따라 다양하게 해석할 수 있으며, 다양한 정의를 내릴 수 있다. 그리고 연구하는 학자에 따라 리더의 분류 기준도 다양하며, 하나의 통일된 개념으로 정의할 수 없다.

그러나 스토그딜(R. M. Stogdill)은 많은 학자들이 연구한 리더십을 종합적으로 분석한 결과를 정리하였다. 즉, 리더십을 집단과정의 초점으로서의 리더십, 인성과 그 영향력을 행사하는 리더십, 순응을 이끄는 기술자로서 리더십, 영향력을 행사하는 리더십, 실천하는 행동의 리더십, 설득력을 갖는 리더십, 권력관계를 중시하는 리더십, 목표달성 수단으로서의 리더십, 상호작용 결과로서의 리더십, 분화된 역할로서의 리더십 등으로 구분해 정리하고 있다(이학희, 2019: 45 재인용).

또한 야고(Jago, 1982: 315)는 리더십 프로세스는 조직된 그룹구성원의 활동을 그룹목표달성을 위해 지시하고 조정하기 위해 비강제적 영향력을 사용한다고 하였다. 따라서 리더십은 그 영향력을 성공적으로 사용한다고 인식되는 사람들의 자질 또는 특성의 집합체라고 하였다. 결국 리더십은 하나의 조직에서 구성된 조직과 상황에 따라 다양하고 복합적인 개념으로 정의될 수 있다. 그 대표적인 사례로 국가공무원인재개발원(2018)은 "공직 리더십은 시대변화를 선도하고 국민과 소통을 중시하며, 무엇보다도 공익을 중시한 가치로 삼는다"라고 했다. 즉, 이것은 리더십의 개념을 조직의 인적자원관리에서부터 정치, 경제, 사회, 문화, 산업 등 다양한 영역과 개인 및 집단의 이해관계에까지 리더십의 유형과 형태 및 역할 등이 상이하게 적용된다는 것이다.

2. 리더십의 중요성

현대사회에서는 조직을 떠나서 혼자 살 수 없는 것이 현실이다. 인간은 자기가 추구하는 욕망과 목적을 실현하기 위해서 조직을 구성하거나 참여하게 된다. 또한 조직은 조직의 목표달성과 조직구성원의 욕구를 충족시키기 위해서 공동의 목표를 갖는다. 이러한 목표를 달성하려면 조직과 개인 간 상호작용과 협력적 노력이 없이는 결과물을 생산할 수 없다. 따라서 조직과 구성원이 지향하는 목표달성을 위해 조직 내의 자발적인 협력과 상호작용을 통한 노력이 필요하다. 또한 리더는 조직의 가장 합리적인 방법과 바람직한 업무를 완수하기 위하여 새로운 변화를 추구해야 한다. 인간은 누구나 자신이 하는 일이 가장 합리적이고 바람직하다고 생각할 수 있다. 또한, 자신이 수행하는 일을 통해 존재감을 얻고 타인으로부터 인정받기를 원한다. 이러한 이유 때문에 조직의 리더는 조직구성원이 나아갈 목표와 방향을 명확히 제시해 주어야 한다. 리더는 조직구성원들이 미래의 희망과 꿈을 갖고 목표를 달성할 수 있도록 지도하는 것이 중요하다. 오늘날 리더는 조직구성원과 함께하는 공감능력을 갖고 비전을 제시함으로써 목표지향적 지도력과 비전의 통찰력을 발휘해야 한다.

힌터후버와 크라우트함머(Hinterhuber & Krauthammer, 2014: 14)는 리더십 행동에 대한 기본적인 방향을 두 가지 다른 관점에서 설명하고 있다. 첫째로, 그들의 패러다임에 따르면 '리더'는 엄청난 에너지로 움직이는 나폴레옹처럼 명확한 방향을 제시하고, 주어진 목표달성을 위하여 최고의 구성원을 투입하는 것이다. 이와 반대로, 둘째 패러다임은 한 조직에서 희생정신을 발휘하여 구성원들이 비전을 위해 헌신하고 실천하도록 돕는 현명한 사람으로서 '지도자의 역할'을 하는 것이다. 이러한 패러다임의 핵심요소는 신뢰, 이해, 헌신, 타인의 상황을 고려하는 것, 개방성, 구성원의 관계 및 피드백 등을 포함하고 있다. 따라서 리더십은 조직의 위기상황에서 리더가 어떻게(how) 대응하느냐에 따라 부정적인 결과를 초래할 수도 있고, 혹은 효과적으로 재난을 극복할 수도 있다.

현대사회는 불확실성의 사회라 할 수 있다. 불확실한 상황에서는 아무도 예측할 수 없는 경험과 사건에 직면하게 된다. 즉 리더는 자기가 보고 느끼는 상황에서 타인에 대한 적절한 관리와 조언 및 지도를 할 수 있으나, 이에 직면한 조직집단과 구성원은 스스로 자기 조직에 직면한 위기상황을 적절히 극복하지 못하고 판단력을 상실할 수도 있다. 이것은 다음 인도의 한 우화에서도 잘 설명된다(Hinterhuber & Krauthammer, 2014: 16). 한 남자가 산(Berg)에 가서 이렇게 말했다. "당신은 정말로 어리석인 존재입니다. 당신은 자신의 크기, 높이, 체형 등을 모르고 있습니다." 잠시 후 산이 말했다. "내가 자신을 전혀 알지 못한 것은 사실입니다. 하지만 나는 현실적의 존재와 가치에 대해서 인정하고 행동할 뿐입니다." 여기서 중요한 것은 리더가 알고 있거나 가지고 있는 것이 아니라 그가 무엇을 하는가에 달려 있다는 것이다. 즉, 리더는 자신에 대한 인식, 이해의 정도, 다른 사람과 그가 얻은 세계와 가치에 대한 견해 등의 중요성을 알아야 한다. 따라서 리더는 조직 변화와 목표달성을 위한 새로운 지식 정보와 조직환경에 신속히 대응할 수 있는 지도력과 창의력 및 다양성 등을 갖춰야 한다.

그리고 리더십은 조직에서의 신뢰를 중요한 기반으로 삼아 조직구성원들이 책임감 있게 직무를 수행할 수 있는 일정 범위의 권한을 통해 자율성과 책임감을 강화해야 한다. 또한 리더십은 조직에서 개방적이고 솔직한 소통의 문화를 기본적인 가치로 두고 출발해야 한다. 이와 같이 리더십 과정은 조직구성원에 대한 책임감과 투명성 및 개방성, 그리고 소통문화 등을 통해 조직의 보호 및 안전성을 추구할 수 있다. 무엇보다도 중요한 것은 목표를 달성하는 방법에 대한 구체적인 규칙과 방법뿐만 아니라 비전과 방향을 전달하는 것이다(Kumle/Kelly, 2000). 힌터후버(Hinterhuber, 2003)는 리더십에 있어서 중요한 3가지 핵심요소를 다음과 같이 제시하고 있다.

- 비전 개발
- 가치 창출과 올바른 방향 제시
- 모범 모델

이 3가지 핵심요소를 달성하기 위해서는 관련된 기술, 일관성(말과 행동), 용기, 적극적인 청취력, 성실성, 판단력, 신뢰성과 관대함 등이 중요하다. 그러나 리더십의 본질은 여러 가지 개인 기술을 축소하거나 혹은 특정 행동 및 활동에 의존할 수만은 없다. 특히 조직의 어려운 환경과 위기에서 리더십은 조직 전체 범위를 관찰하고 문제해결을 위한 객관적 판단과 통찰력을 발휘해야 한다. 결국 리더십의 기본 태도는 리더로서 솔선수범하고 조직구성원이 믿고 따를 수 있는 진정성과 실천적 행동을 보이는 것이다.

3. 리더십의 구성요인

현대사회는 지식정보화(IT) 기술과 함께 인공지능(AI)의 시대로 발전하고 있으며, 그 영역에서 엄청난 변화와 속도를 체감할 수 있다. 이러한 사회적 변화와 정보통신기술은 조직 내 리더십에 상당한 영향을 줄 수 있다. 특히 제4차 산업혁명시대의 도래는 리더가 조직을 이끌어 가는 데 새로운 패러다임과 도전으로 볼 수 있다.[2)] 급변한 시대적 변화로 인해 모든 영역에서 수직적 통합, 수평적 통합, 기술통합 등이 강조되고 있다.

리더십 또한 시대적 변화에 따라 다양한 구성요인에 영향을 받는다. 리더가 조직에서 목표달성을 위해 추종자에게 영향력을 행사하

2) 2016년 1월 스위스 다보스 세계경제포럼의 창립자이자 회장인 클라우스 슈밥(Klaus Schab)은 처음으로 제4차 산업혁명에 화두를 제시하였다.

는 과정과 상황에 따라 상당한 영향을 받으며 진행된다. 이러한 맥락에서 리더십의 3가지 구성요소는 지도자(Leader), 추종자(follower), 그리고 상황변수 간의 상호작용인 $L=f$(지도자, 추종자, 상황)의 함수관계로 보았으며(Hersey & Blanchard, 1982), 그 관계적 구성에 대한 설명은 다음과 같다(최무현, 2013; 김윤호, 2019).

1) 리더

리더는 집단 또는 조직 내의 다른 구성원에게 영향을 주거나 영향을 주려는 핵심적 요소로 간주된다. 리더는 집단이나 조직으로부터 공식적인 역할을 부여받을 수 있으며, 집단 내에서 자연발생적으로 등장해 리더의 역할을 맡는 비공식적 리더가 될 수도 있다. 물론 리더는 조직 내에서 주어진 목표와 과업을 수행하기 위해서 분명한 목표의식, 조직이 추진하는 리더의 철학과 비전을 중시한다. 더불어 리더는 명철한 판단력과 결단력, 핵심과제의 우선순위 등을 선택하는 분석력, 조직구성원이 리더를 믿고 따를 수 있는 신뢰성과 추진력 등의 탁월한 자질과 능력을 갖춰야 한다. 그리고 리더는 단지 다른 구성원에게 자신의 영향력을 행사하는 데 그치지 않고, 그 구성원들이 공동의 목표를 달성할 수 있도록 이끌어가야 한다. 이와 같이 리더의 다양한 자질과 특성은 이미 많은 연구자들을 통해 크게 과업지향적 특성과 인간관계적 특성으로 연계되고 있다.

2) 추종자

추종자는 조직의 목표달성을 위해서 리더로부터 영향을 받거나 영향력의 대상이 되는 조직구성원으로서 하위자 또는 부하를 의미한다. 리더십은 리더의 존재만으로 형성되는 것이 아니라 반드시 추종자가 있어야 한다. 즉 아무리 리더가 좋은 아이디어, 강력한 의지, 통찰력과 판단력, 추진력 등을 갖고 있다 하더라도 추종자가 없으면 아무 소용이 없다. 따라서 리더가 성공하기 위해서는 반드시 훌륭한 추종자가 필요하며, 또한 추종자들이 지도자를 이해하는 것보다 지도자가 추종자를 이해하는 것이 더 중요하다(Wills/곽동훈 역, 1999: 24).

이처럼 리더와 추종자 간에 필수적인 것은 공동목표달성을 위한 목적의 일치성이다. 여기서 추종자는 리더의 인격 때문에 리더를 따르는 것이 아니라 '자신의 목표'를 성취하기 위하여 따르는 것이다. 즉 추종자도 리더가 추구하는 목표와 자신의 목표가 일치하는 경우에 움직인다(최현무, 2013: 18). 그러나 역설적으로 리더와 추종자의 관계는 주위 환경과 상황에 따라 달라질 수 있다. 하나의 예로 특히 비공식적 리더십에서는 A라는 상황에서 추종자의 역할을 하던 사람이 B라는 상황에서는 리더의 역할을 주도할 수 있다는 것이다.

3) 상황요소

리더십은 리더와 추종자에 의해서만 형성되는 것이 아니라, 리더십 과정에 둘러싸인 여러 가지 상황에 따라 크게 영향을 받는다. 즉, 시대가 복잡하고 불확실성이 크다면 카리스마적 리더십이 더 필요하지만, 시대가 안정되고 다양한 사회를 요구한다면 민주적인 리더십이 더 요구된다. 따라서 리더십은 리더와 추종자 및 주변상황에서 일어나는 관계적 영향을 받는다.

다프트와 랜(Daft & Lane, 2015)은 다양한 리더십 개념을 통해 리더십 구성요소를 다음과 같이 제시하였다. 그는 **그림 1-1**에서 보듯이 리더십의 구성요소를 영향력, 변화지향, 공유목표, 추종자 그룹, 의도, 개인적 책임과 정직 등으로 보았다(국가공무원인재개발원, 2018).

첫째, 영향력은 업무 방향이 아니라 쌍방향이라는 점이 중요하다. 리더가 추종자에게 공동의 목표를 지향하도록 방향을 제시하고 적

그림 1-1 **리더십의 구성요소**

출처: 정진철·최승준 역(2017), 리더십, p. 22.

극적인 지시를 내릴 때 추종자의 태도와 자세 및 반응 등도 리더에게 영향력을 미친다. 이러한 상호작용의 영향력이 리더십의 한 부분이라 할 수 있다.

둘째, 변화지향적인 방향성을 가지고 있는 것이 특징이다. 리더는 내·외부환경 변화를 꾸준히 관리·감독하며 그 상황변화에 적극적으로 대응하는 것이 중요하다.

셋째, 리더와 추종자는 동일한 방향과 공유목표를 가져야 한다. 상호 간에 목표가 공유될 때 추종자는 자발적으로 리더를 따르게 되며, 공유목표는 리더와 추종자 모두에게 가장 큰 동기부여가 될 수 있다.

넷째, 리더와 상호작용을 하는 추종자 그룹이다. 리더는 많은 추종자들 사이에 존재한다. 즉 개개인이 뛰어난 명성을 얻는 과학자, 음악가, 장인 등은 자기 분야의 전문가는 될 수 있지만 훌륭한 리더라고 평가받는 데에는 한계가 있다.

다섯째, 의도는 리더십의 행동방향이자 목표이다. 이러한 의도된 목표를 성취하기 위해 리더와 추종자는 상호 간의 영향력을 주고받으며 나아간다.

여섯째, 개인적인 책임과 정직이다. 이는 책임의식과 윤리의식으로 공유목표를 향해 나아가면서 의사결정을 내릴 때 수반되는 요소이자 그 결과까지 포함하는 요소라고 볼 수 있다.

이와 같이 리더는 구성원들과의 관계에서 리더십을 발휘하며, 추종자들은 리더십의 중요한 구성요소이면서 사안에 따라 그 대상이 되기도 하고 목표 자체가 되기도 한다.

실제로 공·사조직 간의 리더와 리더십 구성에는 어느 정도 차이가 있으나, 현실적으로 상호 간의 공통적인 목표와 특징을 갖는다. 그러나 조직에서 리더와 구성원의 역할, 기대 및 환경과 관련된 특성에는 항상 차이가 존재한다(정우일, 2006: 548-549). 즉, 기업조직의 리더는 정부의 리더보다 다른 가치구조, 광범위한 관리기술 및 재량을 갖고 있는데, 이것은 기업이라는 최대가치가 이윤추구에 있기 때문이다. 반면에 공공조직의 리더는 합법적인 목적과 과업을 달성하기 위하여 부하직원들과 영향을 주고받는다. 이는 국민의 편익과 복지를 위한 정책결정을 중시하고, 무한한 책임감을 갖고 리더십을 발휘하는 것이 중요하기 때문이다.

제2절 _ 리더가 갖는 조건과 자질

현대사회에서 리더가 조직을 이끌어가기 위해 갖춰야 할 다양한 조건이 있다. 이를 연구하는 학자들은 리더가 갖춰야 할 다양한 조건을 주장하고 있다(Albrecht & Albrecht-Goepfert, 2012; www.stepstone.at). 리더는 조직을 장악하여 조직의 목표와 비전을 갖고 최고의 리더가 되기 위해 다음과 같은 조건을 갖추어야 한다.

1. 리더가 갖추어야 할 조건

1) 비전

리더는 주어진 환경에서 조직목표를 설정하고 조직의 발전을 위한 새로운 비전과 방향을 제시하는 것이 매우 중요하다. 특히 어려운 환경에서도 구성원의 조직목표달성을 위해 분명한 미래의 비전을 제시할 수 있는 리더가 되어야 한다. 이처럼 리더가 미래를 위한 꿈과 비전 및 목표를 제시할 때 조직의 구성원들이 리더를 믿고 따를 수 있다. 즉 리더는 분명하고 구체적인 비전을 갖고 조직구성원을 이끌어가야 한다.

2) 신뢰성과 성실성

리더는 조직구성원으로부터 신뢰성과 성실성을 인정받을 수 있는 표본이 되어야 한다. 리더가 조직 내에서 신뢰성과 성실성을 인정받지 못한다면 아무것도 할 수 없다. 왜냐하면 조직구성원들이 리더가 조직에서 원하는 모든 것을 믿지 못하고 불신하게 되기 때문이다. 반대로, 리더가 조직구성원들에게 신뢰와 믿음을 주고 성실함을 인정받는다면 설사 리더가 추진하고 있는 것이 마음에 들지 않더라도 리더를 믿고 추종할 수 있다.

3) 판단력과 추진력

리더는 새로운 조직의 목표달성과 위기상황을 극복하기 위한 정확한 판단력과 강력한 추진력을 갖는 것이 필요하다. 특히 리더는 어떤 상황에서도 환경적인 상황을 잘 고려해 조직에 도움이 될 수 있는 판단력과 추진력을 동시에 갖춰야 한다. 또한 리더는 경우에 따라 불이익을 감수하더라도 조직의 더 큰 이익을 위해서 중요한 정책과 사업을 포기할 수 있는 판단력을 지녀야 한다. 그리고 리더는 대다수의 조직구성원이 원하지 않은 것이라 할지라도 자기가 원하는 목표달성을 위한 강력한 추진력을 갖는 과업지향적인 목표를 수행할 수도 있다.

4) 문제해결능력

현대사회는 복잡 · 다양한 과제와 예측할 수 없는 도전을 받고 있다. 여기서 나타나는 복잡한 문제는 조직과 개인의 문제로서 반드시 해결해야 할 과제로 분류될 수 있다. 특히, 정보화시대에 따른 정보수집과 분석력 등을 바탕으로 현안에 대한 해결책을 찾아야 한다. 또한 제4차 산업혁명 시대의 도래와 함께 기존 과제에 대한 다양한 역량 및 기술을 통해서 문제해결을 찾는 사고전환이 요구될 수 있다. 단, 문제해결은 어떤 특정 분야에서 찾는 데 한계가 있으며, 복잡한 네트워크와 협력적 관계를 바탕으로 이뤄지고 있다. 따라서 리더는 예측 불가능한 환경 속에서도 문제해결을 위한 연계성 및 네트워크를 고려한 전략적 해결방안을 찾는 것이 중요하다.

5) 의사소통능력

조직관리에 있어서 리더와 구성원 및 구성원 간 갈등 및 협상 등은 항상 존재하기 마련이다. 특히 의사소통은 자신이 목적한 의도를 반드시 상대방에게 전달하고 상대방의 의도를 정확히 파악하는 것이 중요하다. 여기서 갈등은 상호 간 원활한 의사소통을 통해서 쉽게 해결이 가능하다. 모든 문제는 상호 간 이해 부족과 대화 없는 조직 속에서 발생하게 된다. 그래서 리더의 의사소통능력은 아무리 강조해도 지나치지 않는다. 왜냐하면, 조직에서 대화가 단절되거나 의사소통이 없는 조직은 갈등 해결 및 협력을 기대할 수 없기 때문이다. 따라서 리더에 필요한 요소 중 하나가 소통능력을 갖는 것이다(Albrecht & Albrecht-Goepfert, 2012: 49).

6) 솔선수범

리더는 조직구성원들에게 모범이 될 수 있는 솔선수범의 자세가 필요하다. 과거 리더는 항상 지시적 · 명령적 · 수직적 사고로 조직구성원을 관리했고, 리더가 원하는 것은 무엇이든지 무조건 순응하는 기계적 · 경제적 인간으로 구성원들을 생각하는 경향이 강했다. 그러나 오늘날 사회는 젊은 세대를 중심으로 완전히 변화되었다. 리더가 먼저 솔선수범하는 자세와 모범적인 롤모델이 될 수 있도록 노력해야 한다. 특히, 리더의 솔선수범은 구성원들 스스로 귀감과 공감능력을 높이고, 조직을 이끌어가는 중요한 요소가 된다.

7) 위기관리능력

현대의 위험사회(Ulrich Beck, 1986)는 예측할 수 없는 다양한 환경 속에서 위기와 위험에 직면하게 된다.[3] 위기는 어디에서나 발생할 수 있고 불확실성이 강하며, 조직의 목표달성에 장애요인과 부정적인 영향을 줄 수 있다. 따라서 리더는 예측 불가능한 환경과 위기상황에 대한 위기관리능력을 강화함으로써 조직을 안정적으로 운영해야 한다. 특히, 위기관리는 위기상황에 따라 신속히 대응 및 관리해야 한다. 긴급 위기상황은 위기 발생 전 예방적 대응, 위기 발생 시점에서의 대응, 그리고 위기 발생 이후 사태수습 전략 등 단계적 대응이 필요하다(한형서, 2017). 앞으로 리더는 위험사회의 불확실성과 예측할 수 없는 다양한 상황을 고려해 위기관리능력을 높이는 데 노력해야 한다.

8) 책임감

리더는 조직 운영과 구성원에 대한 최고의 관리를 위해서 책임감을 갖고 행동해야 한다. 리더가 관리자로서 책임감을 갖는다는 것은

---

3) 울리히 벡(Ulrich Beck)은 위험사회를 벗어나기 위해서는 이성과 과학에 대한 맹목적 신뢰를 버리고 근대화로 인한 문제점을 보완하기 위한 '성찰적 근대화'의 방향을 제시하였다.

일과 자신의 행동에 따른 결과를 감당한다는 것을 의미한다. 독일 리더십 전문가인 슈미츠(Schmitz, H.)는 기업의 성공적인 지도자로서 책임, 헌신, 신뢰 등을 기본으로 행동하는 실천적 행동을 강조하고 있다(https://business-elf.de).

리더와 조직구성원들이 스스로 조직과 개인의 목표달성, 그리고 자신의 삶에 대한 책임감을 갖고 행동하는 것은 중요하다. 조직에서 높은 책임감을 강조하는 것은 리더와 조직구성원 간에 문제가 발생하더라도 그것이 바로 자신에게 책임이 있다는 것을 깨닫고 행동하라는 의미이다. 반면에, 리더가 부하에게 책임을 전가하는 행동을 하면 조직구성원의 사기 증진 혹은 동기부여에 부정적인 영향을 줄 수 있다는 것을 고려해야 한다.

9) 창의성과 도전정신

지식정보화시대에 창의성과 도전정신은 조직 발전과 조직구성원의 목표달성을 위해서 매우 중요하다. 특히 리더에게 창의성과 도전정신이 없다면 미래사회의 변화와 혁신을 기대할 수 없다. 따라서 조직 발전과 환경변화에 대응하기 위해서는 리더의 창의성과 도전정신을 바탕으로 패러다임의 전환이 이뤄져야 한다(Reinermann, 1995). 모든 조직에 지속 가능한 환경적 변화와 불확실성이 내재해 있지만 새로운 변화와 목표에 대한 창의성과 도전성은 미래의 조직 발전과 환경변화를 극복하기 위해서 필수적인 요소로 강조되고 있다.

10) 청렴성

리더는 스스로 깨끗하고 청렴하다는 것을 인정받는 것이 중요하다. 조직구성원들이 리더의 청렴성과 투명성을 인정할 때 리더의 지시와 명령을 따를 수 있다. 그럼에도 불구하고 우리 사회의 많은 지도층들은 비리와 부패에 연루되어 존경이 아닌 비난의 대상이 되고 있다. 이렇게 리더가 청렴하지 못하면 조직구성원들에게 청렴성을 요구할 수 없을 뿐만 아니라 조직관리의 투명성을 강조할 수 없다. 따라서 미래 사회의 리더는 청렴성을 갖추는 것이 중요하다.

2. 리더의 주요 6가지 자질

리더로서 개인이 갖는 자질은 매우 중요한 요소로 평가될 수 있다. 지금까지 리더의 주요 자질에 대해서는 다양한 논의와 주장 들이 있으나, 최근 김용현(2021)은 리더의 주요 6가지 자질을 다음과 같이 제시하고 있다(김용현, 2021: 142-151 재인용). 영어 단어인 'LEADER' 속에 리더의 주요 6가지 핵심내용이 있다는 것으로 Learn(학습), Energy(열정), Action(실천), Direction(목표지향), Evaluation(평가), Responsibility(책임)가 그것이다.

1) Learn(학습: 기본, 행동규범, 자아실현)

인간은 태어나면서부터 배운다. 교육은 인간 형성의 과정이며, 사회관계를 유지하는 필수 수단이다. 배움을 통해서 인격체로 거듭나고 세상의 이치를 알게 된다. 배움을 통해서만이 인간 본연의 삶을 살아갈 수 있다. 급변하는 세상에서 온전히 살아남기 위해서는 죽을 때까지 배운다는 자세로 공부에 전념하지 않으면 안 된다. 리더는 관련 업무지식을 완벽하게 습득하고, 학습을 통한 개인적인 목표달성과 자아실현이라는 정신적 만족감을 실현하는 자세가 중요하다.

2) Energy(힘: 열정적이다. 행동과 변화)

물리학에서 에너지(energy)는 물리계가 일을 얼마나 많이 할 수 있는지를 정량적으로 나타낸 것을 말한다. 에너지에는 빛에너지, 열에너지, 중력에너지, 전기에너지 등 여러 가지 유형의 에너지가 있는데, 인간이 가지고 있는 에너지에는 열정에너지가 있다. 그 열정에너지가 바로 생각을 행동으로 변화시키는 힘의 원천이다. 성공한 리더들의 공통적인 특징은 힘이 넘친다는 것이다. 즉 그들의 열정에너지가 열정리더십을 발현시키고, 그 열정리더십을 통해 상상을 초월한 혁혁한 성과를 거둘 수 있었다.

한국은 세계 최초로 철갑선인 거북선을 만든 나라이다. 이순신 장군은 임진왜란 때 거북선을 이용하여 23전 전승의 신화를 창조했다. 또한, 영국의 자부심인 해전 영웅 넬슨 제독이 트라팔가르 해전에서 승리한 결과, 마침내 영국은 19세기 내내 세계의 해상권을 장악함으로써 영원히 해가 지지 않는 대제국을 건설했다. 이와 같이 동서양의 대표적인 해전 영웅이 탄생한 것은 각자의 조국을 구하기 위한 열정과 행동을 통한 리더의 자질이 탁월했기 때문이다.

열정은 열정바이러스를 빠르게 확산시키는 특징을 가지고 있다. 열정은 개인의 성공확률을 높여 주기도 하지만, 더불어 한 사람의 열정이 조직 전체를 열정적인 조직으로 변화시키고, 그 변화를 통한 성과 극대화를 가능케 해준다. 따라서 지도자에게는 열정과 의지가 필요하고, 큰 변화와 성공을 위해서는 먼저 스스로 열정에너지부터 키워야 한다.

3) Action(실천: 실행하다. 반복 학습)

'실행'이란 실제로 이행한다는 말로, 말이 아닌 실천으로 옮기는 것을 뜻한다. 백 마디 말보다 한 번 실천이 낫다. 리더는 언행일치가 매우 중요하며 행동하는 실천력을 갖고 반드시 실천에 옮기는 자기 수양과 마음자세가 갖춰져야 한다. 그런데 리더가 실천을 습관화하는 데에는 3가지 기본 요령이 따른다.

첫째, '나부터' 행동하는 것이다. 즉, 리더가 행동하지 않으면서 직원에게만 행동할 것을 지시하면 하겠는가? 젊은 직원들은 리더를 향해 리더는 하지 않고 직원들한테만 강요한다며 비판할 것이다. 따라서 리더가 먼저 실천하는 행동을 보여야 직원도 따라 행동할 것이다.

둘째, '지금부터' 바로 실천하는 것이다. 리더는 중요한 일을 결정하면 바로 실천하는 행동을 보여야 한다. 리더가 마음을 먹은 것까지는 좋았는데, 왜 하필 지금이 아니고 내일인가? 즉, 내일로 미루는 것 자체가 실행할 의지가 부족하다는 방증이다. 따라서 리더는 어떤 이유에서든 내일로 연기하기보다는 '지금'부터 당장 행동으로 실천해야 한다.

셋째, '작은 것부터' 실행하는 것이다. 리더는 할 수 있는 작은 것부터 시작하는 습관과 실행력을 갖는 것이 중요하다. 특히, 작은 것은 부담이 적고, 실행하기가 쉽다. 이와 같이 리더는 작은 것에서부터 차츰 내공을 쌓아가면서 큰 것으로 연결하는 방향을 찾아야 한다.

19세기 독일의 심리학자 베버(E. H. Weber)는 '자극 사이에서 차이를 인식하는 것은 절대량이 아니라 최초의 자극에 대한 상대량'이라고 하는 '베버의 법칙(Weber's Law)'을 발견하였다. 그의 법칙은 마케팅의 다양한 영역에 적용되고 있는데, 한 예로 두 자극 사이에서 알 수 있는 최소한의 차이를 JND(Just Noticeable Difference)라고 한다. JND의 원리는 가격을 올릴 때는 소비자가 느낄 수 없는 차이까지 올려야 소비자의 인지 없이 가격 상승의 효과를 볼 수 있고, 부피 등을 줄일 때는 소비자가 감지하지 못할 차이까지만 줄여야 부작용 없이 부피를 줄이는 효과를 볼 수 있다는 마케팅 전략이다. 이처럼 심리적 JND의 효과는 반복을 통해서 지속 가능한 습관과 변화가 이뤄진다.

4) Direction(목표지향: 비전과 목표, 나침반)

나침반은 고대 중국에서 처음 고안된 것으로 선박이나 비행기가 원하는 목표에 도달할 수 있도록 항로의 방향을 설정하고 안내하는 데 필요한 기구이다. 지금은 스마트폰에도 나침반 기능이 있어 방향을 찾는 데 큰 문제가 없으나, 과거 나침반이 흔치 않았던 시대에는 별이나 지형지물 등을 이용해서 어렵게 방향을 찾아야 했다. 물리적인 방향을 확인하는 데에는 나침반이 필요하듯이, 조직이나 개인에게 주어진 목표를 달성하기 위해서는 나침반과 같은 역할을 하는 목표지향 시스템이 필요하다.

모든 조직의 리더들은 각자 비전을 갖고 있다. 이에 단계별 비전을 실행하기 위한 조직의 미션, 비전 달성을 위한 상위 목표와 하위 목표가 설정된다. 이때 목표달성을 위한 전략과 운영이 같은 방향으로 연속화되어 있어야 효과적 · 효율적으로 사업목표를 달성할 수 있다.

리더는 조직의 목표달성 체계에 대한 비전-미션-목표-전략-운영-실행-피드백 등의 선순환 구조로 목표지향의 시스템을 만들어야 한다. 물론 개인도 구체적인 비전을 세워, 그 비전을 달성하기 위한 미션을 구체화하고, 비전 달성을 위한 목표를 설정하여, 목표달성을 위한 전략을 수립해 실행에 옮겨야 효과적인 목표를 성취할 수가 있다.

비전과 목표가 없는 인생이란 목적 없이 달리기만 하는 것과 같다. 스포츠 선수가 원대한 금메달의 꿈을 품고 그 목표를 성취하기 위해 오직 한 방향으로 매진하면 그 결과로 승리의 환희를 만끽할 수 있다. 진정한 리더는 목표를 향한 올바른 방향성을 제시하고 안내하는 인간 나침반 역할을 충실히 이행하는 사람이다.

5) Evaluation(평가: 피드백, 상과 벌의 조화)

중국의 명산들을 여행하다 보면, 거동이 불편한 사람들을 배려하기 위해서인지 계단들이 낮게 설치되어 있는 것을 볼 수 있다. 한 계단 한 계단 오르다 보면 어느새 정상에 도달하게 된다. 밟고 간 계단

층층 높이의 합이 정상의 높이라고 간주하자. 마찬가지로 개인이나 조직이나 목표에 이르기까지는 시점별로 점검해야 하는 단계가 필요한데, 이것이 중간평가이다. 중간평가 및 피드백이 없는 목표 관리는 사실상 불가능하다. 중간평가의 합이 바로 최종평가의 결과이다. 평가는 목표달성을 위해 체계적으로 관리되고 객관화되어야 한다.

리더는 조직에서 직원에 대한 평가를 통해서 보상과 벌점을 줄 수 있고, 이것을 효과적으로 잘 운영할 때 직원들의 열정과 동기가 생성된다. 반대로, 리더의 평가가 객관적이지 못하고 매우 주관적이며, 불공정하다고 생각할 때에는 오히려 직원들의 열정과 동기가 사라지게 된다. 따라서 평가는 누구나 인정할 수 있는 공정성, 객관성, 타당성 등이 전제되어야 한다. 그러나 잘한 사람이나 못한 사람이나 똑같이 성과급 명목으로 지급하면, 잘한 사람은 상응하는 보상을 받지 못한 데 대한 불만이 커져서 잘해야겠다는 열정마저 잃는다. 반대로, 일을 못했는데도 잘한 직원과 동등한 보상을 받은 직원들은 업무 욕구가 없어질 것이다.

이와 같이 평가와 상벌은 동전의 양면이다. 평가가 있는 곳에는 반드시 상응하는 상벌이 함께 존재해야 한다.

6) Responsibility(책임)

책임이란 자신이 수행한 일과 관련하여 그 결과에 대해서 의무나 부담, 또는 그 결과로 나타나는 산출물을 의미한다. 일반적으로 두 가지 형태의 책임이 있다고 하는데, 하나는 스스로 지는 자책의 책임이고, 다른 하나는 타인에 의해 책임지도록 강요받는 부담부 책임이다. 리더의 자질에는 전자의 스스로 지는 자책의 책임이 더욱 중요하다. 진정한 리더는, 잘한 일이건 잘못한 일이건 책임감이 따르기 이전에 스스로 책임지는 자세를 갖추고 있어야 한다.

리더는 누구나 두 가지 도덕적 창문을 가지고 있다. 하나는 밖이 보이지 않는 거울 창문이고, 다른 하나는 밖이 보이는 투명 창문이다. 탁월한 리더는 잘한 일이 있을 때에는 투명 창문을 통해 주변을 바라보면서 함께한 다른 동료들에게 먼저 공을 돌린다. 반면에, 잘못한 일의 경우에는 거울 창문을 바라보면서 자신을 향해 자기책임을 먼저 고백한다. 이와 같이 스스로 먼저 책임을 지는 도덕적 자질을 갖추어 공은 부하에게 돌리고, 과는 자신이 떠안을 줄 아는 리더가 진정한 리더이다.

제3절 _ 리더십의 역할과 발전 과정

1. 리더십의 역할

리더십은 조직구조의 기능, 즉 조직구조의 목표를 설정하고 설정된 목표를 달성하기 위해서 조직의 목표 추구와 기능에 초점을 두고 있으며, 개인 또는 공동목표를 달성하기 위해 다른 사람의 행동에 영향을 미치는 것을 의미한다. 리더십의 역할은 조직 형태와 구성에 따라 다양하게 설명할 수 있지만, 조직에 있어서 조직의 목표 설정, 목표달성을 위한 자원의 동원, 조직활동 과정에서 효율적인 운영을 위한 통제와 관리, 통합 및 조정 등으로 분류하는 경우도 있다(한은미 외, 2019: 20).

1) 조직의 목표 설정

리더는 조직과 집단이 원하는 목표와 방향을 제시하고 목표달성을 위한 투명한 방향성을 제시해야 한다. 이러한 과정에서 지도자가 가장 고려해야 할 것은 개인과 조직의 목표를 최대한 일치시키는 것이다. 또한 리더는 조직 내에서 구성원들이 조직의 목표를 달성할 수 있도록 최고가 되어야 한다.

2) 목표달성을 위한 자원 활용

리더는 조직이 추구하는 목표달성을 위하여 제한된 자원을 효율적으로 활용해야 한다. 특히 조직구성원의 인적·물적자원을 최대한 사용하고 주어진 수단을 최대한 동원하여 적절한 배분과 자원 활용을 함으로써 자원의 효율성을 극대화시켜야 한다. 이러한 자원 활용의 과정에서 조직구성원들은 리더십에 대한 순응과 역량을 최대한 발휘함으로써 조직성과를 달성하는 데 집중해야 한다.

3) 조직활동 과정의 통제와 관리, 그리고 통합

리더는 조직구성원들이 목표를 성공적으로 달성할 수 있도록 방향을 제시해 주고 조직활동에서 나침반 역할을 해야 한다. 그러나 리더는 이러한 과정에서 잘못된 조직활동을 통제(control)하고 통합(integration)하며, 이에 따른 조정(coordination)의 역할을 하는 것이 필요하다. 따라서 조직활동의 과정은 조직의 목표성과물을 달성하는 데 무엇보다 중요하다고 할 수 있다.

2. 리더십의 특징과 기능

1) 리더십의 특징

리더십의 특성은 시대별 상황에 따라 혹은 학자들의 관점에 따라 다양한 차이가 있다. 스토그딜(Stogdill, 1974)은 리더의 주요 특성을 신체적 특징, 사회적 배경, 지적능력, 성격, 과업 관련 특성, 그리고 사회적 특성으로 정리하였다(김윤호, 2019: 38-40). 그린(Green, 1994)은 그의 연구에서 몸무게, 키, 외모, 지성, 지식, 힘과 창의력 등의 특성을 연구하였으며, 사람들은 특성과 자질을 선천적인 것으로 보았다(Madanchian et al., 2016: 198). 따라서 대부분의 연구는 리더의 지적능력, 성격 및 신체적 특성을 중요한 요소로 간주하고 있다.

(1) 신체적 특징

리더십의 특성은 연령, 신장, 체중, 외모, 관상 건강상태 등의 신체적 특징(physical characteristic)과 밀접한 관계를 갖는다. 1940년 이전에는 신체적 특성에 관한 많은 연구가 있었으나, 유효한 결과를 얻지는 못했다. 즉 신체적으로 우수한 경향이 있더라도 모든 상황에서 유리한 위치를 점유할 수는 없다. 또한 연령이 높은 경우에는 경험과 관련된 업무를 수행할 때 상당한 영향을 미칠 수 있지만, 반드시 꼭 그런 것은 아니다. 그럼에도 불구하고 많은 리더의 그룹은 추종자의 신체적 특징과 외모를 중시하며 신체적으로 큰 사람을 선호하는 경향이 있다.

(2) 사회적 배경

사회적 배경은 리더가 갖는 학연(학력), 가족 배경, 혈연 및 지연 배경 등을 중시한 것으로서 리더십을 발휘하는 데 유리한 조건으로 간주되어 왔다. 그러나 현대사회에서는 학연(학력)과 혈연 및 지연 등에 대한 사회적 거부감과 비판으로 그 영향력이 상당히 감소되는 추세이다. 리더의 지위는 더 좋은 사회적 환경과 배경을 갖는다면 도움이 될 수 있지만, 반드시 도움이 된다고는 할 수 없다. 따라서 리더에게는 사회적 배경보다 자신이 스스로 기회를 만들고 노력하는 것이 더욱 중요하다. 그럼에도 불구하고 실제로 한국 사회에서는 아직도 사회적 배경이 중요하다는 것을 부인할 수 없다.

(3) 지적능력

일반적으로 성공적인 리더는 올바른 판단력과 결단력, 지식수준,

인지 및 언어능력 등이 다른 직원들과 비교했을 때 상당히 높다. 지적능력은 복잡한 문제해결능력과 사회적 판단력에 영향을 미치며, 효과적인 리더십은 개인의 역량을 높이는 데 긍정적인 영향을 미친다. 그러나 리더와 직원 간의 지적능력 차이가 크면 상호 간 사고방식과 의사소통 등에서 부정적인 영향을 줄 수 있다(Bloisi, 2003). 스토그딜(Stogdill, 1974)의 연구에 따르면 리더가 직원보다 다소 지능이 높다고 생각되지만 지능 자체는 크게 높지 않은 것으로 드러났다.

(4) 성격

일부 연구자들은 리더가 갖는 성격의 특성 중 자신감, 창의성, 주의력, 독창성, 민첩성, 적극성, 열의, 성실성 및 자신감과 같은 성격의 특성이 효과적인 리더십과 관련이 있다고 보았다. 그러나 성격과 리더십의 관계에서 가장 큰 어려움은 성격 특성을 측정하는 유효한 방법을 찾는 것이다(Hellriegel et al., 1995). 특히 지배성향, 감정적 균형, 외향성 등은 상황에 따라 일관된 결과를 얻기 어렵다. 왜냐하면 이것은 직원의 특성이나 주변환경적인 영향에 따라 변화될 수 있기 때문이다.

(5) 과업과 관련된 리더의 특성

리더는 과업과 관련하여 성취욕구와 책임감을 갖는다. 조직에서 유능한 리더는 과업지향적인 성향이 있으며, 목표달성을 위한 높은 성취욕구와 강한 책임감을 가지고 있다. 특히 리더는 추진하고 있는 업무에 따른 장애요인이 있더라도 좌절하지 않고, 그것을 원만히 극복할 수 있는 인내력과 지혜를 갖고 목표달성을 하려는 노력을 한다.

(6) 사회적 특성

리더는 다양한 사람의 성격을 포용하는 대인친화력을 갖는 사회적 관계를 만들어야 하며, 누구와도 쉽게 접근할 수 있는 적극성과 사회성을 겸비해야 한다. 즉 리더는 설득력, 친화력, 개방성, 포용성, 민주성, 협동성, 신뢰성, 경청 및 수용성 등을 바탕으로 협력적 관계를 만들어 내야 한다. 이와 같은 특성들이 상대방으로부터 협력관계를 유도할 뿐만 아니라 그들을 통해서 목표달성을 위한 효과성과 효율성을 극대화시킬 수 있다. 이러한 대인관계의 형성은 상호작용 과정에서 상대방을 이해하며 자신의 존재감을 높이고 상대방의 충성심을 유도해 집단응집력을 높일 수 있다(김윤호, 2019: 40).

2) 성공한 지도자와 실패한 지도자의 특징

리더는 주어진 환경 내에서 인적 · 물적자원을 효율적으로 운영 및 관리하여 조직의 목표를 성공적으로 달성할 수도 있고, 반대로 개인과 조직이 원하는 목표를 달성하지 못해 실패한 리더로 낙인찍힐 수 있다.

(1) 성공한 지도자의 특징

성공한 리더는 공 · 사 기관에서 공통적인 특징을 지니고 있다. 네

프와 시트린(Neff & Citrin, 2001)은 성공한 리더들을 연구하여 다음과 같은 10가지 성공요인을 제시하였다(변상우, 2018, 52-56).

① 열정

리더들이 가지고 있는 특징 중 그들의 인생과 일에 대한 열정만큼 강한 것은 없다. 성공한 리더들은 자신이 하고 있는 일에 전념하고, 그에 최선을 다하는 열정을 갖고 있다. 이러한 열정은 자신의 내면에서 발생하며, 진취적인 자세에서 엿볼 수 있다. 따라서 리더가 자신의 일을 좋아하게 되면 그 일에 대한 긍정적인 면을 보게 되고, 일에 능률이 생기며 열정으로 인한 더 많은 성과를 얻게 된다.

② 지적능력

성공한 리더는 대부분 지적능력이 다른 사람에 비하여 탁월하다. 특히 이들은 지적능력 못지않게 복잡한 것을 단순한 방법으로 해결하는 능력을 보유하고 있다. 성공한 리더의 지능은 반드시 태어나면서부터 선천적으로 부여받는 것이 아니라 꾸준한 학습과 반복 및 응용을 통해서 얼마든지 개발될 수 있는 것이다.

③ 의사전달

최고의 리더들은 원칙, 전략, 대안, 행동과정을 효과적으로 설명하여 사람들로부터 통합된 목표를 공유할 수 있게 한다. 리더는 개인 상호 간 긴밀한 작용을 통해서 의사전달 기술을 발전시켜야 한다. 진솔하고 개방된 마음과 자세로 투명하게 문제를 다루는 것은 구성원을 존중하는 것이며, 문제의 발생을 최소화하고 문제를 해결하는 데 도움이 된다.

④ 열정적인 에너지

리더들은 평균적으로 한 주에 65시간 이상을 일한다고 한다. 이러한 업무강도는 왕성한 에너지가 뒷받침되어야 가능하며 일과 개인생활 사이의 경계는 사라지게 된다. 리더는 전략개발과 합의점을 도출해 내고, 중요한 결정과 협상을 하며, 또 시장분석가, 전문가 및 부하들과 열정적으로 대화를 나눈다. 이렇듯 다른 사람들과 같이 일하고 조직에서 봉사하며, 고객(주민)과 직원을 만나기 위해, 그리고 광범위한 지역으로의 출장을 위해서는 리더에게 엄청난 열정과 에너지가 필요하다.

⑤ 자만심의 견제

최고의 리더는 주변의 모든 칭찬과 환호에도 불구하고 자신의 성공에 대해서 항상 겸손하며, 자만심을 경계한다. 그리고 다른 사람의 공로를 인정하는 데 항상 긍정적이다. 성공한 리더는 사람들로부터 존경을 받으며 팀워크를 이룰 수 있고, 지속 가능한 성공적인 환경을 창출해 낼 수 있다.

⑥ 내적 평화

성공한 리더는 철저한 자기관리와 신뢰를 바탕으로 상대방에게 믿음과 확신을 준다. 구성원들은 성공한 리더에게 마음을 주고 따르고 싶어 하는 마음과 욕망으로 가득 차 있고, 리더를 통한 내적 평화를 원하기 때문이다. 즉, 성공한 리더는 스트레스를 덜 받으며, 흥분을 덜 하고 자신에 대해서 잘 알고 침착하게 대응해야 한다.

⑦ 경험적 활동

성공한 리더는 어린 시절, 가정, 경제적 형편 등의 경험을 바탕으로 자신의 꿈과 희망을 잘 설계한다. 어려운 환경에서의 다양한 경험적 활동은 자신이 직면한 위기를 극복하는 데 상당한 도움이 될 수 있으며, 긍정적인 작용을 한다.

⑧ 가족의 유대감

성공한 리더는 일반인과 다르게 가족관계가 매우 강하며 안정적이다. 대다수의 리더들은 가족관계가 친밀한 가정환경에서의 균형과 가족구성원의 객관적인 조언 및 충고가 자신의 성공에 긍정적인 영향을 미친 것으로 보았다. 또한 자신이 세운 목표를 성취할 수 있었던 것은 가족들의 강한 신뢰와 믿음이 있었기에 가능하다고 보았다.

⑨ 긍정적인 태도

성공한 사람들의 공통점은 긍정적인 태도에 있다. 그들은 위기를 기회로 삼아 어려운 상황에서도 최선을 다하는 모습을 보인다. 일반적으로 실패가 학습경험으로 바뀌는 것은 긍정적인 태도를 유지함으로써 얻는 당연한 결과이다. 이런 태도를 가진 사람들에게는 놀랄 만한 가능성과 성장을 기대할 수 있다.

⑩ 올바른 일의 처리

성공한 리더들은 "올바른 일을 올바르게 처리한다"는 의지가 매우 강하다. 그들은 결과 자체에 집중하기보다는 좋은 결과를 도출해 낼 것에 더욱 집중한다. 특히 장기적으로 성공한 리더들은 항상 올바른 일에 초점을 맞추어 좋은 결과를 달성한다.

(2) 실패한 지도자의 특징

실패한 리더는 국가와 회사의 존립을 위태롭게 할 수 있으며, 국가경제와 국민생활에 대한 큰 영향을 줄 수 있다. 미국의 창의적 리더십 센터에서는 실패한 리더들의 특성을 분석하였다(김윤호, 2019: 41-42). 한스 핀젤(Hans Finzel, 2013)은 그의 저서 《리더가 저지르기 쉬운 10가지 실수(*The Ten Mistakes Leaders Make*)》에서 자신이 경험했던 핵심 내용들을 제시하였다(Finzel, 2013).

① 하향식 태도(Top-down Attitude)

최고의 리더십은 조직구성원이 수용할 수 있는 수평적 태도이다. 그러나 실수를 접한 리더는 종종 하향식 태도를 갖는다. 핀젤은 최고의 리더십 실패는 '하향식 독재적 오만함'이라고 말한다. 그는 하향식 태도가 사람들에게 더 쉽게 접근할 수 있다고 믿고 있다. 하향식 접근 방식은 학대적인 권위, 잘못된 권한 위임, 경청 부족, 독단적인 정책 결정, 배려의 부족과 자기중심적 방법으로 나타날 수 있다. 리더는 이러한 문제점을 인식하고 수평적 · 상향적 및 민주적 방법을 찾는 것이 중요하다.

② 기획 실패(Failure to plan)

리더들이 쉽게 저지르는 실수는 위기가 발생하기 전이나 도중, 심지어 위기발생 이후에 대응해야 할 계획이 없다는 것이다. 그들이 구체적인 기획과 행동계획을 세우지 못한 채로 예상치 못한 상황이 발생하면 치명적인 사건에 직면하게 된다. 따라서 리더는 선견지명을 가지고 위험평가에 대비해 적절한 위기대응과 계획 및 위기훈련 등을 통해 상황에 맞는 위기 솔루션을 적용해야 한다. 이때 위기상황에서 명확한 목표와 인적자원 및 물적자원이라는 3가지 중요한 전략적 요소를 잘 다루어야 한다. 리더가 구체적인 목표와 인적자원 및 물적자원 등을 전략적으로 활용하지 못한다면 실패한 기획으로 볼 수 있다.

> "위기관리의 리더는 모든 위기를 성공적으로 완화하기 위하여 사전 계획과 조정된 노력 및 효과적인 대응을 해야 한다."
>
> – 마이클 괴링(Michael A. Goehring)

③ 의사결정의 독재(Dictatorship in Decision-making)

핀젤이 제기한 리더의 또 다른 실수는 의사결정의 독재이다. 리더는 상호 신뢰와 협력을 바탕으로 개인의 가치와 창의성을 중요시한다. 즉, 리더들이 의사결정을 하는 데 있어서 개인의 가치를 억압해서는 안 된다. 모든 구성원과 협력하여 의사결정을 내린 후에 조직구성원이 이를 따르고 목표달성을 할 수 있도록 유도해야 한다.

④ 의사전달의 혼란(Communication Chaos)

대형조직은 의사전달 과정에 많은 장애요인이 있기 때문에 의사소통에 더 많은 관심을 가져야 하며, 구성원 간에 정확한 정보를 교환하지 못하면 조직에 혼란을 야기할 수 있다. 대부분의 위기상황에서 리더의 핵심적인 의사전달은 매우 중요하다. 리더는 상사, 동료, 부하직원, 고객, 커뮤니티 또는 미디어 등의 오해에 대한 오류를 최소화해야 하며, 명확한 의사전달을 작성하고 전송하는 데 집중해야 한다. 위기의 영향을 받는 모든 사람과 효과적으로 연결하려면 구체적이고 간결하며 행동중심의 언어가 필수적이다. 따라서 리더들이 조직의 사명과 비전을 조직의 원거리까지 전달하도록 노력하는 것이 필요하다.

⑤ 선견지명의 부족(Lack to be visible, present and attentive)

리더는 자신이 인지하고 예상한 행동을 부정하는 경우도 있다. 그러나 리더에게는 조직의 동료(위기팀 및 직원), 고객, 유권자(공급업체와 주주) 및 커뮤니티(서비스를 제공하는 도시, 지역 및 전국 미디어) 등의 영역에서 위기직면을 극복할 수 있는 가시성이 있어야 한다. 특히 리더는 조직구성원들에게 명확한 비전과 목표를 제시하고 미래 발생 가능한 상황을 서로 공유해야 한다. 리더는 외부적인 환경의 불확실성을 고려해 미래에 대한 변화와 상황을 예측할 수 있는 판단력이 있어야 한다.

⑥ 경청과 이해의 실패(Failure to listen & comprehend)

위기상황에서 리더가 활용해야 하는 것은 포괄적인 경청이다. 그들은 자존심을 버리고 관련된 모든 당사자의 말을 기꺼이 경청해야 하며 여기에는 간단한 메모까지도 포함된다. 리더는 이러한 적극적인 경청의 자세를 통해서만 위기를 극복하는 데 필요한 개방성, 신뢰 및 전문성을 갖춘 올바른 환경을 마련할 수 있다.

⑦ 리드 실패(Failure to lead)

위기상황에서의 리더는 위기상황을 극복할 수 있는 적절한 리더십이 요구된다. 그러나 어느 누구도 완전한 리더십을 발휘해 위기를 완벽하게 관리 및 극복할 수는 없다. 위기상황에는 많은 변수가 따르기 때문이다. 그럼에도 불구하고 유능한 리더라면 강력한 리더십을 통해 조직, 커뮤니티 또는 국가위기를 극복할 수 있는 방안을 찾아야 한다. 리더가 위기상황에서 적절한 리드를 하지 못한다면 이것은 단순한 실패가 아니라 처참한 비극을 낳을 수 있다. 그러므로 리더는 조직에서 책임감을 갖고 위기를 극복하는 노를 젓는 조타수가 되어야 한다.

⑧ 방어적 태도(Defensive attitude)

방어적 태도는 타인의 피드백(feed-back)을 모욕과 부끄러운 것으로 인식하고 이를 거부하는 태도이다. 실패하는 리더는 자신의 실패에 대해 방어적인 태도를 취하며, 자신의 잘못을 숨기기 위해 타인의 탓으로 돌리는 경향이 있다. 따라서 성공한 리더가 되기 위해서는 자신이 수행한 역할과 성과 및 결과물에 대해서 타인으로부터 지속적인 조언을 얻는 것이 중요하다. 특히 리더가 잘못한 일이 있다면 스스로 자기 잘못을 인정하고 그에 대한 책임과 문제해결을 하려는 적극적인 자세가 필요하다.

⑨ 실행력의 부족(Lack of execution power)

성공하는 리더와 실패하는 리더의 차이는 조직의 목표달성을 위해서 강력한 리더십과 실천적 리더십을 어떻게 실행하느냐에 달려 있다. 실행력이란 기본적으로 조직구성원을 움직이는 일이기 때문에 뛰어난 리더십이 없다면 실행력이 나타날 수 없다.

실행력이 부족한 리더는 잘못된 의사결정에 대한 두려움을 갖는다. 이러한 의사결정은 적절한 타이밍을 놓칠 수 있고, 설사 그것이 옳다고 하더라도 상대방이 강하게 나오면 자신의 주장을 관철시킬 수 없는 혼란에 빠지게 된다. 따라서 리더는 단호한 결정이 요구되는 상황에서 우유부단하지 말고, 강력한 실천력을 실행하는 것이 중요하다.

3) 리더십의 기능

최근 조직환경은 제4차 산업혁명과 함께 새로운 변화와 도전을 받고 있다. 리더십도 이러한 변화에 대응하여 조직의 효율적인 운영방법으로서 새롭게 나아갈 방향과 비전을 제시하는 기능으로 전환되고 있다. 세계 최고 경영자 중 한 사람으로 평가받고 있는 CEO 잭 웰치(Jack Welch)[4]는 끝없는 변화 혁신을 통해 급속도로 변화하는 세계에서 생존할 수 있는 조직은 규모가 큰 기업이 아니라 변화를 즐길 줄 아는 조직이라고 보았다. 또 그는 "시대환경이 다르기 때문에 경영방식에 변화가 필요한 것은 당연하다"고 강조하고 있다(임윤경, 2016 재인용).

또 세계적인 변화관리의 석학 존 코터(John Kotter)는 리더십의 기능을 3가지로 설명하고 있다. 첫째, 관리자는 조직을 효과적으로 통제하기 위해 목표를 계획하고, 감독하는 것이다. 반면에 리더십은 조직의 비전을 설계하여 구성원에게 제시하고, 이를 위한 전략을 창조하는 방향 설정의 기능을 해야 한다.

둘째, 관리의 중요한 목표 중 하나는 조직에서 인적자원을 효과적으로 활용할 수 있는 시스템을 구축하는 것이다. 반면에, 리더십은 조직화된 구성원들의 화합을 위해 개인의 행동에 영향을 끼치는 단합의 기능이라 할 수 있다. 즉, 조직의 목표를 따르는 구성원과 조직의 방향성을 반대하는 구성원까지도 포용할 수 있는 영향력을 행사하여 조직 전체의 단합을 이끌어내는 기능을 발휘해야 한다.

셋째, 조직을 유도하는 리더는 구성원의 동기부여를 통해 조직의 성장과 발전을 주도해야 한다. 따라서 리더는 조직구성원들의 욕구와 만족을 실현하는 데 노력해야 한다. 즉, 리더는 조직에서 개인의 소속감, 만족감, 성취감, 자존감, 자아실현욕구 등을 만족시켜 스스

4) 그는 1981년부터 2001년까지 미국의 제조업체인 제너럴 일렉트릭사의 회장직과 최고경영자(CEO)직을 역임했으며, 1999년에는 미국 〈포춘(*Fortune*)〉지에서 "20세기 최고의 경영자"로 선정되었다.

로 자발적인 성장을 통해 조직에 기여할 수 있는 것이 중요하다.

그 밖에 리더가 수행해야 할 리더십의 기능을 간략하게 정리해 보면 **그림 1-2**와 같다.

그림 1-2 리더십의 기능

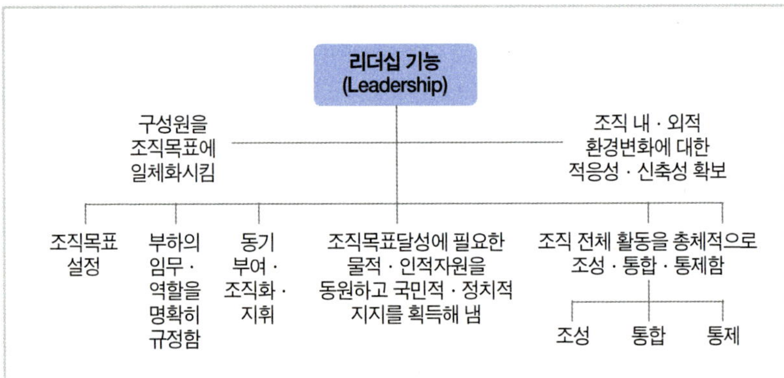

출처: 배정훈(2011), 조직관리와 리더십, p. 255.

그림 1-3 리더십이 지향하는 4가지 역할

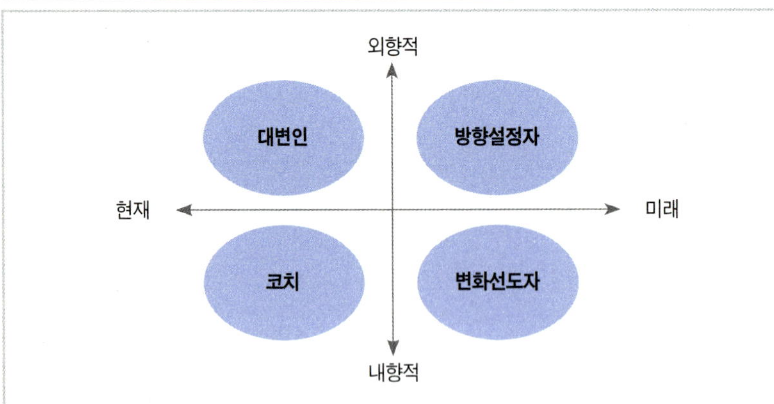

출처: Nanus, B. (1992), "Visionary Leadership: Creating a Compelling Sense of Direction for Your Organization"; Nindyati, Ayu Dwi(2013), *ResearchGate*, p. 4에서 재구성.

또한 **그림 1-3** 에서 보듯이 나누스(B. Nanus)는 4가지 리더의 역할을 내향적 · 외향적 성향에서 현재와 미래로 분류해 방향설정자, 변화선도자, 대변인, 코치 등으로 보고 있다(Nindyati, 2013).

(1) 방향설정자(Direction Setter)

리더는 조직의 비전과 목표달성을 위해 전략을 수립하고, 조직을 관리해야 한다. 그리고 리더는 목표달성을 위해 부하직원을 지도하고 격려하며 동기부여를 해야 하며, 급변하는 외부환경에 대응하고 미래를 준비하는 역할을 한다.

(2) 변화선도자(Agent of Change)

리더는 환경변화의 필요성을 이해하고 변화에 적절히 대응하면서 정책결정 과정에서 발생할 수 있는 위험을 예측할 수 있어야 한다. 그리고 미래의 성공을 계획하기 위해서는 현재의 데이터를 잘 사용할 수 있어야 한다.

(3) 대변인(Spokesperson)

리더는 현재의 조직을 대표하면서 자신감과 자신의 명확한 비전을 표현할 수 있어야 하며, 다양한 이해관계자들과 원만한 관계를 유지하는 역할을 한다. 즉, 리더로서 조직의 안전성과 통일성을 유지하는 역할이 중요하다.

(4) 코치(Coach)

비전이 있는 리더는 조직구성원과 다른 사람을 위한 훌륭한 안내자 역할을 해야 하며, 조직구성원의 모든 활동을 조정하고 서로 참여할 수 있도록 동기부여를 해야 한다. 그리고 리더는 모든 조직구성원에게 영향을 미치고 성공적인 목표달성을 할 수 있도록 이끌어주는 역할을 해야 한다.

3. 리더십 이론의 발전 과정

"리더"라는 용어는 1300년대에 처음 언급되었고, "리더십"이라는 용어는 1700년대 후반 이후 존재한 것으로 주장하고 있다(Stogdill, 1974). 그 후 리더십에 대한 과학적 연구는 20세기 이후 집중적으로 연구되고 있다(Bass, 1981). 리더십 이론의 발전 과정은 과거부터 현재까지 매우 방대하고 다양한 형태로 발전되었고, 이에 대한 견해도 매우 다양하다. 크로포드(Crawford, 2005)와 피들러(Fiedler, 1967)는 리더십을 하나의 권력 예술로 묘사했다(Nindyati, 2013 재인용). 이와 같이 리더십에 대한 정의는 다양한 형태로 논의되고 있다.

표 1-2 에서 보듯이 리더십 이론의 발전 과정은 시대가 추구하는 내용에 따라 다양한 형태로 설명되고 있다. 그럼에도 불구하고 최근 리더십에 관한 연구경향은 전체적인 핵심방향을 중시하는 구성원의 독창성, 민주성, 자율성과 창의성 등이 강조되고 있으며, 조직의 이념과 목표에 부합하는 리더의 역할과 조직의 목표달성에 초

표 1-2 **리더십 이론과 발전 과정**

리더십 이론	연구기간	내용	관련 이론
특성 이론	1930–1950년	• 성공적인 리더에게서 찾아볼 수 있는 자질에 대한 리더십 이론	• K. Davis의 지능/성숙도/동기부여/추진력 등 특성 이론 • R. M. Stogdill의 신체적/사회적/지적/과업 등 특성이론
행동 이론	1950–1960년	• 효율적인 리더가 보이는 행동 유형에 대한 리더십 이론	• Lippitt and White의 전제형/민주형/방임형 리더십 이론 • Sappington and Browns의 권위형/민주형/자유방임형 리더십 이론
상황 이론	1970–1980년	• 효율적 리더십에 작용하는 환경 상황요소를 밝힌 리더십 이론	• Fiedler의 상황적합이론 리더십 이론 • Hersey and Blanchard의 상황적 리더십 이론
변혁 추구 이론	1980년 이후	• 조직구성원들의 몰입과 혁신을 이끌어내기 위한 정서적인 측면의 리더십 이론	• Burns의 거래적/변혁적 리더십 이론 • Bass의 카리스마/변혁적 리더십 이론
육성 이론	2000년 이후	• 조직효율성을 위해 조직구성원이 리더십을 갖추어야 하며, 교육으로 리더십이 개발될 수 있다는 리더십 이론	• Manz의 셀프리더십 이론 • Goleman의 감성리더십 이론 • Chase의 네트워크 연결 4가지 유형

출처: 박종훈·박경아(2001), 인사관리연구, 24(2), pp. 87–115; 신구범(2013), 리더십의 이론과 실제, p. 29; Herold G. (2016), *Stanton Chase*, p. 12.

점을 두고 있다.

이와 같이 리더십 이론의 발전은 시대적 변화와 정치적인 상황, 그리고 환경적 변화에 따라 자연스럽게 발전된 것으로 볼 수 있다. 즉,

고전적인 리더십 이론은 현대사회의 복잡·다양한 사회적응 등을 고려하면 여러 가지 한계점을 갖고 있다. 그에 따라 리더십 이론도 시대적 변화와 정치적 상황의 한계를 극복하기 위하여 새롭게 진화되고 있다.

최근에 리더십은 정보통신기술의 발달과 제4차 산업혁명이 대두되면서 사회 전체에 많은 영향을 미치고 있으며, 조직 내에 주어진 조직목표와 각 개인 목표의 다양성을 수용하기 위한 이론들이 각 분야에서 나타나고 있다. 즉, 과거에는 리더십이 리더 개인의 역할을 중시했으며, 리더의 부당한 권력 행사와 일방적 지시를 크게 문제 삼지 않았다. 그러나 지금은 세계화와 국제화에 따라 산업구조 및 사회환경이 급속히 변화됨에 따라 전통적 리더십에 대한 많은 한계점이 노출되었다. 그 결과 민간기업에서 꾸준히 연구되고 있는 서번트 리더십, 거래적 리더십, 변혁적 리더십, 감성 리더십 등이 대표적이다. 또한 리더의 자질과 구성원의 심리적 동기유발을 일으키는 모든 요소를 고려한 리더십 연구가 계속되고 있다(Bass, Waldman, Avolio & Bebb, 1987).

특히 헤럴드(Herold, 2016: 12)는 제4차 산업혁명에서 새롭게 생각할 수 있는 리더십의 개척자로서 네트워크로 연결된 4가지 유형의 전통적 리더십, 다양성, 민첩한 리더십, 그리고 윤리적 책임성을 강조하고 있다(그림 1-4 참조).

첫째, 우리 사회는 전통적인 리더십 기술을 고려해야 한다. 최근 논의의 초점은 '새로운' 리더십 스타일과 접근방식의 필요성을 인정

그림 1-4 **새로운 네트워크 리더의 구성요소**

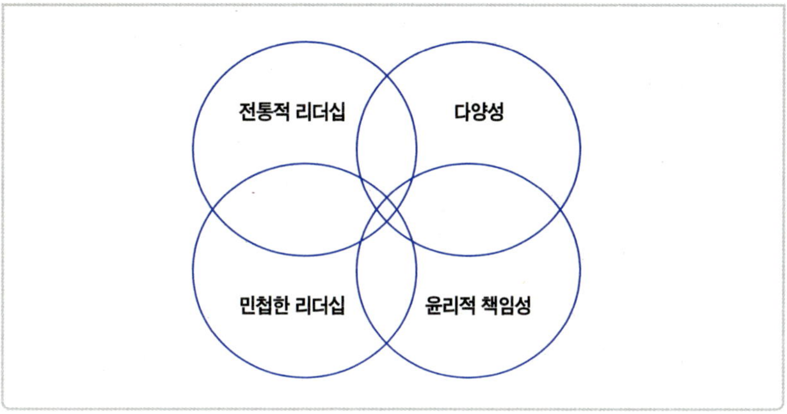

출처: Herold, G. (2016), *Stanton Chase*, p. 12.

하지만, 이것이 이전 리더십의 기술이 더 이상 불필요하다는 의미는 아니다. 오히려 다른 사람을 효과적으로 이끌고 관리하며 영감을 주는 능력과 같은 전통적인 리더십 기술은 최소한의 요구사항으로 간주하고 있다.

둘째, 리더십에 필요한 것은 다양성이다. 즉 디지털 시대의 성공적인 리더십을 위해서는 다양한 환경을 조성하는 것이 중요하다. 이때 다양성은 단순히 다양한 것으로 작업공간을 채운다는 의미가 아니라 다양한 환경적 변화를 의미한다. 또한 리더는 다양한 의견, 관점 및 배경을 수용해야 한다. 위대한 리더는 자기와 맞지 않는 조직구성원에게도 다양한 통찰력을 갖고 위험상황에서 필요한 지식을 전달하여 이해시킨다.

셋째, 민첩한 리더십이다. 오늘날의 혁명을 주도하는 데 민첩한 리더십은 필수적이다. 민첩한 리더십은 컬럼비아대학(Columbia University)의 Teacher's College의 연구원들이 만든 '학습민첩성' 개념에서 발전되었다. 여기서 민첩성의 5가지는 혁신, 수행, 반영, 위험관리, 방어 등으로 모두 리더의 성공에 중요한 역할로 간주된다. 또한 성공적인 리더는 변화하는 인적자원의 다양한 요구를 인식하고 이에 빨리 적응한다.

마지막으로, 리더의 성공을 결정하는 핵심요소로 윤리적 책임을 강조하고 있다. 앞선 연구에서 헤럴드는 보안 산업에 윤리적 문제가 발생하는 것을 경험했다. 사실상 많은 회사는 개인이 조직에서 활용하는 소프트웨어 기술과 경험에 중점을 두고 있다. 그러나 윤리에 대한 명시적인 조사는 채용 과정의 기본 기능으로 간주하지 않는 경우가 많다. 그렇기에 리더의 윤리적 책임은 최고경영자의 경력을 만들 수도 있지만 명성을 위협할 수도 있다.

지금까지 산업혁명은 모든 사회영역에서 큰 영향을 미쳤으며, 특히 인더스트리 4.0도 정보통신기술의 발달과 함께 산업사회의 혁신적 변화를 일으키고 있다. 제4차 산업혁명은 과거와 달리 급격한 사회적 변화와 인공지능을 통한 인간의 영역까지 변화시키고 있다. 인더스트리 4.0은 최첨단 기술을 응용한 사회변화가 전 세계 모든 영역에 영향을 미치며, 새로운 디지털 가상세계의 현실을 경험하게 된다. 따라서 미래를 선도하는 리더는 새로운 산업사회를 이끌어갈 리더십의 변화와 환경에 선제적으로 대응할 수 있는 식견과 판단력을 갖고 유연한 접근방식의 리더십을 개발하는 것이 바람직하다.

L E A D E R S H I P

제 2 장

고전적 리더십 이론에 대한 이해

제2장

고전적 리더십 이론에 대한 이해

일반적으로 고전이론은 특성이론(Traits theory), 행동 및 기능이론(Behavioral & Functional theory), 상황이론(Contingency theory) 등을 그 대표적인 것으로 분류하고 있다(이학희, 2019: 74-77). 이에 대해서 많은 학자들은 시대적 흐름과 다양한 상황에 따라 리더십에 대한 기준을 여러 가지 유형으로 분류하고 있다.

제1절 _ 특성이론

초기 리더십 연구는 리더가 소유하고 있는 개인적 특성과 자질을 확인하는 데 초점을 두었다. 이러한 연구는 특성이론 혹은 위인이론적 접근에 근거를 두고 "리더의 특성은 무엇인가" 또는 "효과적인 리더의 특성과 능력이 무엇인가"를 주된 연구의 영역으로 삼았다. 그리고 리더의 특성과 관련된 핵심 내용은 신체적 특성, 사회적 배경, 지능과 능력, 성격, 과업 관련 특성 등이 있었고, 그 결과 리더로서 갖춰야 할 특성과 역량이 무엇인가를 분석하고 이해하는 데 실질적인 도움이 되었다(신구범, 2013: 30-32).

1. 신체적 특성

신체적 특성(physical characteristics)의 구성요인은 리더의 활동성, 에너지, 연령, 신장, 체중, 외모 등을 포함하고 있다. 특히 신체적 특성은 리더십을 발휘할 수 있는 능력과 밀접한 관계가 있다. 즉 일반적으로 리더가 보통 사람보다 신장이나 체중이 우위에 있다면 더 효과적인 리더십을 발휘할 수 있다는 것이다. 그러나 성공적인 리더의 특성은 여러 가지 상황과 환경에 따라 다르기 때문에 획일적으로 결론을 내리기 쉽지 않다. 이러한 연구결과는 신체적으로 우위에 있는 사람들이 보통 사람들보다 리더의 지휘를 얻는 데 별다른 차이가 없는 것으로 나타났다. 그 대표적인 경우로 트루먼(Truman), 간디(Gandhi), 나폴레옹(Napoleon), 스탈린(Stalin), 히틀러(Hitler) 등은 신체적으로 왜소한 체격을 갖고 있지만 강력한 리더십을 발휘한 정치인으로 알려져 있다.

2. 사회적 배경

사회적 배경(social background)의 요인으로는 사회적 신분, 교육, 이동성 등이 포함된다. 배스(B. Bass)는 사회적 배경에 대한 연구결과를 통해 다음과 같은 결과를 도출해 냈다. 첫째, 일반적으로 높은 사회적 지위와 신분 및 경제적 안정 등은 리더십을 발휘하는 데 유리하다. 둘째, 사회적 신분이 낮은 계층(여성, 소수민족, 흑인 등)에서 과거보다 산업체의 고위직에 승진한 리더가 많이 배출되고 있다. 셋째, 관리직에 요구되는 학사 및 석사학위 출신의 자격요건을 볼 때 사회적 배경 자체가 리더십 직위의 결정적인 사항은 아니었다. 그러나 리더가 다른 사람보다 더 좋은 사회적 배경을 갖고 있다면 리더의 지위를 향상시키는 데 많은 도움이 될 수 있다.

3. 지능과 능력

1948년부터 1970년까지 학자들이 발간한 25개 연구보고서에 의하면 지능과 능력은 밀접한 관계가 있는 것으로 분석되었다. 이 연구결과에 의하면 리더가 구성원들보다 판단력, 결단력, 지식, 소통력, 설득력 등이 훨씬 좋다고 보았다. 그러나 리더의 지능과 능력(intelligence and ability)이 구성원들과 지나친 차이를 보이면, 리더는 극도로 자기중심적으로 움직일 수 있고, 또 리더의 생각과 판단력 및 추진력이 앞서게 되면 구성원들이 수용하기 어렵기 때문에 리더와 구성원 간 사고방식, 지각, 의사소통, 실행방법 등에 많은 갈등 문제가 발생할 수 있다.

4. 성격

개인의 성격(personality)은 리더십과 밀접한 관계가 있으며, 리더십의 유효성에 많은 영향을 줄 수 있다. 일반적으로 성공한 리더가 소유하고 있는 성격은 적응성, 강한 신념, 도전성, 독립성, 창의성, 객관성, 민주성, 판단력, 자신감, 민첩성, 협상력, 추진력, 외향성, 친화력, 포용력, 열정 등 많은 요인들이 있다. 그럼에도 불구하고 리더가 갖고 있는 성격 특성은 조직이 직면해 있는 환경과 구성원의 특성에 따라 리더십에 미치는 영향이 다르다. 더욱 어려운 문제는 위에서 언급한 특성을 갖춘 리더를 찾기란 어렵고, 리더의 특성을 정확히 측정하기란 쉽지 않다.

5. 과업 관련 특성

리더는 조직 내외의 다양한 집단구성원과 잘 적응해야 하고, 급변하는 환경변화에 적극적으로 대응할 수 있는 자세가 필요하다. 성공적인 리더는 다른 사람들과의 친화력을 바탕으로 설득력과 협상력을 갖는다. 이러한 성격의 리더는 타인으로부터 신뢰와 협동심을 불러일으킬 뿐만 아니라 조직의 목표달성에 보다 적극적으로 참여하도록 관리능력을 발휘함으로써 과업달성에 효과적인 영향을 미친다. 그 외에 리더의 과업 관련 특성(task-related characteristics)으로는 조직구성원을 위한 배려와 친화력으로 구성원들의 편의에서 지도하고 관리하는 것이다.

오늘날 특성이론의 한계는 다음과 같은 측면에서 비판을 받고 있다. 먼저, 리더의 여건이 상황요인을 고려하지 않아 성공적인 리더에 맞지 않을 수도 있다는 것이다. 즉, 리더는 어떤 상황과 환경에 따라 다른 결정을 내릴 수 있으나, 특성이론에서는 이런 점을 간과했다는 것이다. 그리고 특성이론은 개인의 특성에만 중점을 두고 있어 개인이 리더십 상황에서 실제로 어떻게 하는지가 명확하지 않다. 즉, 특성이론은 부하들이 리더십에 미치는 효과를 전혀 고려하지 않았다는 것이다. 이러한 특성이론의 한계에도 불구하고 리더의 고유한 특성과 자질에 대해서는 전적으로 무시할 수 없는 것이 현실이다.

제2절 _ 행동이론

행동이론을 분류하는 학자들의 기준은 매우 다양하다. 1950년대부터 1960년대까지 연구된 행동이론은 부하와 집단에 대한 리더의 행동에 초점을 두었다. 행동이론은 모든 상황에 가장 적합한 행동의 유형과 조합이 있다는 조건하에 리더가 무슨 역할을 해야 하는지, 특히 리더가 조직의 성과와 목표달성을 위하여 구성원과 집단에게 어떤 행동을 해야 하는지에 대한 연구를 하였다.

행동이론에서는 바람직한 리더가 어떤 행동을 해야 하는가에 대한 논의를 함으로써 리더십의 과정과 방법을 중요시하였다. 그리고 리더십의 효과는 선천적으로 타고난 개인적인 특성이 부하에 대한 리더의 행동에 달려 있다. 즉, 리더는 후천적으로 어떻게 행동하는가에 대한 것이 강조된 것이다(이학희, 2019: 75).

지금까지 리더십의 행동이론에 대한 연구자와 연구기관별로 보면, 아이오와 대학의 연구, 오하이오 대학의 연구, 미시간 대학의 연구, 블레이크(R. Blake)와 머튼(J. Mouton)의 연구, 미스미 주지(三隅二不二)의 연구 등 다양하다. 여기에서는 아이오와 대학의 연구, 오하이오 대학의 연구, 미시간 대학의 연구 등의 행동이론을 살펴보고자 한다(김윤호, 2019: 45-49; 정우일 외, 2017: 165-171; 신구범, 2013: 34-37).

1. 아이오와(Iowa) 대학의 연구

1938년 아이오와(Iowa) 대학의 연구팀은 리더십 행동유형으로서 권위형 리더십(authoritarian leadership), 민주형 리더십(democratic leadership), 방임형 리더십(laissez-faire leadership) 등의 유형을 중심으로 청소년들의 행동을 연구하였다. 그 연구팀은 10대 소년들을 4개 집단으로 분류해 한 집단은 통제집단으로, 나머지 3개의 집단에는 교사들로 하여금 각 권위형, 민주형, 방임형인 지도자를 연출하게 하고 그 영향을 실험하여 다음과 같은 결과를 도출해 냈다.

1) 권위형 리더십

권위형 리더십은 명령적이고 참여를 허락하지 않으며, 칭찬과 비판을 개인적으로 한다. 리더에 의해서 모든 목표와 결정이 일방적으로 이루어지며, 리더는 부하에게 명령과 지시를 하지만 직무내용에 대한 객관화가 되어 있지 않다. 따라서 권위형 리더십은 초기에 생산성이 급격히 상승하지만 시간이 지남에 따라 생산성이 급격히 추락하는 특징을 갖는다.

2) 민주적 리더십

민주적 리더십은 구성원의 다양한 의견과 토론에 의한 결정을 권장하며, 칭찬과 비판에는 객관적 입장을 유지하고 정신적으로 집단의 일원이 될 것을 강조한다. 구성원들은 명확한 책임과 권한을 부여받고, 직무수행 과정에서 구성원의 자율성과 민주성이 허용된다. 이 유형에서 구성원들은 객관적인 사실에 따른 업적평가를 하지만 의사결정 소요시간의 지연, 신속한 조직대응력이 취약하다는 단점이 있다.

3) 방임형 리더십

방임형 리더십은 집단에서 완전한 자유를 허용하고 사실상 리더십의 행사가 없는 유형이다. 리더는 의사결정에 참여하거나 간섭하지 않으며, 단지 구성원들이 필요로 하는 자료나 정보를 제공해 주는 수준이다. 이 유형은 구성원들의 전문성이 탁월하거나 의욕적일 때에만 효과적이며, 각자의 개성이 조화롭지 못할 때는 일관성과 통일성이 흔들릴 위험이 존재한다.

이 실험결과는 이러한 리더십의 3가지 유형 중 민주적 리더십을 가장 선호했으며, 권위적 리더십을 가장 꺼리는 것으로 나타났다. 이때 민주적 리더는 그룹구성원들이 그들의 활동에 대하여 스스로 의사결정을 하도록 하였다. 그룹 내에서의 적대 행위는 민주적 그룹에서보다 권위적 그룹과 방임적 그룹에서 현저히 높게 나타난 반면, 그룹의 생산성은 민주적 리더가 다른 두 그룹보다 높게 나타났다. 그러나 실제 상황에서 권위형, 민주형, 방임형 등이 각각 획일적인 상태로 존재하는 경우는 거의 없으며, 둘 이상의 유형이 절충될 수 있다는 것을 고려해야 한다.

2. 오하이오(Ohio) 대학의 연구

오하이오(Ohio) 대학의 리더십 연구는 1940년대 말부터 시작되었다. 그 연구팀은 행동이론 중에서 가장 포괄적인 것으로 리더 행동의 결정요소를 찾아내고 업무집단의 성과와 만족도에 영향을 미치는 리더십 유형에 초점을 두었다. 연구팀은 그들이 독자적으로 개발한 리더행위기술설문지(LBDQ: Leader Behavior Description Questionnaire)와 리더 의견 질문지(LOQ: Leader Opinion Questionnaire)를 개발하였다. LBDQ는 지도자의 행동을 기술한 30개 문항으로 만들어졌으며, 그중 15문항은 구조주도(Initiating Structure)에 관한 것이며, 나머지는 배려(Consideration)에 관한 것으로 두 차원으로 구분하였다.

그림 2-1 구조주도와 배려

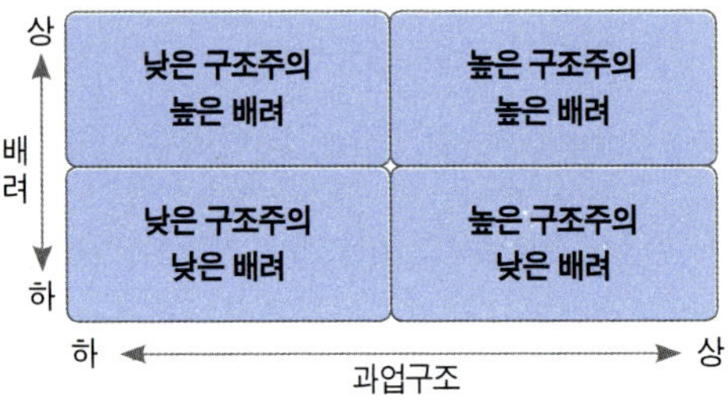

출처: Szilagyi, A. D. & Wallace, M. J. (1990), *Organizational Behavior and Performance*, p. 393.

리더의 구조주도 행위란 직무나 인간을 조직화하고 공식적인 의사소통 채널을 설정하여 집단의 과업달성을 위한 방법을 제시하는 리더의 행위를 의미한다. 또 배려 행위란 리더가 집단구성원들 사이에서 상호 신뢰, 의견 수렴, 존중, 온정 등을 표시하는 리더의 행위이다. 이 연구에서 특기한 것은 구조주도와 배려라는 것이 별개의 다른 한 차원이라는 것을 찾아냈다는 것이다. 즉, 구조주도와 배려라는 리더의 행위유형은 서로 독립된 관계로 이해되기 때문에 리더가 두 가지 행위유형의 배합을 어떻게 하는지 예측할 수 없다는 것이다.

오하이오 대학의 연구결과들을 요약하면 4개 유형의 조합으로 **그림 2-1**과 같다(김윤호, 2019: 47-48). 첫째, 리더십 행동의 구성요소인 구조주도와 배려는 각각 독자적이어서 구조주도의 수준이 높다고 해서 배려의 수준이 낮은 것은 아니며, 구조주도의 수준이 높다고 해서 배려의 수준이 언제나 높은 것은 아니었다.

둘째, 높은 배려 수준과 낮은 불평 수준 사이에는 높은 상관관계가 있음을 발견했다. 즉, 리더십 행동이 배려적일수록 부하직원의 불평이 감소되는 경향이 확인되었다.

셋째, 구조주도와 배려의 수준이 다 같이 높을 때 부하들의 불평 수준과 이직률이 가장 낮고 생산성도 높았다. 반면 구조주도와 배려의 수준이 다 같이 낮을 때에는 불평 수준과 이직률이 높았다. 또한 구조주도의 수준은 높으나 배려의 수준이 낮을 때에도 불평 수준과 이직률은 높은 것으로 나타났다.

결국 이러한 연구결과는 구조주도와 배려행동이 모두 높을 때 가장 효율적인 리더십 유형임을 보여주고 있다. 그러나 오하이오 대학의 연구는 리더십 효과성에 미치는 상황적 요소들의 영향을 고려하지 않았다는 점과 리더 행동에 대한 리더 자신의 측정과 추종자들의 측정 간 연관성이 대부분 높지 않다는 점에서 비판을 받고 있다. 이와 같은 비판에도 불구하고 리더의 행위를 정의하고 설명함에 있어서 상당히 체계적인 노력과 공헌을 인정하고 있다는 점에서 오하이오 대학의 연구는 리더십의 이론적 기초를 마련해 준 데 대한 높은 평가를 받고 있다.

3. 미시간(Michigan) 대학의 연구

미시간 대학에서는 1947년 리커트(Likert)[1)]와 그 동료들이 리더의 행동과 집단의 생산성 관계를 파악하기 위하여 리더가 직원들을 의사결정에 참여시켰을 때 생산성에 영향을 미치는가에 대한 연구를 하였다. 즉, 그들은 리더의 행동을 직원중심의 리더십과 직무중심적 리더십의 두 가지 유형으로 분류하였다(하미승, 2018; 이학희, 2019; 정우일 외, 2017: 168-169).

직원중심적 리더십(employee centered leadership)은 조직 내 직원들의 욕구충족과 인간관계의 개선을 중요시하고 있다. 리더는 직원에 대한 인간적인 관심과 개성을 중시하며, 직원이 원하는 업무환경을 개선하고 충족시켜 주면서 권한을 위임하는 것이다. 이 유형은 직원 지향적이며, 책임의 위임과 구성원의 복지, 욕구, 승진, 개인적 성장 등에 대한 관심을 강조한다.

직무중심적 리더십(job-centered leadership)은 조직의 생산성 향상과 과업 성취 및 목표달성을 중요시하는 리더십의 유형이다. 이러한 유형을 선호하는 리더는 직원의 업무수행에 대한 철저한 감독과 합법적인 권력을 활용하여 업무계획표에 따라 실천하고 업무성과를 평가하는 데 초점을 두었다. 이 유형의 리더는 직원을 단지 조직목표 달성을 위한 수단으로 간주했으며, 리더는 생산과 직무의 기술적인 측면만 강조하였다.

리커트 연구팀의 연구결과에 따르면 직원중심의 리더십이 직무중심의 리더십보다 조직의 생산성을 높이는 데 효과적인 것으로 나타

---

1) 리커트(Likert)의 모델로서 조직의 4가지 체제가 언급되고 있다. 즉 착취적 권위주의 체제, 자비로운 권위주의 체제, 상담권위주의 체제, 참여권위주의의 체제 등이다(자세한 것은 정우일 외, 2017: 170 참조).

났다. 즉 직원중심적 리더가 생산성과 만족도를 높이는 데 긍정적인 영향을 주었다. 반면에, 직무중심적 리더는 낮은 생산성과 낮은 만족도에 밀접한 관계가 있는 것으로 나타났다. 결론적으로 직원중심적 리더십이 과업중심적 리더십보다 효과적인 측면이 있는 것으로 평가되었다.

4. 블레이크(Blake)와 머튼(Mouton)의 연구

블레이크와 머튼(1968)의 연구는 1964년 오하이오(Ohio) 대학의 연구결과에 영향을 받아 리더의 행동유형을 더욱 구체화하고 효과적인 리더십 행동을 경영개발계획에 활용하는 매니저리얼 그리드(managerial grid)의 개념을 개발하였다. 이 유형은 리더의 행동유형을 결정하는 사람에 대한 관심(concern for people)과 생산에 대한 관심(concern for production)이라는 영역으로 분류하였다. 그리고 두 영역을 다시 9등급으로 세분화시키고 81개의 가능한 유형이 도출될 수 있도록 하였다(배정훈, 2011; 김윤호, 2019). 블레이크와 머튼은 가장 중요한 리더의 유형으로 무관심형(1.1), 인기형(1.9), 과업형(9.1), 중도형(5.5), 팀형(9.9) 등으로 구분하였다(그림 2-2 참조).

1) 무관심형(1.1)

무관심형은 생산과 인간에 대한 관심이 없는 무관심한 유형(1.1)이다. 이 유형은 리더가 업무에 대한 관심이 없을 뿐만 아니라 문제가 발생하면 피한다. 즉, 리더가 자신의 직위를 유지하는 데 필요한 최소한의 과업만을 행하는 유형이다. 이는 자유방임형의 리더십과 유사한 것으로 볼 수 있다.

2) 인기형(1.9)

인기형은 성과와 실적보다는 인간관계를 중시하는 유형으로 리더는 조직구성원의 만족과 유대관계를 형성하는 데 집중한다. 즉, 이 유형은 과업에 대한 관심보다는 인간관계에 보다 많은 관심과 노력을 기울이는 유형이다.

3) 과업형(9.1)

과업형은 인간관계에 대한 관심은 적으나 생산성에 대해서는 많은 관심을 갖는 유형이다. 즉, 리더는 일방적인 의사결정을 하며, 관리에 대한 초점을 생산성에 맞춰서 직원을 하나의 생산적 도구로 취급한다.

4) 중도형(5.5)

중도형은 중간형으로서 현상에 순응하면서 생산성과 인간관계에 적당한 균형을 유지하는 데 초점을 둔다. 즉, 리더는 업적과 인간에 대한 적당한 형태로 구성원의 요구에 맞는 합리적 목표설정을 하고 직원이 원하는 원만한 방법으로 업무를 수행한다.

5) 팀형(9.9) - 이상형

팀형은 생산성과 인간관계의 양면에 높은 관심을 갖는 유형이다. 리더는 구성원의 욕구를 만족시켜 주고 신뢰와 지원의 환경을 조성한다. 또한 리더는 조직의 공동목표와 목표달성을 강조하고 구성원의 적극적인 참여를 통해서 업무에 대한 질적 · 양적 개선과 목표지향적 과업달성을 강조한다.

그림 2-2 매니저리얼 그리드 모형

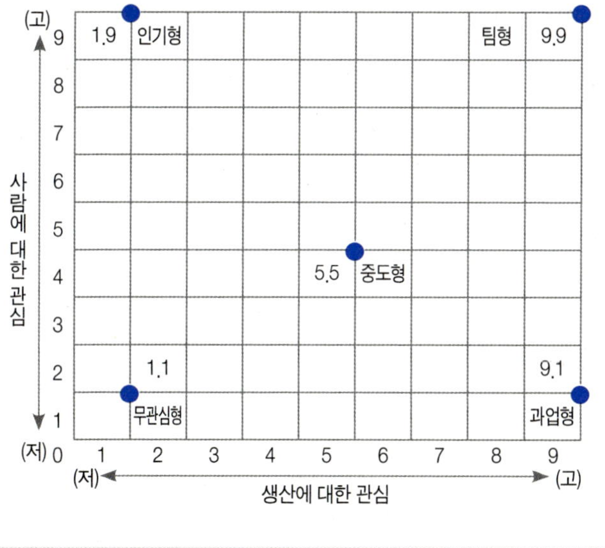

출처: 배정훈·송경주(2016), 리더십 에센스, p. 56.

이와 같이 매니저리얼 그리드의 유형은 조직관리자의 리더십 개발에 많이 활용되고 있다. 이 유형에서 가장 바람직한 리더십 유형은 팀형(9.9)이라고 평가하였다(신구범, 2013: 39). 그럼에도 불구하고 오늘날 급속히 변화하는 사회적인 환경과 개인적 개성이 강한 조직 사회에서는 이러한 리더십의 유형이 항상 바람직하다고 평가하기란 쉽지 않다.

5. 행동이론에 대한 비판과 평가

지금까지 행동이론에 대한 리더십 유형을 정리해 보면, 리더의 개인적인 자질과 능력보다는 행동유형에 초점을 두었고 리더십의 유효성을 높일 수 있는 리더의 행동을 분석하는 데 노력하였다. 위에서 언급된 실증적 연구결과들은 어느 한 유형이 유효한가에 대한 회답을 주지 못한다. 대부분의 경우 연구자들은 인간중심적 리더십이 과업중심적 리더십보다 조직운영에 바람직할 것으로 판단할 수 있다. 그러나 실제 현장에서 이러한 연구결과가 반드시 긍정적인 결과를 도출할 수 있다고 볼 수 없다. 왜냐하면 리더십의 유효성을 결정하는 것은 리더의 행동 외에도 다양한 환경적인 요인들이 상호작용하고 존재하기 때문이다.

제3절 _ 상황이론

1960년대까지 행동이론에서 리더십 유형에 관한 연구를 통해 조직의 효과성과 가장 적합한 리더십 유형을 찾는 많은 연구가 이루어졌지만, 상황과 여건을 고려하지 않고 유효한 결과를 산출해 낼 수 있는 특성과 행동만을 연구하는 데 초점을 두었다. 그러나 이러한 연구유형들이 최적의 모형을 찾는 데 많은 한계점에 직면하게 되었다. 따라서 일부 학자들이 이런 유형의 한계를 극복하기 위하여 리더십에 대한 효과성과 유효성을 상황과 연계시키고자 등장한 것이 리더십 상황이론이라 할 수 있다(정우일 외, 2017; 배정훈, 2011; 유훈, 2000). 그 상황이론의 대표적인 유형으로는 피들러(Fiedler)의 상황이론, 하우스(House)의 목표-경로이론, 허시(Hersey)와 블랜차드(Blanchard)의 상황이론, 그리고 LMX 이론 등이 발전되어 왔다(Schriesheim, 1997).

1. 피들러(Fiedler)의 상황이론

피들러는 1951년부터 대규모의 다양한 집단 리더를 대상으로 1953년 LPC(Least Preferred Co-worker) 척도를 개발하여 최초의 종합적 상황적 합성모형을 개발하였다(김윤호, 2019; 변상우, 2018). 피들러에 따르면 리더십의 유효성은 리더와 집단구성원의 상호작용 유형과 상황의 호의성에 따라 결정된다. 즉, 리더의 효과성은 리더의 유형이 상황과 얼마나 적합한가에 달려 있다는 것이다. 이 상황이론은 리더십 연구에서 상당히 포괄적이고 지배적인 이론으로 발전되었다(Jane & Hirt, 2016).

피들러는 리더의 효과적인 리더십은 과업구조(task structure), 리더-구성원 간의 관계(leader-member relationship), 리더의 직위권한(leader's position power) 등 3가지 상황요소에 따라 관계중심적 리더십과 과업중심적 리더십에 의해서 결정된다고 보았다(박보식, 2019). 따라서 리더십 효과를 높이기 위해서는 리더의 스타일을 상황에 맞게 바꾸든지, 반대로 상황을 리더의 스타일에 맞게 고쳐야 한다고 강조하였다.

1) 과업구조(task structure)

과업구조는 조직구성원들에 대한 명확한 과업내용과 목표가 얼마나 제도화되었고, 구체화되었는가의 문제이다. 즉, 과업구조가 명확하게 규정(구조화)되어 있다면 리더가 자신의 통제력을 쉽게 발휘할 수 있다.

2) 리더-구성원 간의 관계(leader-member relationship)

리더와 구성원 간의 관계는 긍정적일 수 있으며, 반대로 부정적인 관계일 수도 있다. 즉 리더와 구성원의 관계가 긍정적이라면 상호 신뢰성, 친밀감 및 충성심을 갖고 리더에게 잘 순응할 수 있을 것이다. 그러나 그 관계가 부정적이라면 구성원들은 리더의 지시나 요구를 거부할 수 있다. 따라서 구성원이 리더에게 갖는 반응이 호의적이고 협조적인 정도 혹은 비호의적이거나 비협조적인 정도에 따라 리더와 구성원 간의 관계가 결정된다.

3) 리더의 직위권한(leader's position power)

리더가 조직구성원들에게 보상과 제재를 할 수 있는 권한을 갖는 것이다. 즉, 리더에게 주어지는 권한은 공식적인 권력과 영향력을 바탕으로 행사하고 있는 인사, 평가, 보상 등에 대한 권한을 의미할 수 있다. 리더가 구성원에 대해서 주어진 권한과 영향력을 발휘할 수 있는 승진과 급여인상의 결정권 등을 갖는다면 더 효율적인 리더십을 발휘할 수 있다. 따라서 이 이론을 잘 적용하기 위해서는 3가지 상황통제와 LPC 척도에 따라 리더십을 파악할 수 있다.

(1) 상황통제

피들러의 모형에서는 과업구조, 리더-구성원 간의 관계, 리더의 직위권한을 3가지 변수로 놓고 측정하였다. 그림 2-3에서 보듯이 피들러는 상황이 아주 명확하게 유리하거나 혹은 불리할 때 과업중심적 접근법이 더 효과적일 것으로 보았다. 반대로, 그 상황이 매우 유리하지 않거나 혹은 확실히 불리할 경우 인간관계 지향적인 리더가 더 효과적이라고 보았다(정우일 외, 2017: 214).

그림 2-3 **리더십스타일과 상황과의 관계**

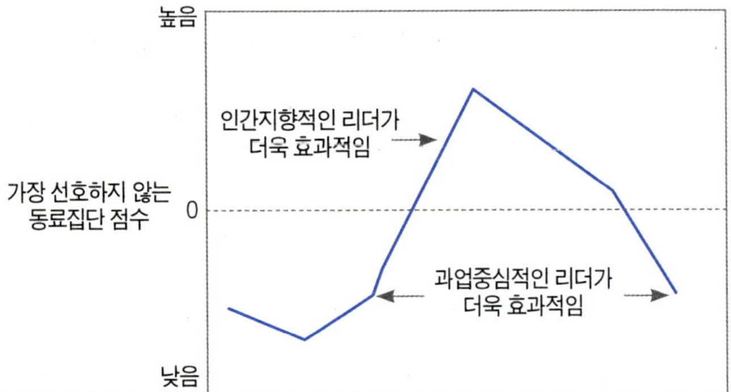

리더와 구성원의 관계	좋음	좋음	좋음	좋음	나쁨	나쁨	나쁨	나쁨
과업구조	구조화		비구조화		구조화		비구조화	
리더의 지위권력	강함	약함	강함	약함	강함	약함	강함	약함

출처: Fiedler, F. E. (1972), *The Effects of Leadership and Experience: A Contingency Model interpretation;* 정우일 외(2017), 리더와 리더십, p. 214 재인용.

이와 같이 피들러는 3가지 상황변수들을 2등분한 후 조합하여 8가지 상황으로 분류하였다. 즉 리더와 구성원 관계는 좋음(good)·나쁨(poor)으로, 과업구조는 구조적·비구조적으로, 그리고 리더의 지위권력은 강·약에 따라 8가지 조합으로 구성하였다.

그 연구 결과 과업지향적 리더는 리더의 영향력이 크거나 작은 극단적인 상황에서 가장 효과적이다. 반면에 관계지향적 리더는 리더의 권력과 영향력이 중간 정도인 상황에서 가장 효과적인 것으로 나타났다.

(2) LPC 척도

피들러는 리더의 유형을 측정하기 위하여 1951년부터 대규모의 다양한 집단리더를 대상으로 연구를 시작했다. 1953년에는 최초로 LPC(Least Preferred Co-worker Scale: 최소 선호동료 지수) 척도를 개발하여 리더십 상황이론을 발전시켰다(김윤호, 2019: 54). 이 LPC 척도는 "가장 싫어하는 동료"에 대한 리더의 태도를 질문해 묻는 것으로 측정한다. 표 2-1 에서 보듯이 각 설문지 문항에서 함께 일하기 싫은

표 2-1 LPC 척도

쾌활한 사람	8	7	6	5	4	3	2	1	쾌활하지 못한 사람
친절한 사람	8	7	6	5	4	3	2	1	불친절한 사람
거부하는 사람	1	2	3	4	5	6	7	8	수용적인 사람
긴장하고 있는 사람	1	2	3	4	5	6	7	8	여유 있는 사람
거리를 두는 사람	1	2	3	4	5	6	7	7	친근한 사람
냉정한 사람	1	2	3	4	5	6	7	8	다정한 사람
지원적인 사람	8	7	6	5	4	3	2	1	적대적인 사람
따분한 사람	1	2	3	4	5	6	7	8	흥미로운 사람
전투적인 사람	1	2	3	4	5	6	7	8	화목한 사람
우울한 사람	1	2	3	4	5	6	7	8	즐거워하는 사람
개방적인 사람	8	7	6	5	4	3	2	1	폐쇄적인 사람
험담을 잘 하는 사람	1	2	3	4	5	6	7	8	관대한 사람
신뢰할 수 없는 사람	1	2	3	4	5	6	7	8	신뢰할 만한 사람
사려 깊은 사람	8	7	6	5	4	3	2	1	사려 깊지 못한 사람
심술궂고 비열한 사람	1	2	3	4	5	6	7	8	신사적인 사람
마음에 맞는 사람	8	7	6	5	4	3	2	1	마음에 맞지 않은 사람
성실하지 않은 사람	1	2	3	4	5	6	7	8	성실한 사람
친절한 사람	8	7	6	5	4	3	2	1	불친절한 사람
총점									

출처: Fiedler, F. E. & Chemers, M. M. (1984), *Improving Leadership Effectiveness: The Leader Match Concept*(2nd); 박보식(2019), 리더십, p. 102 재인용.

정도를 1에서부터 8까지 표시하였고, 이 문항에 체크한 것을 합산해 LPC 점수를 얻도록 구성되어 있다. 즉, 각 응답자는 지금까지 접촉한 동료 작업자들을 모두 고려해, 그중 함께 일하기 가장 싫어한 사람을 택하여 평가하도록 했다.

LPC 점수는 다음 설문에 해당되는 곳에 체크(√)해 거기서 얻은 총합에서 구할 수 있다.

피들러에 의하면 LPC 점수가 낮을수록 리더가 과업지향적일 가능성이 높다. 반면에 LPC 점수가 높을수록 긍정적인 속성을 지닌 관계지향적인 리더일 것으로 보았다.

이러한 맥락에서 동기부여의 관점에서 볼 때, LPC 점수가 높은 리더는 구성원과 호의적이고 원만한 관계를 유지하는 기본적인 성향을 지닌다. 반면에 LPC 점수가 낮은 리더는 과업지향적인 목표만 갖는다. 특히, 리더에 대한 존경과 욕구는 직접 구성원과의 관계를 통해서가 아니라 과업 달성을 통해서 얻어진다.

4) 피들러 상황이론의 한계와 평가

상황이론의 LPC 점수가 연구방법에서 매우 중요한 부분을 차지하고 있는 것이 사실이다. 그럼에도 불구하고 일부 학자들은 이에 대한 비판적인 시각을 갖고 있다. LPC 설문지가 실제로 무엇을 측정하고 있으며, 이것이 실제로 리더의 성격이나 행동성향을 정확히 측정하고 있는지, 그리고 LPC 점수가 실제 리더의 행동스타일과 밀접한 관련성을 지니고 있는지에 대한 많은 논의가 지속되고 있다. 리더와 구성원들이 상호작용을 하는 과정에서 관계가 개선될 수 있기 때문이다. 이러한 경우에 LPC 점수가 효과적인 리더의 행동을 어떻게 설명할 수 있는지, 이에 대한 의문을 제기하지 않을 수 없다.

그 밖에 상황이론은 LPC 측정방법을 고려할 때, 기본적으로 과업-관계 지향성을 전제로 하고 있으나, 리더 행동의 복수연속성 개념을 전제하는 학자들로부터 비판을 받고 있다. 그럼에도 불구하고 피들러는 리더십에 관한 상황적 접근방법을 최초로 제시하여 리더의 효과성을 결정하는 상황과 리더의 특성 및 중요성을 분석했다는 점에서 큰 의미가 있다.

2. 하우스(House)의 경로-목표이론

1) 경로-목표이론의 의의

경로-목표이론(Path-Goal Theory)은 1970년 초기 에반스(Evans)에 의해서 소개되었고, 그후 로버트 하우스(Robert House)에 의해서 발전되었다(Evans, 1996). 즉, 리더가 조직의 성과를 높이기 위해서는 구성원의 업무적인 목표와 함께 구성원들의 개인적 목표를 달성할 수 있도록 명확한 목표를 제시하고 최대한 지원 및 동기부여를 제공해야 한다. 경로-목표이론은 구성원들의 동기유발에 초점을 두어 구성원의 업적을 만족시키는 데 의의가 있다. 이 이론의 기본적인 전제는 조직의 성과란 구성원들에 의해서 달성된다는 것이다(변상우, 2018: 202). 이와 같이 경로-목표이론의 기본가정은 기대이론에서 유래된 것으로 구성원들의 동기유발에 대한 원인을 다음과 같은 상황에서 찾고 있다. 즉, 구성원은 주어진 상황에서 노력하면 과업을 수행할 수 있다고 생각하거나 혹은 노력에서 얻은 결과가 보상과 연결될 때, 그리고 과업달성으로 인해 얻는 보상이 가치가 있다고 믿을 때 동기유발이 될 수 있다고 본다.

하우스에 의하면 리더의 동기부여 기능은 구성원들의 업무목적을 달성하기 위하여 개인적인 능력을 높이는 것이다. 그리고 구성원들에게 목적의 명확성, 장애물의 제거, 개인에 대한 만족의 기회를 증가시킴으로써 목표달성을 위한 개인의 진로를 더욱 쉽게 설정할 수 있다(정우일 외, 2017: 221). 이 이론은 구성원들의 작업목표와 개인목표에 대한 지각, 구체적으로 리더가 작업목표(업적)와 개인목표(보상) 간의 연결 및 경로에 대한 어떤 영향을 미칠 것인가에 초점을 두고 있다(Jane & Hirt, 2016)

이는 **그림 2-4** 에서 보듯이 구성원의 업적과 직무만족에 영향을 미치는 동기부여, 즉 구성원들이 노력하면 주어진 과업을 달성할 것이라는 기대, 목표달성의 결과로 보상을 받을 것이라는 도구성, 그리고 목표달성의 결과로 얻는 보상의 가치가 있는 유의성에 대한 개인적인 지각의 정도에 따라 결정된다는 것이다. 따라서 보상을 전제로 자신의 노력을 통해서 작업목표(업적)를 달성하게 되면 업무성과에 따른 보상과 기대감을 갖게 된다.

그림 2-4 경로-목표이론과 기대이론의 관계

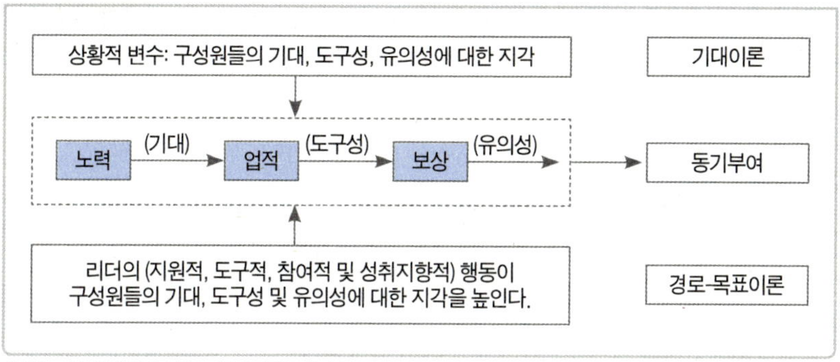

출처: 이학희(2019), 기업경영 리더십, p. 110.

따라서 경로-목표이론은 리더가 동기유발을 위해 구성원들의 요구와 상황에 맞는 경로를 이해시키고 그 경로를 효과적으로 따르면서 방법을 안내한다. 즉, 경로-목표이론은 동기이론을 기반으로 리더의 리더십 유형과 구성원들의 특성, 그리고 과업특성 간의 관계를 강조하고 있다.

2) 경로-목표이론의 모형

하우스의 경로-목표이론에서는 **그림 2-5** 에서처럼 리더의 유형, 부하의 특성, 환경적 요인, 부하의 지각, 그리고 결과 등의 과정으로 나타난다. 그러나 이러한 과정은 상황요인과 동기부여 등에 따라 상당한 영향을 받을 수 있다. 즉, 리더십 과정에서 작용하는 상황요인은 부하의 특성과 과업환경적 요인에 밀접한 관계가 있다. 그리고 부하의 특성과 관련된 변수는 능력, 욕구, 경험, 통제위치 등으로 구성되며, 과업환경적 요인으로는 과업특성, 공식적 권한체계, 작업집단의 특성 등이 해당된다. 리더는 이러한 상황요인을 고려해 리더십의 유형도 달리 해야 한다.

그림 2-5 하우스의 경로-목표 모형의 과정

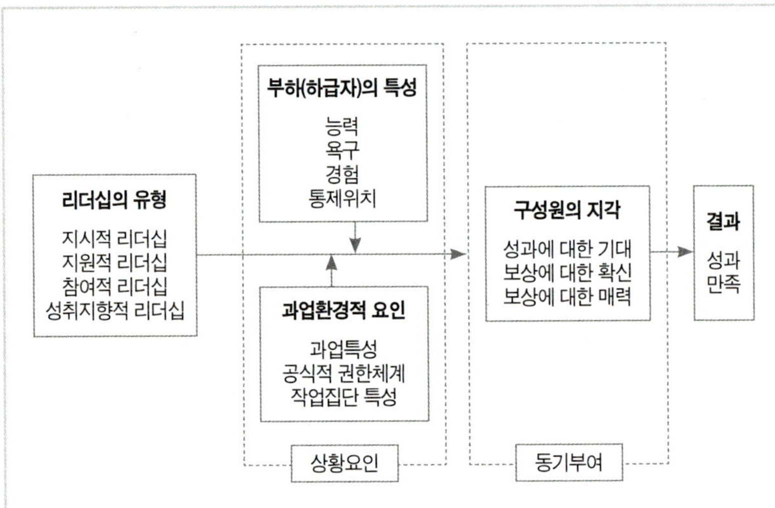

출처: 신구범(2013), 리더십 이론과 실제, p. 50에서 재구성.

3) 상황에 따른 리더십의 유형

하우스는 리더십의 유형을 지시적 리더십, 지원적 리더십, 참여적 리더십, 성취지향적 리더십 등으로 분류하였다(House & Mitchell, 1975; Jane & Hirt, 2016: 3).

(1) 지시적 리더십(directive leadership)

지시적 리더십은 과업능력이 부족한 구성원들에게 지시적 행동을 하면, 구성원들의 만족도가 높아지는 것이다. 즉, 리더는 프로세스에 대한 명확한 목표를 구성원에게 제공하고 그들에게 기대되는 일과 작업을 가장 잘 수행하는 방법을 제시해 준다. 따라서 이러한 유형은 구성원의 능력이 낮고 환경이 복잡하며 경험이 부족한 구성원에게 더 적합한 유형으로 볼 수 있다.

(2) 지원적 리더십(supportive leadership)

구성원들이 단순하고 불만이 많은 과업을 수행하는 경우에 지원적 리더십 행동을 하면 구성원들은 만족하지 못한 작업환경을 극복하면서 과업수행을 위한 지각을 하게 된다. 즉, 친화적 욕구가 강한 구성원들은 대체로 리더의 지원적 행동을 선호하는 경향이 있다. 리더의 행동은 친절하고 공감하는 것이 특징이다. 이 유형은 구성원에게 개인적 문제가 있거나 혹은 자신을 믿지 않거나 일시적으로 동기를 상실한 상황에서 유용할 수 있다.

(3) 참여적 리더십(participative leadership)

참여적 리더십은 리더가 구성원들을 의사결정 과정에 참여시키는 것을 의미한다. 즉, 리더는 구성원과 함께하는 토론과 논쟁에 개방적이며, 그들의 생각과 의견을 듣고 좋은 제안을 받아들이는 것이다. 특히, 리더가 구성원의 자율성과 참여도를 높이고 전문지식을 갖는 경우에 유용한 리더십 스타일로 평가할 수 있다.

(4) 성취지향적 리더십(achievement oriented leadership)

성취지향적 리더십은 하위자들에게 과업에 대한 도전적인 자세를 요구하여 가능한 최고의 수준으로 목적달성을 완수할 수 있도록 과업성과를 강조한다. 리더는 구성원에게 최고의 업무성과와 지속적인 개선을 기대하며, 그들의 목표가 달성되면 보상이 따른다(Jane & Hirt, 2016: 3). 이 유형은 구성원들이 완전히 독립적으로 일할 수 있고 문제해결능력을 갖고 있으며, 구성원에 맞는 관리 스타일이다.

4) 경로-목표이론의 평가 및 시사점

이상에서 언급된 내용으로 알 수 있는 것은 4가지 리더십 유형이 상호 배타적인 것이 아니라 상호 복합적이라는 점이다. 이 경로-목표이론은 복수의 연속 개념에서 리더십을 유형화하고 상황에 따른 리더십의 유효성을 증가시킬 수 있다는 이론적 기반을 마련하였다(Yukl, 1989; Northouse, 2015). 상황요인으로는 부하의 특성과 과업환경의 특성을 고려한 참여적 리더십과 성취지향적 리더십 등이 구체적이고 다양한 리더십의 유형을 발전시켰다.

그럼에도 불구하고 경로-목표이론은 리더가 구성원들의 동기유발을 지나치게 강조함으로써 교육, 조정, 조직화 등의 조직개발 및 관리적인 측면을 소홀히 했다는 비판적인 시각도 있다(이학희, 2019: 115). 또한 이 이론은 업무현장에서 실제로 활용하기 어렵다는 비판과 함께 상황에 따라 적당한 리더십 유형을 선택하는 데 한계가 있다(Lussier, 2004; Antonakis et al., 2004; Wofford & Liska, 1993).

3. 허시(Hersey)와 블랜차드(Blanchard)의 상황이론

1) 허시와 블랜차드 상황적 리더십의 개념

허시와 블랜차드는 다양한 상황이론을 확대하여 리더십 유형으로 상황적 리더십 모형을 개발하였다. 이 모형에서는 두 가지 기본적인 개념으로 분류하고 있다. 즉, 리더의 지도행위를 과업중심행동과 리더의 관계중심행동에 초점을 두었다. 과업중심행동은 리더가 부하직원에게 무슨(what) 과업을 언제, 어떻게(how) 수행해야 할 것인가를 일방적으로 지시하는 것이다. 반면에 관계중심행동은 리더가 심리적 위로를 제공하고 일을 수행할 수 있도록 여건을 조성해 주는 것을 의미한다. 또한 허시와 블랜차드는 리더십에 영향을 주는 부하의 성숙도를 설정하고, 이에 적합한 리더의 유형을 사용해야 한다고 주장하였다(김윤호, 2019: 60).

2) 리더십의 유형

허시와 블랜차드(1988)는 리더십의 행동유형을 4가지 형태로 구분하였다. 또한 리더가 부하에게 제공하는 방향과 지원의 측면에서 상황별 리더의 스타일을 특징으로 부하의 성숙도에 따라 효과적인 리더십이 가능하다고 주장하였다(Goodson, McGee, & Cashman, 1989: 447). 이에 대한 리더십의 유형은 다음과 같이 설명할 수 있다.

(1) 지시형 리더십(telling leadership)

리더는 조직구성원들에게 구체적인 지시와 명령을 내리고 업무수행을 면밀하게 관리 · 감독하는 리더십이다. 특히 업무수행능력이 부족하지만 열정과 의욕이 강한 구성원에게는 지시형 리더십이 적합하다. 리더는 주로 지시적 행동과 지원적 행동을 추가하는 것이다. 리더는 혼자서 모든 문제를 해결하고 결정하며, 구성원은 리더의 결정에 순응하는 것이다. 따라서 리더는 구성원에게 업무의 목표와 업무처리 방법을 알려주고 업무를 완수할 수 있는 계획도 구상해 주는 것이다.

(2) 설득형 리더십(selling leadership)

리더가 조직구성원에게 계속해서 지시와 명령을 내리고 업무수행을 완수하기 위하여 면밀한 감독을 하지만, 최종적인 의사결정사항에 대해서는 자세히 설명하고 직원의 제안을 받아들여 수용할 수 있도록 설득하는 리더십이다. 이 유형은 어느 정도 수행능력이 있지만 의욕이 부족한 구성원들에게 적합한 것으로 보고 있다. 따라서 리더는 구성원들에게 다양한 정보와 지원을 제공하지만 상호 간의 소통과 의사전달을 하게 된다.

(3) 참여형 리더십(participating leadership)

리더와 조직구성원이 함께 의사결정에 참여하며 리더의 역할은 업무수행을 위해 의사소통을 촉진하는 것이다. 또, 리더는 목표달성에 초점을 맞추지 않고 업무에 대한 지시보다 칭찬과 격려를 통해 구성원에게 자신감을 주고 적극적인 의사결정을 하도록 한다. 일상적 의사결정의 책임은 부하와 공동으로 문제해결을 위해 분담한다.

(4) 위임형 리더십(delegating leadership)

리더는 계획과 통제 등의 활동을 줄이고, 부하와 집단에 더 많은 책임감을 부여한다. 또한 리더는 직무수행 방법의 결정과 직무책임을 부하에게 위임한다. 이 유형은 리더가 지시나 지원을 거의 하지 않고, 과업수행 방법에 관한 의사결정을 구성원들에게 거의 위임한다. 따라서 조직 전체가 리더의 심리적 지원을 필요로 하지 않을 때 유용하지만, 조직상황이 리더의 지원을 필요로 할 때 유효하지 않은 상황이 된다.

3) 리더십의 상황변수

허시와 블랜차드는 리더십에 영향을 줄 수 있는 상황조절변수로서 부하의 성숙도를 설정하였고, 부하의 성숙도에 따라 적합한 리더십을 구사할 때 효과적인 리더십을 발휘할 수 있다. 부하의 성숙도란 특정 과업을 수행하는 부하의 능력과 그것을 수행하려는 의지를 나타내는 것으로 부하의 성숙도를 4단계로 분류하였다(표 2-2 참조). 부하의 상황변수와 수준에 따라 성숙도의 단계를 알 수 있다.

표 2-2 **부하의 상황분류 및 성숙도의 4단계**

구분	상황분류							
상황변수	능력	의지	능력	의지	능력	의지	능력	의지
수준	높음	높음	높음	낮음	낮음	높음	낮음	낮음
성숙도	R4		R3		R2		R1	

출처: 이학희(2019), 기업경영 리더십, p. 44; 정우일(2006), 공공조직론, pp. 586-587 재구성.

첫 번째 단계는 성숙도가 가장 낮은 단계(R1)로서 부하의 능력과 의지가 모두 낮은 상태이다. 두 번째 단계(R2)는 부하의 능력은 낮지만 의지는 강한 상태이며, 세 번째 단계(R3)는 부하의 능력은 높지만 의지가 약한 상태이다. 그리고 네 번째 단계(R4)는 부하의 능력과 의지가 모두 뛰어난 상태이다.

그림 2-6에서 보듯이 부하의 능력과 의지가 낮은 단계(R1)에서는 리더의 목표달성을 위해 지시형 리더십이 효과적이다. 반면에 부하의 능력은 낮으나 의지가 강한 단계(R2)에서는 설득형 리더십이 바람직하다. 또한 부하의 능력은 높지만 의지가 약한 단계(R3)에서는 참여형 리더십이 적합하다. 그리고 부하의 능력과 의지가 뛰어난 단계(R4)의 경우에는 위임형 리더십이 가장 효과적이라고 보고 있다.

4) 상황에 따른 리더십의 선택

허시와 블랜차드에 의하면 유능한 지도자는 부하의 성숙도를 정확히 분석하여 그 부하에 맞는 리더의 행동을 찾는 것이 바람직하다

그림 2-6 **상황적 리더십 유형**

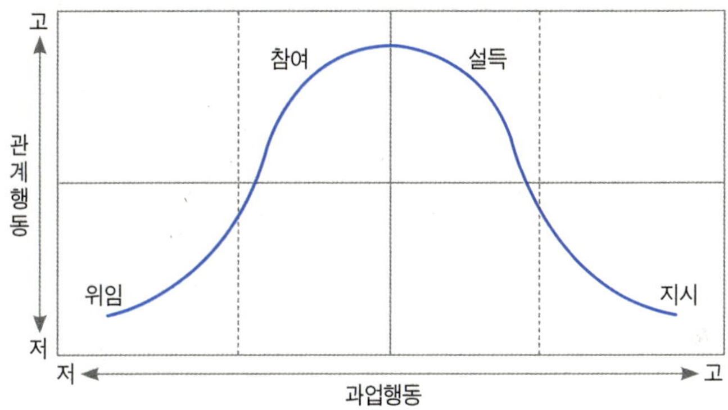

출처: 신구범(2013), 리더십의 이론과 실제, p. 53에서 재구성.

고 보았다. 즉, 리더가 부하의 성숙도에 따라 리더의 과업행동과 관계행동의 관계를 적절히 변화시키는 것을 의미한다. 이 연구결과에 따라 허시와 블랜차드는 앞의 그림 2-6과 같이 리더의 행동과 구성원의 성숙도를 조합한 상황적 리더십 모형을 개발하였다. 따라서 효과적인 리더십을 결정하기 위해서는 리더가 성취하고자 하는 구체적인 목적을 설정하고, 이에 대한 부하의 성숙도를 정확히 분석한 후 상황에 맞는 최적의 리더십의 유형을 선택해야 한다. 즉 리더십의 유형인 지시형, 설득형, 참여형, 위임형 등에서 어떤 것이 조직에서 가장 적절한 것인지 선택해야 하는 것이다.

5) 평가와 한계

허시와 블랜차드의 상황이론은 다른 이론들과 달리 이해하기 쉬우며 사용하기 쉬운 이론으로 실무자들에게 많은 인기를 끌었던 것으로 평가받고 있다. 특히 부하의 성숙도에 따라 리더의 융통성과 환경적인 행동이 강조되고 있다. 이것은 바로 부하의 성숙도 수준에 따라 리더의 행동이 다르게 다뤄져야 한다는 의미이다. 그러나 리더의 행동범주와 부하의 성숙도 개념의 모호성, 특히 상황변수를 부하의 성숙도라는 한 가지 변수로 제한했다는 것, 단순화의 문제점 등에서 비판을 받고 있다.

(1) 상황변수 개념의 모호성

이 이론의 가장 큰 문제점으로 상황변수 자체의 개념적 모호성을 지적할 수 있다. 이미 언급했던 것처럼 부하의 성숙도는 부하의 능력과 의지로 구성된다. 부하의 성숙도에 대한 판단결과를 근거로 리더는 부하의 성숙도 단계에 적합한 리더십을 찾아야 효과적인 리더십이 가능하다. 또한 가장 높은 단계인 R4와 가장 낮은 단계인 R1 단계를 제외하고, 중간 단계인 R2와 R3 중 명확한 성숙도 측정을 밝히는 데 모호성이 있다.

(2) 상황변수의 제한

상황적 리더십 이론에서 다른 변수들도 중요하지만 구체적인 성숙도나 준비성을 고려하는 것이 타당하다. 하지만 특정 과업중심적인 상황변수는 지나치게 구체적이라고 말할 수 있다. 리더가 특정 과업을 수행할 때 성숙도와 준비성으로 범위를 더욱 좁히는 것이 큰 문제점으로 지적될 수 있다.

(3) 현실적 단순화의 문제점

이 이론은 상황을 너무 단순화시켜 현실적으로 이해하려는 것에 대한 비판을 받고 있다. 무엇보다 중요한 상황변수들이 고려되지 않고 단지 부하의 성숙도라는 하나의 상황변수에 의존해 리더십 유형을 선택 및 결정하는 것이 문제가 될 수 있다.

4. 각 리더십의 상황이론에 대한 내용 비교

이미 앞에서 언급했듯이 리더십의 유형은 학자에 따라 다양하게 분류되었고, 지금까지 많은 연구를 통해서 그 유형에 대한 긍정적인 측면과 부정적인 측면이 드러나고 있다. 이와 같은 연구를 통해 조직의 상황과 리더의 자질 및 능력에 따라 다양한 형태와 유형을 선택할 수 있다. 그러나 리더십의 상황이론에 대한 유형과 상황요인 및 연구초점 등에서 상당한 차이를 보이고 있다. 표 2-3 에서 보듯이 지금까지 언급된 리더십의 상황이론을 비교 · 요약해 보면 다음과 같다.

표 2-3 리더십 상황이론에 대한 비교 고찰

상황이론	리더십 유형	상황적 요인	핵심내용
피들러의 상황적합 이론	• 과업지향적 • 관계지향적 (단일 연속선 개념)	• 리더와 부하의 관계 • 과업구조 • 리더의 지위권력	• 유리 혹은 불리한 상황에 따른 효과적인 리더십 유형
하우스의 경로-목표이론	• 지시적 • 지원적 • 참가적 • 성취지향적 (복수 개념)	• 부하특성: 능력, 통제성향, 욕구 • 과업환경: 과업구조, 작업집단, 조직 제요소	• 동기유발행동과 관련된 상황의 인지 과정 • 유의성 및 기대감 등을 높이기 위한 적절한 리더의 유형
허시와 블랜차드의 성숙도 이론	• 과업행동 • 관계행동 (복수 개념)	• 부하의 성숙도	• 부하의 성숙도 수준에 적합한 리더십 유형

출처: 이학희(2019), 기업경영 리더십, p. 120에서 재구성.

L E A D E R S H I P

제 2 부

현대적 리더십의 형태와 분류

LEADERSHIP

제 3 장

현 조직상황에 따른 리더십의 유형

L E A D E R S H I P

제3장

현 조직상황에 따른 리더십의 유형

1980년 이후 급격한 사회적 변화와 함께 리더십의 유형도 다양한 형태로 연구되고 있다. 지금까지 전통적인 리더십 이론은 크게 특성이론, 행동이론, 상황이론 등으로 분류되었다(그림 3-1 참조). 이러한 리더십의 변화는 정보통신기술의 발달과 함께 4차 산업혁명 시대의 도래로 모든 사회영역에서 직면하고 있는 결과로 볼 수 있다. 그 대표적인 이론으로는 카리스마적 리더십, 거래적 리더십, 변혁적 리더십, 서번트 리더십, LMX 이론 등 다양한 유형으로 발전되고 있다. 이러한 이론은 연구자에 따라 강조하는 것이 다르긴 하지만 기본적

그림 3-1 현대적 리더십의 발전 과정

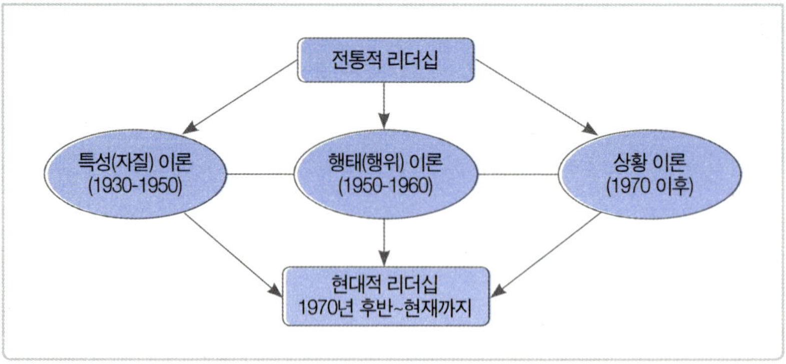

으로 환경에 대한 중요성을 강조하고 있다. 또한 리더와 구성원 간의 긴밀한 협력 및 소통, 조직혁신과 변화에 대응, 미래 불확실성에 대한 신속한 대응전략 및 의사결정, 구성원에 대한 잠재력 개발 및 동기부여, 그리고 상대방에 대한 경청과 배려 및 존경 등이 강조되고 있다.

제1절 _ 카리스마적 리더십

1. 카리스마적 리더십의 개념

카리스마의 용어는 그리스어의 'charisma'에서 유래되었다. 즉, 성서에서 신의 은총, 성령의 은사, 선물(gift) 등에서 유래된 것으로 보통사람들이 갖지 못한 천부적인 능력을 지니며, 사람의 마음을 끄는 개인적 독특한 힘을 의미한다(Reh, Van Quaquebeke, & Giessner, 2015: 6; Lepsius, 1986: 53). 따라서 카리스마적 리더십은 리더의 역할과 능력 및 노력 이전에 보통사람들이 갖지 못한 천부적인 능력이나 힘, 그리고 개인이 소유한 신비로운 능력으로 타인을 유인할 수 있는 독특한 힘을 뜻한다. 최근에 카리스마적 리더십은 급변하는 환경변화에 대응하기 위한 조직의 혁신과 변화의 필요성을 제기하며 리더십에 대한 관심이 새롭게 논의되었다(Vries, Roe, & Taillieu, 1999).

카리스마의 개념은 독일의 사회학자 막스 베버(Max Weber, 1981)가 1947년 초 처음으로 소개한 이후 많은 사회학자와 정치학자들이 관심을 갖고 연구하기 시작하였다. 그는 리더의 지배유형으로 3가지 모델, 즉 ① 전통적 유형, ② 합법적 유형, ③ 카리스마 유형 등으로 분류하였다. 특히 카리스마는 초인적(superhuman), 초자연적(supernatural)이거나 혹은 비범한 힘과 능력(power or quality)이 부여된 특별한 성격적 특성으로 보았다(Nikoloski, 2015: 19). 그리고 하우스(R. House)는 카리스마적 리더십 특징으로 지배적이며, 자신감이 가득 차 있고 타인에게 영향을 미치는 강한 욕망과 도덕적 가치에 대한 신념을 강조하였다. 일부 학자들은 카리스마적 리더십과 변혁적 리더십을 유사한 개념으로 보는 경우도 있다(Bass, 1985; Shamir, 1991; 백지연, 2018). 그만큼 카리스마적 리더와 변혁적 리더를 구분하기는 어렵다는 것이다. 변혁적 리더십에서 관리자는 영감을 주는 동기와 지적 자극을 통해서 추종자들이 최선을 다할 수 있도록 권한을 부여한다. 그러나 접근방식이 다른 카리스마적 리더는 완전히 새로운 경로를 만드는 것이 아니라 현상유지 내에서 일하는 데 집중하는 방식이다.

이와 같이 다양한 학자들의 정의를 종합해 보면, 개념적 정의에는 약간 차이가 있으나, 결국 카리스마적 리더십은 주어진 조직의 목표 달성을 위하여 부하들이 순응하고 따를 수 있는 천부적인 능력과 힘을 가진 리더가 조직구성원을 이끌어가는 리더십으로 볼 수 있다.

2. 카리스마의 특징과 접근방법

1) 카리스마의 특징

카리스마적 리더십이 변혁적 리더십과 유사한 특성 및 개념을 지닌다고 인식하는 연구자도 있다. 그렇지만 유사점보다는 중요한 차이점이 강조되고 있다(Mittal, 2015). 즉, 카리스마적 리더는 자신의 개성과 기술에 의존하여 팔로워를 행동으로 실천하는 반면 변혁적 리더는 공유와 비전에 의존하여 변화를 시킨다. 로빈스(Robbins, 1992: 151)는 카리스마적 리더의 주요 특징으로 자신감, 창의성, 비전, 판단력, 커뮤니케이션 등을 제시하였다(Takala, 2005: 50; House & Howell, 1992).

(1) 자신감

가장 강력하고 성공한 리더의 다수는 자신이 하는 일에 자신감을 갖고 있는 것으로 나타났다. 그들은 자기가 가지고 있는 의심을 거의 나타내지 않으며, 주로 자신의 감정을 통제한다. 먼저, 강력한 리더가 되기 위해서는 자신감을 지속적으로 학습해야 한다. 두 번째로, 리더가 스스로 움츠리거나 주변 동료들에게 부끄러워하지 않는 것이다. 즉, 리더가 프로젝트를 진행할 때 긍정적인 태도와 자신감을 갖고 진행이 제대로 되고 있는지 확인해야 한다. 이러한 리더의 자신감이 팀에게 전달된다면 긍정적인 결과로 이어질 수 있다.

(2) 창의성

카리스마 있는 리더는 종종 기존 틀 밖에서 생각하고 위험에 직면하는 것을 두려워하지 않는다. 이것은 어떤 문제가 발생했을 때 창의적인 해결책을 찾는 경향이 있음을 의미한다. 즉, 문제가 발생하면 강력한 리더는 패닉에 빠지지 않고 문제해결을 위해서 다양한 방법을 찾는다. 그들이 창조적인 해결책을 찾았을 때, 이것은 궁극적으로 좋은 방식과 변화로 연결되는 것이다.

(3) 비전

카리스마가 뛰어난 리더들은 끊임없이 미래와 그것을 개선할 방법을 찾고 비전을 제시한다. 그들은 목표달성을 위한 방법과 노력을 정확히 알고 있다. 리더는 팀의 다른 구성원들에게도 비전을 제시하고 비전을 위해 행동하도록 지시한다. 리더의 비전 제시에 따라 구성원들이 미래의 목표를 어느 정도 달성하고 개선할 수 있다는 것을 안다면 리더의 비전을 주의 깊게 관찰하게 된다.

(4) 판단력과 결정

리더는 자신이 제시한 비전을 달성하기 위해 최종적인 결정과 판단력이 있어야 한다. 물론 여러 가지 환경적인 변화와 도전에 직면하더라도 리더가 추진력을 갖고 목표달성을 위해 노력해야 한다. 특히, 어려운 장애물을 만났을 때 포기하지 않고 리더로서의 결의를 보여주고 창의력과 자신감과 같은 다른 특성을 사용하여 현명한 판단과 결정을 내려야 한다. 이러한 결단력과 목표달성을 위한 판단은 분명히 다른 사람들에게도 영감을 줄 수 있다.

(5) 커뮤니케이션

위대한 리더는 강력한 의사소통의 소유자이다. 특히, 대다수 리더들은 의사전달을 할 때 매우 신중하고 사려 깊다. 강력한 의사 전달자는 누구나 이해할 수도 있고 쉽게 의사전달을 하며, 이해하기 어려운 전문용어를 사용하지 않는다. 오히려 훌륭한 의사소통을 하는 리더들은 모든 사람이 쉽게 이해할 수 있는 평범한 단어와 언어로 소통하며, 최고의 리더 중 일부는 아주 쉬운 "이야기"를 사용해 핵심 메시지를 전달하거나 다른 사람들에게 전달하는 방법을 알고 있다. 또, 훌륭한 리더는 직접적이고 친절한 언행으로 의사전달을 하는 것이 성공적인 핵심요소 중 하나로 간주한다.

2) 카리스마적 리더십의 접근방법

카리스마적 리더십의 접근방법은 주로 리더의 특성에 대한 접근, 리더에 대한 사회교환 관계적 접근, 그리고 리더에 대한 인식론적 접근 등으로 설명할 수 있다(Breuilly, 2011: 478-479; 박보식, 2019: 137-138).

(1) 리더의 특성에 대한 접근

리더의 특성에 대한 접근은 주로 리더십 특성론과 연결된다. 베버는 카리스마적 리더의 특성을 예외적, 비범적, 신비적인 것으로 간주했고, 초자연적이고 초인간적인 힘과 자질을 갖는 것으로 보았다. 또한 카리스마적 리더십에 영향을 미치는 개별적 특성으로 자기확신과 지배경향 및 다른 사람들에게 영향을 주고자 하는 욕구, 그리고 자기믿음에 대한 강한 확신 등이 제시되었다(Joosse, 2014: 270). 여기서 카리스마의 특성을 신체적 특성과 심리적 · 행동적 특성으로 분류해 볼 수 있다. 먼저 신체적 특성은 매력적 외모와 목소리를 들 수 있으며, 심리적 · 행동적 특성은 열정, 자신감, 지배성향, 권력욕구, 결단력, 의사전달능력, 판단력, 지도력 등을 들 수 있다.

(2) 리더에 대한 사회교환 관계적 접근

리더에 대한 사회교환 관계적 접근은 리더와 구성원 간 상호 의존적인 관계로 볼 수 있다. 즉, 리더는 구성원에 대한 지원과 복종을 요구하고, 반면에 구성원은 리더가 자신의 욕구를 해결해 주고 혜택을 기대하면서 리더의 영향력을 수용한다. 또 카리스마적 리더에 대한 구성원들의 특징은 리더에 대한 존경심, 충성과 헌신, 사랑, 복종, 그리고 성공의 기대감 등으로 생각된다.

(3) 리더에 대한 인식론적 접근

콩거(J. A. Conger)와 카눙고(R. N. Kanungo)는 카리스마의 귀인 현상, 즉 어떤 일이 무엇 때문에 발생했는지, 그 원인을 추론하고 있다. 이런 하나의 가정에 근거하여 카리스마적 리더십이 주장되었다. 그리고 구성원이 리더 행동의 관찰에 근거해 그 원인을 추론하는 것이며, 또한 카리스마적 리더와 비카리스마적 리더는 호감성, 전문성, 미래의 목표, 행동 및 신뢰성, 리더와 구성원 간의 관계에서 차별성을 보인다(강정애 외, 2010: 118-121).

3. 카리스마적 리더십의 유래 및 유형

1) 카리스마적 리더십의 역사

독일 사회학자 막스 베버(Max Weber)는 1922년에 실시한 연구로 리더십에 대한 것에 몰두하였다. 베버는 사람들이 정치적 의무와 함께 권위에 따르는 이유를 사람들이 리더십이 강한 리더를 따르는 경향 때문이라고 추론했다. 일반적으로 사람들은 강력한 리더와 권력이 순수하고 정당하다고 생각하기 때문에 리더가 올바른 일을 하고 있다는 인식을 받아들였다. 베버는 카리스마적 리더십에 대한 관심을 입증하여 카리스마적 리더를 "예외적인 신성함, 영웅주의, 또는 모범적인 성격"에서 비롯된 정당한 권력을 가진 사람들이라고 생각했다. 베버는 3가지 지배유형으로 전통적 지배, 합법적 지배, 카리스마적 지배 등을 제시하였다(Weber, 1980: 124-142).

베버의 카리스마는 사회학이나 정치에 더 많은 영향을 받았다. 그는 카리스마 있는 리더를 구성하는 3가지 핵심요소를 인용하고 있다. 즉, 내면의 특성을 포함한 심리적 차원, 리더를 형성하는 외부소스에 의해 구동되는 사회적 측면, 리더와 부하직원 간의 관계와 관련된 관계차원 등이 포함된다(Mayntz, 1985: 28). 베버는 합법적인 규칙의 유형(The Three Types of Legitimate Rule)에서 카리스마적 리더가 직원과 강한 정서적 관계를 구축하는 방법과 지원이 철회될 때 정당성의 방법과 이론을 발전시켰다.

베버 이론 이후 유클(Yukl, 1993)은 심리적 관점에서 개념에 더 중점을 둔 하우스(R. House)의 〈1976년 카리스마 리더십 이론(1976 *theory of charismatic leadership*)〉이라는 논문을 발표하였다(Yukl, 1993). 하우스는 카리스마적 리더십 이론을 사회학 또는 정치과학 권력 이론 측면에서 논의한 적이 있었다. 하우스는 카리스마적 리더십의 효과, 개인 및 행동 특성, 그리고 환경적 사실 등에 관심을 두었으며(House, 1976: 3-9), 그의 주장에 따르면 이러한 자질을 가진 리더는 조직비전에 대한 적절한 표현을 통해 부하직원에게 영감을 줄 수 있다. 오늘날 유명한 카리스마 지도자로는 민권 운동가인 마틴 루터 킹, 애플 설립자 스티브 잡스, 버락 오바마 대통령 등이 그 대표적인 사례이다.

2) 카리스마의 유형

카리스마적 리더십의 유형은 학자들의 연구에 따라 다양한 주장이 있다. 그 대표적인 사례로 카반(O. F. Cabane, 2012)은 그의 저서 《*The Charisma Myth*》에서 카리스마의 유형을 4가지로 분류하였고, 베버(M. Weber)는 3가지 지배유형으로 분류하였다.

(1) 카반(Cabane)의 카리스마 유형

① 집중된 카리스마(Fokussiertes Charisma)

집중된 카리스마는 사회적 행태와 조직에 있어서 엄청난 존재감을 보인다. 특히, 카리스마가 집중된 사람들은 상호 간의 반응과 감탄을 보일 수 있다. 그 대표적인 경우로 빌 게이츠의 리더십 스타일을 제시한다. 즉, 누군가가 자신의 말에 100% 집중하고 관심을 가질 때, 위대한 지적논쟁의 선구자로서 자신이 말하는 행동과 내용에 따라 실천하게 된다. 일반적으로 집중된 카리스마는 조직구성원들이 쉽게 접근하고 수용할 수 있는 유형으로 간주하고 있다.

② 권위주의적 카리스마(Autoritaeres Charisma)

권위주의적 카리스마는 주로 강한 자신감에 기반을 두고 있다. 즉, 자신감 넘치는 카리스마는 다른 사람들을 끌어당겨 추종자에게 높은 지위와 영향력을 발휘하며, 무엇보다도 주변 사람들은 감사와 경외감을 느낀다. 전형적인 예로는 '강력한 권력자' 카리스마의 소유자로서 잘 알려진 영국의 철인 여성정치가 대처(Margaret Thatcher) 수상과 독일의 메르켈(Angela Merkel) 수상 등을 들 수 있다. 이러한 권위주의적 카리스마 지도자는 때때로 무서운 사람들이 될 수 있다는 우려도 있다. 그럼에도 불구하고 이런 종류의 카리스마는 다른 사람들에게 긍정적인 변화를 일으키고 있다는 장점이 있다.

③ 비전을 갖는 카리스마(Visionaeres Charisma)

선견지명이 있는 카리스마는 타인에게 자신이 깊이 확신하는 강한 믿음과 비전을 제시하는 것이다. 특히 이러한 유형의 지도자는 다른 사람들에게 영감을 주고 비전을 제시하며, 구성원들에게 강력한 동기를 부여하고 영감을 주는 것이 중요하다. 그 대표적인 유형의 지도자로서 기업인 스티브 잡스(Steve Jobs)와 성직자이자 시민운동가인 마틴 루터 킹(Martin Luther King)을 들 수 있다. 이 유형의 지도자는 비전을 갖고 타인에게 비전을 보여주면서 그것을 좋아하고 따르도록 하는 것이다. 이는 시간이 불확실하거나 사람들에게 영감을 주어야 할 때 유용하며, 이러한 리더의 유형은 관리역할에서 탁월한 것으로 보고 있다.

④ 온화한 카리스마(Waermes Charisma)

온화한 카리스마 유형은 다른 사람이 긍정과 행복을 발산함으로써 구성원과 밀접한 관계를 맺을 수 있는 카리스마이다. 또 온화한 카리스마는 리더십 역할과 조직구성원을 관리하는 과정에서 온화한 성품을 통해서 구성원을 관리하는 것이다. 신은 여전히 권력을 가지고 있어 존경받지만, 다른 사람들에게 열광적인 헌신과 열정을 불러일으킬 수 있다.

(2) 베버(Weber)의 지배유형

독일의 철학자이자 사회학자인 막스 베버(Max Weber)는 현대사회에서 운영되는 리더십의 형태로 이상적인 관료모델, 즉 전통적 지배, 합법적 지배, 카리스마적 지배 등의 유형으로 분류했다(Walter-Bisch, 1996: 98; Weber, 1980).

① 전통적 지배(traditionale Herrschaft)

전통적인 지배 모델은 오랜 관습과 문화적 패턴을 기반으로 한다. 즉, 전통적인 지도자들은 오랜 관습을 통해 자신의 힘과 정당성을 찾고 지배적인 성격이며, 사회의 기존 질서가 그에게 통치권을 위임하는 것으로 보고 있다. 따라서 전통적 권위는 전통의 신성함으로 정당화되고 있다. 그리고 통치할 수 있는 능력과 권리는 종종 유전을 통해 전승된다. 사실 베버는 "전통적인 규범에 반대되는 새로운 법을 만드는 것은 원칙적으로 불가능한 것으로 간주한다"고 주장한다(Weber, 1980). 결국 전통적 권위는 고대 정치체제에서 오랜 관습과 문화적 형태로 전해오는 권위를 정당화하는 것이다.

② 합법적 지배(legale Herrschaft)

합법적 지배는 정부와 같이 법적으로 제정된 규칙 및 규정에 의해 권한이 합법화된 관료적 권한으로 정의될 수 있다. 이러한 형태의 권한은 의무와 권리를 정의하는 명시적인 절차를 통해 법률을 근거로 명확하게 정의하는 권한을 뜻한다. 이것은 법과 절차에 따라 권위 있고 높은 지위에 있는 사람들에게 부여하는 능력과 정당성으로 인해 존중되고 있다. 따라서 관료적 리더십은 리더가 추종자에게 엄격하고 체계적인 규율을 부과하고 목표달성과 과업 완수를 위해 요구하는 모델로 정의할 수 있다. 여기서 관료적 지도자들은 일반적으로 규칙에 의존하고 그들의 권위를 엄격하게 부여받고 있다.

베버는 법적 및 합리적 권위의 가장 좋은 예가 관료주의(정치 · 경제) 영역이라고 본다. 이러한 형태의 권위는 주정부, 시정부, 민간 및 공공 단체 등 다양한 분야에서 찾을 수 있다.

③ 카리스마적 지배(charismatische Herrschaft)

카리스마적 지배는 대중으로부터 헌신과 순종을 야기한 예외적이고 비정상적이며 비범한 개인적 능력에 의해 정당화되는 힘으로 정의될 수 있다. 베버는 이러한 특별한 속성을 '카리스마'로 식별했다. 즉, 카리스마적 리더십이 조직의 변화에 원동력이 될 수 있으며(Conger, 1993: 277), 추종자들에게 영감을 주고 그들의 권위를 합법적으로 나타낼 수 있다. 그러나 카리스마적 권위는 리더가 책임감 있고 성실할 때 성공가능성이 높다고 볼 수 있다.

(3) 베버(Weber)의 카리스마 핵심내용

① 사명에 대한 구성원의 신뢰

리더는 조직의 목표달성을 위해 숭고한 사명을 강조하고, 구성원이 자신을 믿고 따르도록 하는 능력을 지닌다. 따라서 자신의 운명과 사명을 동일시하고 구성원의 꿈과 희망 및 욕구를 바탕으로 목표달성을 위한 복종을 요구한다. 즉, 리더는 구성원들이 원하는 욕구와 꿈을 성취하기 위해 무한 신뢰를 한다.

② 비범한 성과의 입증

리더는 거대한 성과와 사건을 만들어냄으로써 자신의 능력과 카리스마를 구성원들에게 입증하는 것이 중요하다. 또한 리더는 자신에 대한 능력과 힘을 적절히 공급하고, 구성원들에게 목표달성에 대한 혜택을 주면서 카리스마적 리더라는 인식이 소멸되지 않도록 성과를 입증해야 한다.

③ 카리스마 집단 형성

리더가 이끄는 집단의 구성원 중 일부는 리더에 준하는 카리스마를 갖고, 카리스마적 리더를 중심으로 질서를 유지하며 카리스마 집단을 형성한다. 즉, 종교 집단 내의 집단처럼 리더를 중심으로 질서를 갖는 집단을 베버는 '카리스마 집단'이라 칭한다.

④ 카리스마의 일상화

리더의 영향력은 시간의 흐름에 따라 카리스마의 일상화를 통해 대체된다. 카리스마의 일상화는 신비로운 리더의 존재에 대한 집단적 흥분이 시간이 지나면서 일상적 과업 속으로 진입하는 것을 의미한다.

3) 카리스마적 리더십의 특징과 구성요소

하우스(R. House)에 의하면 카리스마적 리더는 부하들에게 특유의 카리스마적 영향을 주는 독특한 방법으로 행동한다고 주장한다. 이러한 리더의 개인적인 특성으로는 지배적이며, 자신감이 강하고 다른 사람들에게 영향을 미치는 강한 욕망을 갖는다. 그리고 리더는 도덕적으로 정의감이 강한 확신을 지니고 있다(변상우, 2018).

표 3-1 **카리스마적 리더십의 성격과 행동양식 및 부하와의 관계**

구분	핵심내용
성격	• 남성을 지배하는 우월감 • 영향을 주고 싶은 욕망 • 강한 자신감 • 강한 가치관
행동양식	• 강력한 역할모델로서 행동 • 역량을 나타내고 싶어함 • 목표에 대한 명확함 • 부하에 대한 높은 기대감 • 부하에 대한 신뢰를 표현함 • 부하에 대한 동기부여
부하에 미치는 영향	• 리더가 가진 이상이나 이념을 신뢰하게 함 • 리더와 부하 간에 신념상의 유사성이 발생 • 리더의 목표나 주장을 주저 없이 수용 • 리더에 대한 애정 • 순수한 복종 • 리더와 일체감 • 정서적인 참여 • 높은 목표 설정 • 자신감의 향상

출처: 변상우(2018), 리더십, p. 282에서 재구성.

표 3-1 에서 보듯이 리더는 특유의 성격과 행동양식 및 부하에게 영향을 미치는 행동을 보인다. 휴즈(Edgar F. Huse)가 카리스마적 리더십과 관련하여 진행한 연구들을 종합하면 다음과 같다.

그림 3-2 에서 보듯이 카리스마적 리더십의 구성요소는 리더, 부하 및 상황과의 연계성이라는 관계에서 3가지 변수의 상호작용으로 설명되었다(이학희, 2019: 125). 즉, 리더의 특성과 행동에 초점을 맞추어 카리스마적 리더십은 상황이론과 동일한 사고를 기반으로 리더

그림 3-2 카리스마적 리더십의 구성요소

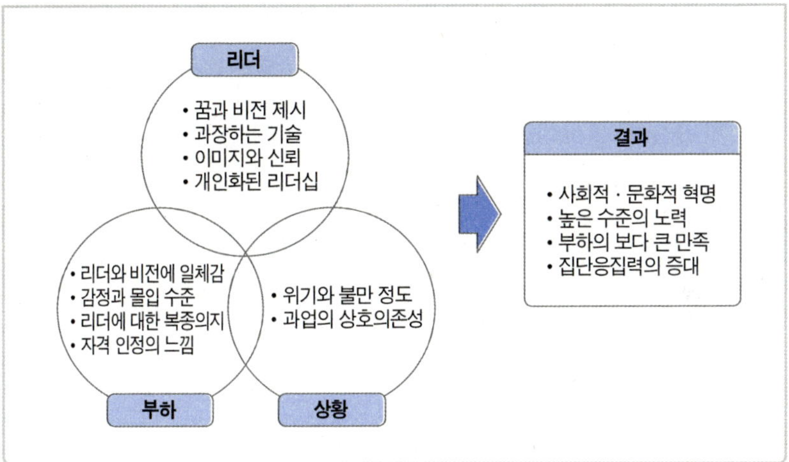

출처: 이학희(2019), 기업경영리더십, p. 125.

십 효과가 리더와 부하 및 상황 등의 관계에서 나타나는 것으로 보고 있다. 또 리더십의 행동유형이 부하와 상황에 적합할 경우에 높은 성과와 부하의 만족감에 긍정적인 효과가 있다는 것을 보여준다.

4. 카리스마적 리더십과 다른 리더십과의 비교

1) 카리스마적 리더십과 전통적 리더십의 비교

카리스마적 리더십과 전통적 리더십은 조직관리와 운영에 있어서 구성원에 대한 전략과 관계 설정을 통해서 상당한 차이가 있다. 표 3-2 에서 보듯이 카리스마적 리더십은 변화에 대한 노력과 실현 가능한 비전을 갖고 새로운 방법과 전문성을 바탕으로 목표달성을 위해 구성원을 변화시키고자 한다. 반면에 전통적 리더십은 조직의 안정성을 추구하면서 현상유지에 맞추어 목표 설정을 바탕으로 구성원들을 순응하게 하며, 기존 질서 속에서 목표달성이 가능한 수단과 방법을 사용하여 구성원과의 합리적 지시 관계를 유지한다.

표 3-2 카리스마적 리더십과 전통적 리더십

분류	카리스마적 리더십	전통적 리더십
현상관계	현상유지 반대, 변화 추구	현상과 일치, 안정성 추구
미래목표	실현 가능한 이상적 비전 제시	현상유지와 모순이 없는 목표 설정
호감도	공유관점, 이상적 비전, 영웅시, 일체감 형성	공유관점이 추종자들을 순응하게 함
신뢰감	개인적 위험과 희생을 감수한 정열적 주장	공평한 설득적 주장
전문성	기존 방법을 초월한 비전통적 수단과 방법의 동원 및 사용	기존 질서의 틀 속에서 목표달성이 가능한 수단 사용
리더의 행동	비전통적·반규범적 행동	기존 규범에 동조하는 행동
환경민감도	변화욕구 강함	변화욕구 없음, 현상유지
명료화	비전과 동기부여 강함, 지시적 명료화	목표 및 동기부여의 명료성이 낮음
권력기반	개인적 권력	보상적 권력
상하관계	엘리트주의, 창업가적 솔선수범하는 변화를 요구하도록 부하를 변화시키는 관계	평등주의자, 합의추구형, 지시적 의견을 공유하도록 주의를 끌거나 명령 및 지시하는 관계

출처: 배정훈·송경수(2016), 리더십 에센스, p. 121에서 재구성.

2) 카리스마적 리더십과 변혁적 리더십의 비교

일반적으로 많은 사람들이 카리스마적 리더십과 변혁적 리더십을 구별하지 않고 사용하는 경우가 많다. 두 유형은 유사한 점도 있고, 차별화된 것도 존재한다. 특히 리더십 연구자들에게 가장 중요한 핵심 쟁점은 어느 정도 서로 양립하고 있느냐에 관한 문제일 수 있다. 즉 양 리더십 간의 차이점이 있다고 인정하는 연구자도 있고, 본질적으로 유사하다고 주장하는 연구자도 있다. 그러나 카리스마적 리더십의 핵심은 지도와 격려를 받기 위해서 리더에게 의존한 구성원들이 리더를 비범한 존재로 생각한다는 것이다. 반면에, 변혁적 리더십은 구성원을 고무시키고, 개발하며, 활력을 부여하는 것이다. 즉, 변혁적 리더는 중요한 권한을 구성원에게 위임하고, 구성원의 기술과 자신감을 개발시키며 중요한 정보를 공유하면서 불필요한 통제를 없애고, 권한을 위임하는 문화를 권장하여 구성원들로부터 리더의 의존성을 낮추고 있다. 이와 반대로 카리스마적 리더는 인사관리, 정보제한, 개인적인 모험 감수와 같은 비범한 능력을 가진 사람의 이미지를 제공한다.

유클(G. Yukl)에 의하면 두 리더십 간의 차이는 보편성의 정도, 리더십을 촉진하는 조건, 그리고 사람들의 전형적인 반응에서 나타났다. 배스(B. M. Bass)에 의하면 변혁적 리더는 어떤 조직과 어떤 계층에서도 나타날 수 있으나, 카리스마적 리더십에서는 드물게 나타난다. 특히, 카리스마적 리더는 새로운 조직설립의 비전이 있는 창업가이거나, 기존 조직에서 공식적 권한만으로는 심각한 위기에 대처하지 못하고 전통적 가치와 신념이 의문시될 때 개혁가로서 나타날 가능성이 높다. 이러한 이유 때문에 카리스마적 리더는 암살의 표적이 될 수 있다는 우려가 있다(정우일, 2006).

3) 카리스마적 리더십의 효과

세계적인 리더들은 역사에 남길 만한 자신의 업적을 누구나 인정하고 공감할 수 있는 영향력을 행사한다. 그 지도자의 영향력은 때로 국민에게 기쁨과 행복을 줄 수도 있고, 반면에 슬픔과 아픔 및 고통을 줄 수도 있다. 이와 같이 세계적인 지도자로 평가받는 리더는 긍정적인 카리스마와 부정적인 카리스마적 리더십에 대한 연구의 대상이 되었다.

일반적으로 부정적인 리더는 개인적으로 권력지향적 성향이 있고, 개인의 능력과 자질을 강조하며, 조직구성원들이 자신을 위해 헌신할 것을 강요한다. 카리스마적 리더에 대한 긍정적인 효과와 부정적인 효과는 다음과 같이 요약할 수 있다(하승미, 2019: 142-145; 정우일, 2006; 정우일 외, 2017: 284).

(1) 카리스마적 리더에 의한 긍정적인 효과

① 부하들은 심리적으로 성장을 경험하고 자신의 능력을 개발한다.

② 조직은 역동적인 환경에 적응할 수 있다.

③ 부하들은 성취지향적인 조직문화를 창조한다.

④ 참여와 가치지향적인 조직을 창조하여 부하들에게 활력을 준다.

⑤ 의사소통이 개방적이고 정보를 공유한다.

(2) 카리스마적 리더에 의한 부정적인 효과

① 부하들은 리더를 두려워하고 좋은 제안을 하기 싫어한다.

② 부하들은 리더의 인정을 받고자 비판을 자제한다.

③ 부하들은 리더를 숭배하여 무오류성의 착각을 일으킨다.

④ 리더는 과도한 자신감과 낙관주의로 실제 위험에 직면할 수 있다.

⑤ 문제와 실패를 부정하여 조직학습이 감소된다.

⑥ 위험하고 거창한 계획이 실패할 가능성이 높다.

⑦ 충동적이고 불합리한 행동은 신봉자뿐만 아니라 자신에 대한 적을 만들어 낸다.

⑧ 리더에게 의존함으로써 유능한 후계자의 개발을 저해한다.

⑨ 후계자 개발의 실패는 궁극적으로 리더십의 위기를 유발한다.

5. 카리스마적 리더십의 평가와 한계

카리스마적 리더십에 대한 긍정적인 평가도 있지만, 부정적인 측면도 존재한다. 즉, 부정적인 평가는 다음과 같다(변상우, 2018: 286). 먼저 리더는 지나친 자신감과 자기주관적인 경향이 강하여 부하의 의견을 수용하지 않는다. 리더가 충동적인 행동이나 불합리한 판단을 했을 때 다수의 부하와 조직에 미치는 부정적인 영향을 개선하기는 쉽지 않다. 그리고 리더는 부하의 맹목적인 충성과 헌신으로 합리적인 판단력이 흐려진다. 또한 부하는 리더를 두려워하며 좋은 제안을 하지 않고 수동적인 측면이 강하다. 부하는 리더에게 모든 것을 의존함으로써 자신의 능력과 창의성을 발휘할 수 없다(한은미 외, 2019: 83).

이와 같은 부정적인 결과도 있지만 긍정적인 결과도 내포하고 있다. 즉, 부하들은 리더를 모델로 학습해 심리적 성장을 경험하고 자신의 능력 개발에 노력할 수 있다. 또 조직은 역동적인 환경변화에 잘 대응할 수 있으며, 성취지향적인 조직문화를 창조할 수 있다(박보식, 2019: 147). 이와 같이 카리스마를 가진 리더를 위해 일하는 구성원들은 그 리더에 대한 매력과 호감도가 높아 헌신적인 충성도를 나타낼 수 있다.

그럼에도 불구하고 카리스마적 리더십의 한계는 개인화된 권력지향성을 갖는 경우에 자기주도적인 결정과 판단으로 위험성에 빠질 수 있으며, 문제해결을 하는 데 있어 타인의 의견과 제안을 쉽게 수용하지 않는 한계를 갖는다. 특히 카리스마에 따른 충동적인 행동과 예측할 수 없는 행동으로 발생하는 결과가 조직과 구성원을 만족시키는 데 한계가 있다. 그리고 리더가 조직과 구성원을 관리 및 운영하는 데 지나친 낙관주의, 자신감, 열정, 환경변화 등을 통해 개인의 능력과 자질을 과신할 수 있다. 따라서 리더의 지나친 자기주도적 결정과 판단력이 모든 상황에 합리적인 의사결정과 문제해결을 하는 데 최적의 대안이라고 할 수만은 없다.

제2절 _ 거래적 리더십

1. 거래적 리더십의 개념

거래적 리더십(Transactional Leadership)은 리더와 조직구성원 간의 교환적 거래관계를 기본으로 하고 있다. 즉, 거래적 리더십은 어떤 일을 하는 데 있어서 리더와 조직구성원의 관계에 따른 거래적 관계에서 시작된다. 또한 거래적 리더십은 특정 목표를 달성하기 위한 리더와의 교환과 협상을 바탕으로 조직구성원들에게 성취동기를 부여하는 리더십이라 할 수 있다. 따라서 거래적 리더십은 조직에 있어서 리더가 전문적 지식과 정당한 보상을 제공함으로써 조직구성원의 목표달성과 욕구를 높이는 작업이라 정의된다(Burns, 1978).

배스(Bass, 1985)는 거래적 리더십을 통해서 조직이 기대하는 성과를 달성할 경우 부하에게 적절한 보상을 함으로써 부하들의 성취동기를 부여하는 리더십 유형이라 정의하였다. 이러한 맥락에서 볼 때 리더십은 리더가 조직구성원에게 목표와 그 목표를 달성했을 때 보상에 대한 내용을 명확히 제시하고, 구성원들은 리더가 제시한 보상가치를 인식함으로써 성과 달성을 위해 노력할 것이다. 그리고 조직구성원은 목표달성의 결과에 따른 업무성과에 대한 보상을 받고, 리더는 조직의 목표달성이라는 결과를 얻게 된다.

1) 거래적 리더십의 성공요건

거래적 리더십이 성공하기 위해서는 여러 가지 성공요건들이 제시될 수 있다. 즉, 조직 내에서 리더와 구성원의 관계를 사회적 교환관계(social exchange relationship)로 파악한다. 또한, 리더는 조직의 목표를 달성하기 위해 조직구성원에게 기대하는 것과 기대치를 충족했을 때 얻게 될 보상을 명확히 제시해야 한다. 구성원들이 제시된 목표를 달성함으로써 상호 협상했던 보상을 받게 되는 것이 리더와 구성원 간의 기본적인 전제조건이다. 따라서 거래적 리더십의 성공요건은 다음과 같은 몇 가지 사항을 고려해야 한다(이학희, 2019: 128-129).

첫째, 리더가 조직구성원에게 기대하는 목표를 명확히 전달해야 한다.

둘째, 리더는 구성원이 원하는 욕구가 무엇인지를 정확히 파악하고 구성원이 목표달성을 할 수 있도록 동기부여를 해야 한다.

셋째, 구성원이 조직의 목표치를 충족시킬 때 구성원이 원하는 것을 얻을 수 있다는 것을 주지시킴으로써 구성원의 신뢰를 얻어야 한다.

넷째, 조직에서 리더는 구성원의 행동 및 성과를 체계적으로 관리하고, 그 성과에 따른 적절한 상벌을 병행하는 것이 필요하다.

다섯째, 리더와 구성원 간의 합의는 구체적인 목표 설정을 통해서 서로의 역할과 책임을 수용하는 것이다.

이와 같이 리더는 효율적인 조직관리와 구성원의 조직목표 및 개인적인 목표달성을 위해 상호 간 약속된 보상을 위한 행위와 처벌을 명확히 해야 한다.

2) 리더와 구성원의 관계

리더와 구성원의 관계는 조직에서 리더의 권한에 조직구성원이 상당히 의존하는 관계로 볼 수 있다. 조직구성원들은 주어진 목표 설정과 목표달성을 위해 밀접한 관계를 형성해야 한다. 리더가 제시한 목표달성에 대한 측정이 가능한 경우 리더십 효과는 조직목표를 달성하고 조직성과를 극대화시킬 수 있다(Avolio, Bass, & Jung, 1999: 441-462). 또한 번즈(Burns, 1978)는 리더가 교환적 목적과 의도를 갖고 구성원들에게 접근하는 과정을 거래적 리더십 관계로 보고 있다. 일반적으로 리더와 조직구성원은 상호 간 권한과 태도, 그리고 제공 가능한 자원 등을 인지하고 있다. 따라서 리더와 부하 간 거래적 교환 대상의 핵심은 경제적, 정신적, 정치적인 요인으로 보고 있다. 특히 번즈는 거래적 리더십의 한계를 보상의 범위와 지속성의 문제로 보았다.

이와 같이 거래적 리더는 조직에서 구성원들의 욕구를 개별화하지 않고, 구성원들의 개인적 창의성 개발과 발전에 전혀 관심이 없다(김남현, 2011: 248). 거래적 리더십은 조직에서 구성원과 자신의 일상적인 일정계획을 추진하기 위해 목표달성과 그에 따른 대가를 제공해 주는 교환관계이다. 결국 거래적 리더십은 리더가 구체적인 목표를 설정하고 구성원은 목표달성을 성취하고자 하는 밀접한 관계로 볼 수 있다.

2. 거래적 리더십의 핵심 구성요소

배스(Bass, 1985)에 의하면 거래적 리더십은 조건적 보상과 예외적 관리로 구성된다. 즉, 조건적 보상은 적극적인 보상으로 리더가 제시한 기준을 달성할 때 보상이 되며, 반면에 예외관리는 소극적인 보상으로 리더가 제시한 일정한 기준에 도달하지 못한 경우에 피드백을 제공한다(김종호 외, 2018: 56 재인용). 그림 3-3과 같이 거래적 리더십의 핵심 구성요소는 조건적 보상과 예외적 관리로 양분할 수 있다.

그림 3-3 거래적 리더십의 구성요소

1) 조건적 보상(Contingent reward)

조건적 보상은 조직구성원의 독창적인 생각과 조직변화가 아닌 생산적인 관점에서 이루어진다. 잘레즈닉(Zaleznik, 1977)에 따르면 가시적인 보상으로 임금 인상과 승진 및 심리적인 보상 등이 명확한 기준에 따라 적절히 진행될 때 거래적 관계가 강화되고 유지될 수 있다. 따라서 조건적 보상은 조직의 효율적 관리를 위한 방법으로 리더가 제시한 기준에 구성원이 부합했을 때 동기부여를 위해 보상을 제공한다. 특히 리더의 권한이 강하고 구성원이 보상을 받기 위해 리더에 의존하면, 구성원의 노력과 능력에 따라 성과목표가 달성된다. 이러한 성과의 결과에 따라 성과 측정을 하고, 이 성과에 대한 정확한 기준을 마련해 공정한 보상을 할 때 조건적 보상의 실질적 효과를 기대할 수 있다.

2) 예외적 관리(Management by exception)

예외적 관리는 부정적인 보상으로 예외적 사건이 발생했을 때 리더가 개입하여 업무수행과 관련된 문제점을 구체적으로 제시하고 리더의 기준을 명확히 전달하여 과업을 수행할 수 있도록 한다. 예외관리는 적극적 예외관리와 소극적 예외관리로 분류된다. 적극적인 예외관리는 부하를 성과달성 과정 중에 사전 점검하여 구성원이 과업 수행을 하는 데 보다 효율적인 관리를 한다. 따라서 거래적 리더십은 변화보다는 안정을 추구하는 상황에서 적합한 조직을 능률적으로 운영하는 데 효과적인 리더십이라고 할 수 있다. 즉, 소극적 예외관리는 부하의 목표달성 과정에서 사후적인 관리에 치중한다. 이 방법에서 관리자는 기본적인 기준과 목표에 충족되지 않아 사후 조치를 해야 하는 경우에만 소극적으로 관여한다. 따라서 소극적인 예외관리는 어떤 상황이 발생한 후에 개입하는 것이다. 그리고 적극적인 예외관리는 가변성이 강하며, 소극적인 예외관리는 비효과적인 관리이다(이화형 · 이지환, 2020: 2002).

3. 거래적 리더십의 효과와 한계

1) 거래적 리더십의 효과

리더는 조직의 목표달성 시 상황에 따른 보상을 기본으로 리더십의 효과를 극대화시키는 것이다. 특히 리더는 구성원과의 구체적인 거래관계(exchange relationship) 과정에서 설정된 목표달성률을 높이기 위해 구성원의 노력과 성과에 따른 보상조건을 연결해야 한다. 따라서 리더는 상황에 따라 상황적 보상과 예외에 의한 관리를 극대화하는 것이 필요하다. 즉, 구성원이 성과기준에 따른 목표달성을 했을 때 보상을 최대한 수용해 주고, 반대의 경우 구성원에게 성과의 결과에 대한 정확한 분석과 문제해결에 대한 해법을 찾아야 한다. 결국 리더십의 효과는 리더와 구성원 간의 거래관계에 대한 신뢰성과 명확한 목표, 그리고 구성원의 노력과 능력 개발 및 동기부여 등을 통해 극대화할 수 있다.

2) 거래적 리더십의 한계

거래적 리더십은 조직구성원에 대한 보상이나 처벌을 이용해 자신이 기대하는 목표나 성과를 달성할 뿐 조직구성원 개개인의 이상적 역할을 유도하는 데 한계가 따른다. 배스(Bass, 1990)는 거래적 리더십의 한계를 다음과 같이 제시하고 있다. 첫째, 거래적 리더십 유형의 리더는 조직에서 조직구성원의 목표달성을 위한 동기부여에 리더십을 활용하지 않는 측면이 있다. 둘째, 리더와 조직구성원의 보상 업무에 관한 협상이 잘 이뤄지지 않을 경우 업무추진력에 부정적인 영향을 줄 수 있다. 셋째, 부정적 조건보상의 경우 단기적인 효과를 얻을 수 있으나, 장기적 효과는 제한적일 수 있다. 또한 보상에 의존하는 성과목표달성은 양적목표달성에 치중하기 때문에 질적목표달성에는 한계가 있다. 그리고 조직구성원의 방어적 태도를 키우면서 창의적 문제해결이 필요한 상황에서 유연한 대처가 어렵게 된다(Bass & Avolio, 1990).

거래적 리더십은 조직구성원이 규칙을 따른 의무과 관련이 있기 때문에 리더는 변화를 위한 노력보다 조직의 안정과 유지에 초점을 둘 수 있다(강정애 외, 2010). 그리고 리더의 요구에 조직구성원이 순응하는 교환 과정에 초점을 두기 때문에 조직구성원의 과업목표에 대해 열의와 몰입까지는 하지 않는다(박일순, 2019: 63).

제3절 _ 변혁적 리더십

1. 변혁적 리더십의 개념

변혁적 리더십(Transformational Leadership)은 미국의 정치학자인 번즈(Burns, 1978)의 저서 《*Leadership*》에서 처음 사용되었다. 그는 자

기 저서에서 리더와 구성원의 역할을 연결시키고자 했다. 특히 리더란 구성원과 리더의 목표달성에 보다 효과적으로 도달할 수 있도록 구성원의 동기를 자극하는 것이다. 그 후 동료 학자인 배스(Bass, 1980)는 확장심리적 개념을 추가해 리더십에 관한 번즈의 이론을 더욱 발전시켰다(변상우, 2018: 270).

배스(Bass, 1985)에 의하면 변혁적 리더는 구성원들이 자신의 이익보다 조직과 부서를 위해 희생적일 정도로 몰입할 수 있게 하는 카리스마적 특성과 행동, 구성원들에 대한 개별적 배려를 통해 직무에 대한 의무와 자신감을 높여준다. 또한 조직구성원들은 기존의 낡은 사고에 대한 변화와 혁신을 위한 사고전환을 유도하는 지적자극을 부여함을 강조하고 있다. 특히 배스는 변혁적 리더십에 대한 측정 방법과 구성원의 동기 및 성과에 미치는 영향을 추가했다. 즉, 리더는 개인적인 이해관계를 초월해 집단과 조직의 목표달성을 위한 높은 수준의 욕구를 자극하고 동기부여를 하는 것이다. 결국 변혁적 리더십은 구성원들의 질적인 변화를 추구하기 위한 리더십의 새로운 패러다임으로 볼 수 있다. 따라서 변혁적 리더십은 조직 내 구성원들의 기대 이상의 목표와 성과를 달성하기 위한 동기부여를 주요 목표로 한다. 또한 리더와 구성원 사이에 연계되는 행위는 보상보다 높은 차원의 동기와 도덕 수준을 표방하는 것이다. 이처럼 변혁적 리더십은 구성원의 정서, 가치관, 윤리관, 행동규범, 그리고 장기적 목표 등을 변화시켜 줌으로써 조직과 개인을 변화시키기 위한 혁신적 과정이라 볼 수 있다.

이와 같이 1980년 이후 급격한 환경변화에 따른 불확실성이 증가하면서 리더십의 핵심요인인 인간의 창의성과 독창성 등에 의한 경쟁우위 개념으로 변혁적 리더십 이론이 많은 관심을 받게 되었다(장석인, 2009: 215).

2. 변혁적 리더십의 역할과 특징

변혁적 리더십이 조직에 있어서 중요한 것은 거래적 리더십과 비교해 볼 때 다양한 기능과 역할을 갖고 있기 때문이다. 즉, 변혁적 리더십은 리더와 구성원 간의 한층 더 높은 수준의 동기부여와 도덕성을 높이는 방식으로 상호작용하는 것이다. 또한 리더는 개인과 집단 및 조직의 변화를 주도하는 핵심으로서 사업의 성공과 발전에 중추적인 역할을 한다(김병직 · 김지연, 2012: 214-215). 그리고 리더는 조직문화의 변화와 함께 구성원들의 자신감, 의식강화 및 욕구수준 등을 통해 기대 이상의 성과를 얻을 수 있도록 동기부여를 한다(이학희, 2019: 132). 이와 같이 변혁적 리더십은 구성원들에게 자신들의 이해관계를 넘어 집단이나 조직의 목표를 이해하고 높은 성과를 지향하며, 업무성과의 중요성과 가치를 인식시킴으로써 동기부여를 하는 것이다. 그림 3-4에서 보듯이 변혁적 리더십은 주요 구성요인, 즉 이상적인 영향력, 개별화된 배려, 영감적 동기부여, 지적자극 등을 통해 기대성과를 초월한 효과를 얻을 수 있다.

그림 3-4 **변혁적 리더십의 추가적인 효과**

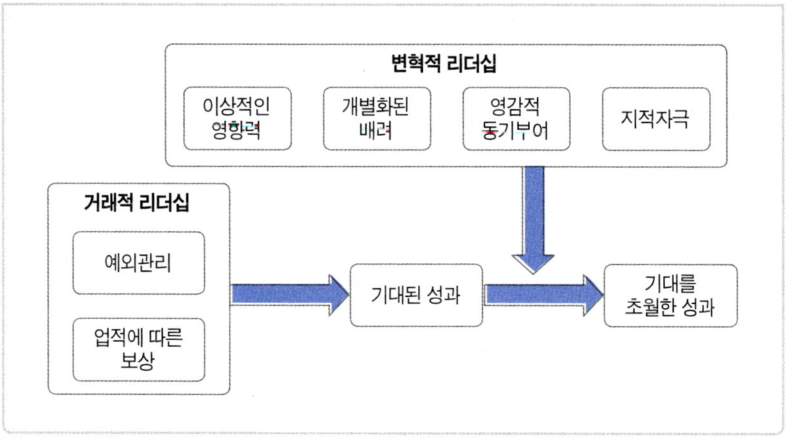

출처: Winkler, I. (2010). *Contemporary Leadership Theories*, p. 44 재인용.

3. 변혁적 리더십의 주요 구성요소

배스와 아볼리오(Bass & Avolio, 1994)는 **그림 3-5** 와 같이 변혁적 리더십의 구성요소로 영감적 동기부여(inspirational motivation), 이상적인 영향(idealized influence), 지적자극(intellectual stimulation), 개별적 배려(individualized consideration) 등을 제시하였다(Odumeru & Ifeanyi, 2013: 356; Tse & Mitchell, 2010; Atkinson & Pilgreen, 2011; 배정후 · 송경수, 2016).

변혁적 리더십은 조직에 있어서 팀, 부서 및 조직 전체 등의 모든 영역에서 찾는 것이 중요하다. 리더는 조직을 이끌어 가기 위해서 비전, 영감, 대담함, 위험성 등을 갖고 행동하는 지도자이다. 따라서

그림 3-5 **변혁적 리더십의 구성요소**

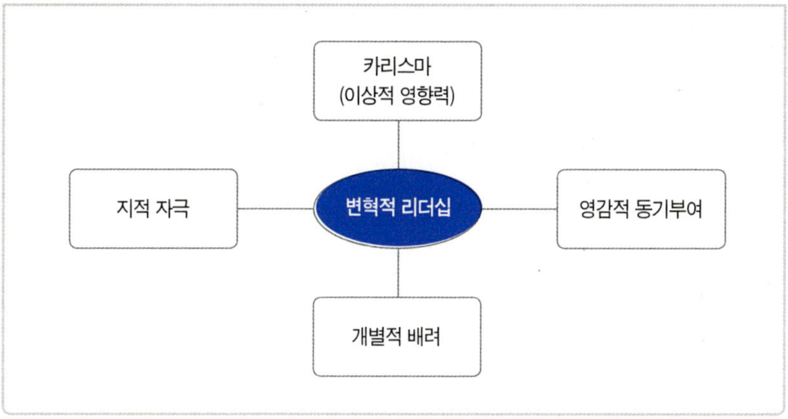

출처: 배정후·송경수(2016), 리더십 에센스, p. 130.

조직을 관리 및 운영하려면 리더의 카리스마 넘치는 매력만으로는 충분하지 않다. 즉, 조직에서 중대한 변화와 혁신을 위해서는 위에 언급된 4가지 요소가 중요하다.

1) 영감적 동기부여(inspirational motivation)

영감적 동기부여는 리더가 구성원에게 호소하는 설득력 있는 일관된 비전과 사명에 대한 일련의 가치를 촉진하는 것이다. 즉, 최고의 리더는 투명한 소통과 명확한 비전을 설정하고 성과를 인정하는 동기부여 기법을 활용한다. 그리고 리더는 비전에 대한 일관성과 최종목표를 연결시켜 자신에게 도전하는 의미로 매력적인 비전을 설정하는 데 도움을 주며, 구성원과 함께 공동의 목표달성을 위해 동기를 부여하는 것이다(Pelz, 2016: 96).

2) 이상적인 영향(idealized influence)

이상화된 영향력은 위험을 감수하고 실행한 행동에서 핵심가치, 신념 및 윤리원칙을 따르려는 변혁적 리더의 의지를 통해 가장 잘 표현될 수 있다. 따라서 리더와 구성원들 간의 신뢰를 바탕으로 구성원들이 리더에 대한 자신감을 키우는 이상화된 영향력의 개념을 지향한 것이다. 그리고 변혁적 리더는 조직문화에 대한 영향력과 조직의 가치 및 목표에 맞는 긍정적인 특성을 제시하는 것이 중요하다.

3) 지적자극(intellectual stimulation)

지적자극은 구성원에 대한 직접적인 행동의 변화보다 믿음과 가치, 상상력과 창의성, 문제해결과 문제인식 등에 있어서 구성원을 변화시키고 자극하는 리더의 행동을 의미한다(Bass, 1985). 여기서 리더는 구성원들이 혁신적인 성과와 창의성을 도출해 내도록 격려해야 한다. 즉, 리더는 구성원들이 새로운 일을 수행하는 데 필요한 창의적인 생각과 혁신적인 접근방법을 탐색할 수 있도록 장려하는 것이 필요하다(Tse & Mitchell, 2010: 7). 이와 같이 리더는 구성원들에게 건설적인 피드백을 제공하고 복잡한 문제와 기존 관행에 대한 창의적인 해법을 보여주는 역할을 해야 한다.

4) 개별적 배려(individualized consideration)

개인적 배려는 구성원 개개인이 추구하는 욕구의 차이를 인정하고, 개인의 갖는 욕구수준을 향상시키며, 구성원들이 높은 성과를 달성할 수 있도록 잠재력을 개발해 주는 행동을 의미한다(Kuh et al., 1995). 그리고 리더는 구성원들의 자기개발을 위해 개인적 관심과 격려 및 지원 등을 제공하고, 구성원에게 성취, 재능, 지식을 보상하여 인정하는 것이 중요하다. 특히, 리더는 지속적으로 구성원들에게 유익한 이익과 지원을 제공하도록 결정하는 것이다.

4. 변혁적 리더십의 과정

변혁적 리더십의 과정은 연구하는 학자에 따라 논의되고 있으나. **그림 3-6** 과 같이 4가지 중요한 요소를 제시하고 있다. 즉 그 핵심요소는 비전의 설정(visioning), 가치관(valuing), 연결과 고무(articulating &

그림 3-6 변혁적 리더십의 과정

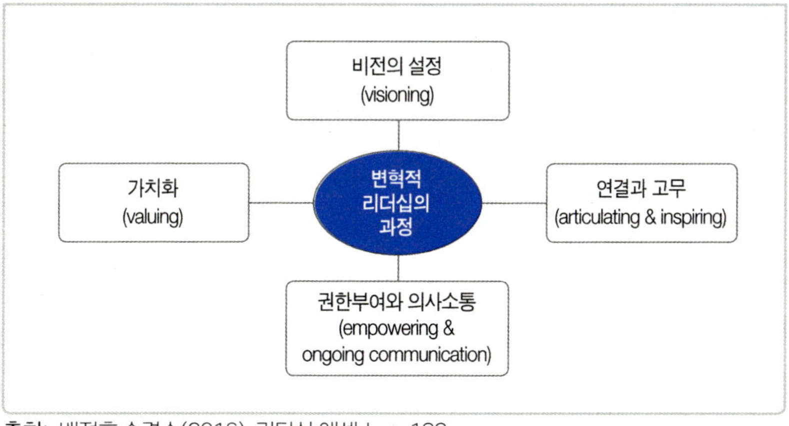

출처: 배정후·송경수(2016), 리더십 에센스, p. 133.

inspiring), 권한부여와 지속적인 의사전달(empowering & ongoing communication) 등을 통해 구성원들이 조직목표달성에 기여할 수 있다(배정훈 · 송경수, 2016).

1) 비전의 설정(visioning)

변혁적 리더가 갖춰야 할 핵심자질은 미래에 발생할 가능성에 대한 예견력과 통찰력이라 할 수 있다. 즉, 뛰어난 변혁적 리더는 예견력과 통찰력을 바탕으로 조직의 비전과 전략을 설정함과 동시에 각각의 구성원들이 조직의 비전 달성과 관련된 그들 자신만의 비전을 갖도록 한다.

2) 가치관(valuing)

변혁적 리더는 가치추구적이다. 리더는 비전성취를 위한 자신의 가치를 모형화하고, 비전제시와 환경조성을 통해 구성원들이 비전성취의 중요성과 가치 및 의미를 확실하게 인식하도록 하여 그의 가치를 수용하도록 한다. 또한 구성원들에게 영향을 미칠 가치와 행위가 주변 관련 대상자에게 영향을 미치면서 조직 전체의 가치와 행위로 연결되게 한다.

3) 연결과 고무(articulating & inspiring)

연결이란 타인들에게 비전을 분명히 정의하고 알려주는 것이다.

리더는 비전 설정을 통해 조직이 나아가야 할 방향을 설정한 후 구성원들에게 조직이 달성해야 할 최종목표를 알려준다. 변혁적 리더는 구성원들에게 명확한 비전을 주입시키고 구성원들이 행동의 준거로 삼아야 할 신념과 가치를 명확히 제시함으로써 구성원들이 비전 달성에 공헌할 수 있다는 신념을 갖도록 구성원을 고무시킨다. 그리고 리더는 언행을 통해 열정적인 구성원들을 육성하고 소속욕구와 연대의식을 자극한다.

4) 권한위임과 지속적인 의사전달(empowering & ongoing communication)

리더는 권한위임과 지속적인 의사소통을 통해 구성원들로 하여금 스스로의 가치를 인정하게 하고 새로운 변화와 도전에 대한 능동적인 참여를 유도한다. 반면에, 구성원들이 자긍심의 욕구를 달성할 수 있도록 동기유발을 해줌으로써 구성원들의 능력을 극대화시킨다. 따라서 권한위임은 구성원의 능력과 가치 증대를 위한 리더의 의지에 따라 더욱 촉진된다.

5. 거래적 리더십과 변혁적 리더십의 차이

기본적으로 거래적 리더십과 변혁적 리더십은 상당한 차이점을 갖고 있다. 표 3-3 에서 보듯이 거래적 리더십은 예상하고 있는 성과목표를 달성한다면, 변혁적 리더십은 기대했던 목표달성을 하는 데 변화지향적이며, 거시적인 관점에서 대외적 방향과 가치 및 비전을 추구하고 있다(Lowe et al., 1996). 이러한 것을 완수하기 위해서 변혁적 리더십은 조직구성원들이 자신들에게 기대되는 것보다 더 많은 목표달성을 할 수 있도록 한다. 반면에, 조직구성원들은 자신들이 속한 조직과 집단의 이익을 위해 개인적 이익을 초월하려는 의지를 갖는다.

표 3-3 **거래적 리더십과 변혁적 리더십의 특성 비교**

구분	거래적 리더십	변혁적 리더십
현상	현상 유지에 노력	변화를 위한 노력
목표관리	조직의 재정에 초점	고객목표 및 조직목표
시간관리	단기 및 현재 중시	장기 및 장래
동기부여	즉각적이고 가시적인 보상	높은 수준의 개인적 목표
리더십 방향	대내적 방향	대외적 방향
문제해결	문제해결을 위한 방법 제공	구성원들이 스스로 문제해결 방법을 찾도록 격려와 동기부여
영향력 기반	규칙과 전통 의존	가치관과 감동을 통한 영향력 행사
운영지침	명령과 지시적 행동	가치와 비전 추구

출처: 장석인(2009), 인적자원관리연구, 16(2), p. 217; 변상우(2018), 리더십, p. 278에서 재구성

6. 변혁적 리더십에 대한 평가

변혁적 리더십에서 카리스마 있는 리더가 공통의 비전을 제시하는 것은 구성원들이 본질적인 작업과 목표달성을 하도록 영향을 준다. 허시와 블랜차드(Hersey & Blanchard, 1977)는 자신의 기술과 동기

및 성숙도가 높은 구성원을 가정해 구성원 중심의 관리를 지향하고 있다. 그러나 변혁적 리더십은 종종 복잡한 작업에서 운영되며, 엄격한 규정과 구조에 따른 업무수행 프로세스를 방해할 수 있다. 반 크니펜버그와 시트킨(Van Knippenberg & Sitkin, 2013)은 카리스마-변혁적 리더십에 대한 비판적 견해로 몇 가지 요점을 제시하고 있다. 즉, 지금까지 서로 다른 차원에서 변혁적 리더십의 구성이 형성되는지, 또는 명확한 기준이 구성에 추가되거나 혹은 추가되지 않는지 설명에 대한 정의가 없다. 그리고 각 개별적 차원의 과정과 효과를 명시적으로 설명하는 인과 모델이 없다. 또한 현재의 지식상태에 따라 다양한 차원의 상호작용을 배제할 수 없기 때문에 추가적인 과대평가 또는 과소평가가 이뤄질 수 있다.

제4절 _ 서번트 리더십

1. 서번트 리더십의 개념

서번트 리더십(Servant Leadership)은 최근에 가장 주목을 받는 리더십 중 하나이다. 훌륭한 리더는 조직에서 솔선수범하면서 종이 되어야 한다는 것이다. 서번트 리더십을 연구하는 일부 학자들은 서번트 리더십을 '섬김의 리더십'으로 칭하기도 한다(배정훈 · 송경수, 2016).

따라서 리더는 진정으로 존경을 받기 위해 남을 섬기는 일에 최선을 다해야 한다.

그린리프(Greenleaf, 1977)에 의하면 서번트 리더십은 "공통의 목표 달성을 위해 구성원 개인의 발전, 임파워먼트, 복지증진을 위한 수단"으로 정의되기도 한다. 서번트 리더십의 핵심은 구성원들에게 나타나는 자만심 대신 자신의 겸손을 요구하고 구성원들에게 진솔한 섬김을 강조하고 있다. 또 그린리프는 조직관리에 있어서 조직구성원에게 권한을 위임하고 구성원의 잠재력 개발을 바탕으로 공유된 비전을 성취할 수 있도록 동기부여 및 지도하는 것을 중시했다. 모든 인간은 타인을 존중하고 배려하며 봉사하고 헌신하고자 하는 노력이 있어야 한다. 그러나 인간은 주변 환경에 따라 변화와 영향을 받으며, 리더는 지시하는 권위적인 위치에 있다는 잘못된 생각을 할 수 있다.

심즈(Sims, 1997)에 의하면 서번트 리더십은 부하에 대한 존엄성과 가치를 소유한 것으로 인정하고 그들이 가진 창조적인 역량을 발휘할 수 있도록 지도해 주는 것이다. 이와 같이 서번트 리더십은 비정상적인 권력 행사와 물질적 소유를 최고의 가치로 지향하는 리더와는 상당히 차이가 있다. 결국 서번트 리더에게는 조직구성원을 위해 솔선수범과 섬김의 역할이 우선되어야 한다. 특히 조직구성원들이 리더의 섬김을 원하는 마음이 생길 때 리더로서의 목적달성과 역할을 제대로 성취할 수 있다. 따라서 서번트 리더는 자신이 봉사자라는 생각에서 출발하기 때문에 섬김받고 싶어 하는 욕구보다 먼저 배려와 섬김을 갖는 마음이 필요하다.

2. 서번트 리더십의 대두 배경

서번트 리더십의 대두 배경은 1970년 그린리프(R. K. Greenleaf)의 저서 《*The Servant as Leader*》에서 처음으로 소개되었다. 그린리프(Greenleaf, 1970)는 헤르만 헤세의 《동방순례(*Journey to East*)》 소설에 등장하는 여행단의 하인 레오(Leo)로부터 아이디어를 받아 서번트 리더십의 모델을 창안했다(배정훈 · 송경수, 2016: 93-94). 또 리프의 저서에서 자세히 소개되지는 않았지만 서번트 리더십의 개념은 예수의 리더십과 밀접한 관계가 있는 것으로 보았다. 즉, 그 대표적인 경우로 예수의 섬김의 리더십은 다양하게 논의될 수 있으나, 서번트 리더십도 예수가 제자들에게 조건 없이 베풀었던 섬김의 리더십에서 기원을 찾고 있다(김정광 · 송병주, 2011: 53).

레오는 동방으로 여행하는 순례단원들이 안전한 여행을 할 수 있도록 세심한 배려를 기울이며 시중들고 보살피는 안내자였다. 레오는 하인으로서 여행객들의 피곤한 몸과 지친 영혼을 위로해 주고 불평과 하소연을 깊이 경청하며, 그들이 목표와 방향을 잃지 않도록 격려해 주는 역할을 충실히 섬겼다. 그러던 레오가 어느 날 갑자기 사라진 후에 여행하는 순례단원들은 여행 과정에서 나타났던 어려움과 경험을 통해서 순례자를 섬기는 레오의 가치와 중요성을 다시 한 번 깨닫게 되었다(강주헌, 2012: 24).

리더로서의 섬김에 대한 아이디어

섬김의 리더에 대한 아이디어는 헤르만 헤세의 《동방으로의 여행》을 읽고 나온 것이다. 이 이야기에서 신화적인 여행, 아마도 헤세 자신이 여행을 하는 한 무리의 사람들을 보았다. 이야기의 중심인물은 하인으로 파티에 동행하는 레오라는 인물이다. 레오는 하인으로서 그들의 천한 일을 하면서도 자신의 정신과 노래로 그들을 지탱해 주었다. 그는 남다른 존재감을 지닌 사람이다. 레오가 사라질 때까지 모든 것이 순조롭게 진행된다. 그런 다음 그룹은 몇 년 동안 방황한 후 파티 중 혼란에 빠지고 레오를 발견하고 여행을 후원했던 오더(Oder)로 데려간다. 그곳에서 그는 처음에 하인으로 알려진 레오가 실제로 기사단의 명목상 수장이자 지도하는 위대하고 고귀한 지도자임을 발견하게 되었다. 이러한 레오의 정신과 실천적 행동에서 섬김의 지도자 사상을 찾게 되었다(Smith, 2005).

레오는 여행하는 과정에서 순례자들의 욕구를 채워주고 지친 몸과 영혼에 도움을 주는 쉼터가 되었다. 또 그는 순례자들이 원하는 길의 방향을 안내하는 나침반의 역할을 성실히 수행하였다. 따라서 순례단은 레오가 없이는 아무것도 할 수 없다는 것을 깨닫게 된 것이다(박보식, 2013: 145). 이러한 맥락에서 볼 때, 서번트 리더십의 대두는 순례단의 봉사자였던 레오가 그 자선단체의 최고 책임자였다는 것이 알려지면서 리더의 서비스 정신을 깨닫게 된 데서 착안한 것으로 보고 있다(Smith, 2005).

3. 서번트 리더십의 가치와 학자들의 견해

서번트 리더십에서는 구성원의 신뢰가 중요하다. 신뢰는 모든 인간관계에 있어서 핵심적 가치이며, 개인에겐 소속감과 안정감을 줄 수 있는 것이다. 루이스와 바이게르트(Lewis & Weigert, 1985)에 의하면 신뢰는 사회체계 내의 구성원 간 관계형성에 대한 집단적 특성의 관계와 사회적 결합을 통해 갖는 상호 간의 호혜적 믿음이며, 복잡한 것을 단순화시켜 주는 핵심 메커니즘이다(이호선 외, 2013: 209 재인용). 따라서 서번트 리더십은 인간의 존중을 바탕으로 다른 구성원들이 업무수행을 하면서 자신의 잠재력과 창의성을 최대한 발휘하는 데 초점을 두고 있다. 즉, 구성원들이 공동의 목표를 달성하는 데 정신적 · 육체적으로 피곤하지 않도록 환경조성을 도와주는 것이다(Senge, 1995; Daft, 2008). 이와 같이 서번트 리더십이 의미하는 것은 단지 조직구성원을 위해 섬기고 따르기만 하는 것이 아니라 환경까지 조성해 주는 것이다.

라웁(Laub, 1999)은 서번트 리더십을 측정할 수 있는 도구를 개발하였다. 그는 서번트 리더십 평가척도의 하위요소로 다음과 같이 몇 가지를 제시하고 있다. 즉, 사람에 대한 존중, 구성원의 성장, 도덕성, 공동체 형성, 리더십 발휘, 리더십 공유 등이 포함된다. 그러나 러셀(Russell, 2001: 79)은 리더십에서 비전 제시, 인지, 설득, 통찰, 경청과 공감, 치유, 팀워크, 성찰 등을 강조하고 있다.

일반적으로 서번트 리더십은 그린리프의 섬김의 비전을 재조명하면서 섬김의 비전을 경청기술, 의견조율, 윤리적 의사결정, 갈등해결 등을 필요로 하는 폭넓은 리더십의 구성요소로 간주하고 있다. 이와 비슷하게 하딘(Hardin, 2003)은 교육현장에서 서번트 리더의 특징으로 다음과 같은 구성요인, 즉 정직, 신뢰, 사랑, 존중, 봉사, 경청, 소명, 가치체계 등을 제시하였다. 패터슨(Patterson, 2003)은 약간 상이한 서번트 리더십 모형을 제시하였다. 즉, 그는 아가페적 사랑, 겸손, 이타성, 비전, 신뢰, 봉사, 임파워먼트 등을 서번트 리더십의 구성요소로 제시하였다.

이상과 같이 국내외 학자들의 서번트 리더십에 대한 개념 및 특성을 다양하게 살펴보았다. 연구자에 따라 서로 차이는 있으나, 서번트 리더십은 리더가 인간존중을 중시하고 조직구성원들이 개인의 잠재력을 최대한 발휘할 수 있도록 구성원을 섬기고 지원해 줌으로써 공동의 목적을 달성하고 공동체를 형성하기 위한 역량을 발휘하도록 지도하는 것이다.

4. 서번트 리더십의 역할과 특징

서번트 리더십은 조직과 구성원을 위한 하나의 나침반, 동반자, 지휘자의 역할 등에 초점을 두고 있으며, 이에 대한 중추적인 역할과 특징을 살펴보고자 한다.

1) 서번트 리더십의 역할

(1) 조직과 구성원의 나침반

리더는 조직의 목표와 구성원의 목표달성을 위한 새로운 방향을 제시하는 나침반 역할을 해야 한다. 즉, 리더가 조직의 조력자이면서 미래의 비전과 방향을 제시하는 능력과 자질을 갖는 것이다. 따라서 최고 리더는 중간관리자에게 명확한 방향과 목표를 제시하고, 동시에 업무를 집행하는 실무자에게는 조직이 추구하는 방향과 목표를 명확히 설정하여 성공적인 결과를 도출해 내야 한다.

(2) 조직구성원의 동반자

리더는 구성원의 동반자로서 다양한 의견을 듣고 가장 적합한 의견으로 조율하고 설득하여 업무수행에 대한 팀원의 역할을 해야 한다. 즉, 리더는 콘서트를 주관하는 훌륭한 지휘자로서 화합된 구성원을 조율하고 부족한 구성원에게는 완성된 작품을 만드는 데 동반자의 역할을 한다.

(3) 조직구성원의 후원자

리더는 구성원들이 업무수행을 원활히 할 수 있도록 지원하고, 업무 외에 개인적인 삶을 위한 업무와 목표 등이 균형 잡힌 형태로 유지될 수 있도록 지원해야 한다. 또 리더가 지원자 역할을 충실히 완수하기 위해 인내하기보다 먼저 구성원을 찾아가 무엇이 필요한지, 어떤 도움이 필요한지 적극적인 행동과 지원을 해야 한다.

2) 서번트 리더십의 특징

서번트 리더는 조직의 목표달성을 위해 구성원에게 명확한 목표와 방향을 제시해 주고, 그들이 정확한 판단을 할 수 있도록 도움을 준다. 특히 리더는 미래 변화와 전망 및 비전을 제시하고, 적절히 대응할 수 있도록 구성원을 이끌어야 한다. 스피어스(Spears, 1995)는 서번트 리더십의 주요 특징으로 **그림 3-7** 과 같이 10가지 구성요소를 제시하였다. 서번트 리더는 이러한 10가지 구성요소를 실천하기 위한 노력이 필요하며, 그는 다음과 같이 하위특성의 구체적인 내용을 강조하였다(Spears, 2004; Smith, C., 2005: 5-6; Brewer, C.: 2010: 4-8).

그림 3-7 서번트 리더십의 10가지 구성요소

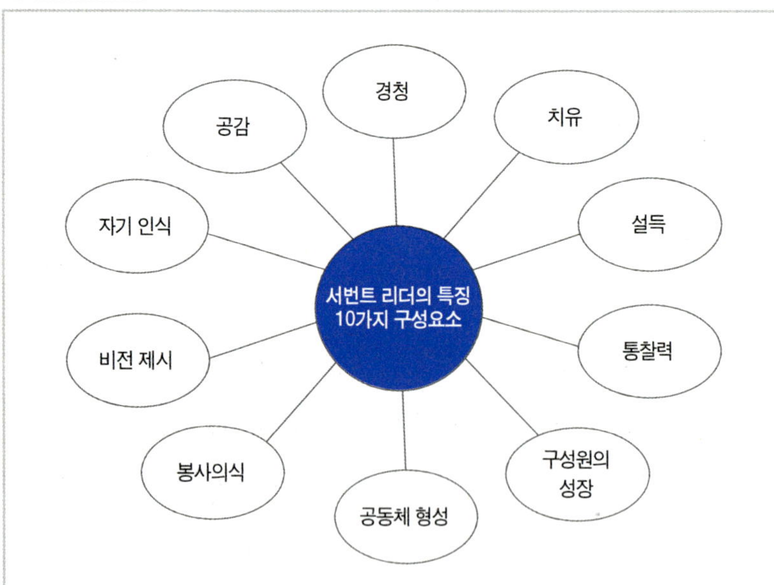

출처: Rahayani, Y. (2010), *Journal of English and Education*, 4(1), p. 94 재구성.

(1) 경청(Listening)

성공한 사람들은 좋은 경청자가 되는 것에 가치를 두고 있다. 리더가 다른 사람의 말을 경청하는 능력은 추종자와의 관계를 친밀하게 구축하는 데 기본적인 사항이다. 다른 사람의 말을 열심히 듣는 능력은 학습적인 특성이다(Spears, 2004). 이와 같이 리더는 경청을 통해 중요한 지식을 얻을 수 있으며 이는 리더에게 훌륭한 장점이 된다. 경청은 구성원을 존중하고 구성원을 수용적인 태도로 이해하는 것이다. 따라서 리더는 적극적이고 능동적인 경청을 통해 구성원이 원하는 욕구를 명확히 알 수 있다.

(2) 공감(Empathy)

리더는 사람들을 연결하고 이해하기 위해 노력해야 한다. 일반적으로 리더에게는 그룹에 대한 관리와 책임감이 따른다. 리더가 그룹을 이해하려면 개인에 대해서 정확히 알고 공감능력을 소유해야 한다. 조직에서 공감이란 차원 높은 이해심이라 할 수 있으며, 리더는 구성원의 감정을 이해하고 이를 통해 구성원이 필요한 것이 무엇인지 인지하여 이에 대한 적절한 대응과 해결책을 제시하는 것이다(Brewer, 2010). 결국 공감이란 상대방의 입장에서 생각하고 이해하며, 자신의 입장보다 타인에 대한 상황과 입장을 고려해 포용성 및 배려심을 갖는 것이다.

(3) 치유(Healing)

리더는 조직의 추종자를 치유하는 능력이 필요하다. 리더는 연약한 인간이 작업환경에서 많은 고난과 역경을 극복하는 변화의 힘이 될 수 있다. 리더는 상처 입은 개인을 신속하게 식별해 치유 과정에 도움을 주어야 한다. 따라서 리더는 구성원들이 제대로 업무를 수행할 수 있도록 최상의 심리상태를 유지하는 데 관심을 기울이고 배려해야 한다. 결국 치유는 구성원들의 정신적인 상처를 치유하고 구성원들을 보다 긍정적으로 변화시키는 것이다.

(4) 자기인식(Awareness)

리더는 상황에 대한 분명한 자기인식을 기반으로 근거가 타당한 대안을 제시한다. 리더는 자기 자신이 타인을 이끌어 조직목표를 달성하는 사람이라고 인식하게 된다. 또한 조직구성원에 대해서는 성공과 성장의 대상이자 가장 중요한 자원이라고 생각할 수 있다(박보식, 2013: 151). 그리고 리더가 조직의 분위기, 특히 도덕적 및 윤리적 문제를 인식하면 특별한 갈등과 이해충돌 없이 더 나은 결과를 얻을 수 있다. 따라서 리더가 조직 내에서 가치를 확립하면 다른 사람을 관리하는 능력이 강화될 수 있다.

(5) 설득(Persuasion)

권위주의 지도자들은 설득보다 직위에 따라 중요한 결정을 내린다. 리더는 의사결정 과정에서 설득을 통한 그룹의 합의를 도출해 내며, 변화에 영향을 미친다. 특히 리더가 중요한 정책결정을 할 때 일방적인 결정이나 명령 및 강압을 사용하지 않고 다른 사람의 의견을 충분히 듣고 설득하는 것이 기본이다(Spears, 2004). 이것은 리더와 구성원들 간 일방적인 지시와 명령이 아니라 쌍방적인 의사소통을 통해서 영향력을 행사하는 행위이다. 따라서 리더는 의사결정 과정에서 구성원들의 의견을 잘 듣고 문제가 발생할 경우에 설득력을 발휘하는 것이 매우 중요하다.

(6) 비전 제시(Conceptualization)

리더는 현재 상황에 대한 정확한 분석과 미래의 비전에 대한 명확한 목표를 설정해야 한다. 비전이란 조직이 달성하고자 하는 꿈과 희망을 구체화하는 것으로 미래의 상황을 예측하는 것이다. 이는 단기간 목표가 아니라 장기적인 관점에서 목표를 제시해야 한다. 따라서 리더는 비전을 구체화하여 조직을 이해하고 달성하고자 하는 목적을 수용하도록 노력해야 한다.

(7) 통찰력(Foresight)

통찰력은 리더가 조직에 직면한 여러 가지 현안과 문제점을 정확히 진단하고 판단하는 능력이다. 특히 리더가 과거의 잘못된 실수를 통해 학습하고, 그 실패로부터 성장을 도모하고 새로운 해결책을 찾는 것이다. 따라서 통찰력은 반복된 실수를 피하고 미래목표에 대한 주요 결정과 결과를 예측할 수 있어야 한다. 지금까지 선견지명을 언급하는 소수 연구자가 있었지만 이는 학습보다는 타고난 특성에 더 가깝다(Spears, 2004).

(8) 봉사의식(Stewardship)

봉사의식은 타인을 섬기는 자세로 서번트 리더십의 기본적인 가치관이다. 즉, 리더는 자신에게 부여된 지위와 권한을 갖고 조직의 목표달성을 이루는 도구일 뿐만 아니라 구성원을 위해 봉사하고 지원하기 위한 도구이다. 이는 조직의 성공과 실패에 대해서 개인적인 책임을 갖는 것이다. 따라서 봉사의식은 개인적인 욕구보다 다른 사람에 대한 봉사와 욕구를 충족시키기 위한 헌신이다.

(9) 구성원의 성장(Commitment to Growth)

리더는 구성원의 개인적인 성장, 정신적 성숙 및 전문분야에서의 발전을 위한 기회와 자원을 제공한다. 또 리더는 공동 책임과 위임의 역할을 해야 하며, 구성원의 강점과 약점을 이해하고 개인의 강점을 발전시켜야 한다. 그리고 리더는 구성원들이 긍정적인 업무수행을 할 수 있도록 지원하여 그들의 역량을 강화하며, 성장할 수 있는 환경조성과 기회를 제공하는 역할을 한다. 따라서 리더는 지속 가능한 성장과 발전을 위한 필수자원을 제공해야 한다(Brewer, 2010).

(10) 공동체 형성(Building community)

리더는 구성원 간 활발한 의사소통과 협력을 촉진하는 공동체 구축을 위해 노력하는 것이 중요하다. 또 리더는 조직의 목표를 달성하기 위해 경쟁을 자극하기보다 상호 간 이해와 협력을 통해 공동체 의식을 강화해야 한다. 특히, 리더는 업무추진 시 경쟁적 관계를 유도하기보다 협력적 관계를 도출하며, 상대방에 대한 배려와 협력을 통해 팀워크를 강화하여 공동체를 구축해야 한다. 결국 공동체의식의 강화는 조직의 생산력 강화뿐만 아니라 성과창출의 원동력이 될 수 있다. 따라서 리더는 구성원과 긴밀하게 상호협력하고 공동체를 형성해야 한다. 또한 리더는 조직에서의 개인주의와 부서이기주의로 인해 팀워크가 훼손되지 않도록 주의해야 한다.

5. 서번트 리더십과 전통적 리더십의 차이점

전통적 리더십은 조직에서 조직목표와 조직운영을 위한 리더의 수직적인 사고와 일방적인 지시 및 명령 등이 조직구성원에 대한 경직성 및 수동적 행동으로 연결되어 조직발전에 부정적인 영향을 줄 수 있다. 물론 조직의 상황에 따라 전통적 리더십이 조직목표와 조직운영에 필요한 경우도 있을 수 있다. 그럼에도 불구하고 시대적인 변화에 따라 전통적 리더십도 변화의 필요성이 제기되고 있다. 반면에 서번트 리더십은 리더가 조직목표와 운영에 있어서 조직구성원을 존중하고, 구성원의 의견과 아이디어를 경청하여 의사결정을 한다면 조직발전을 위해 구성원의 참여와 업무성과를 높이는 데 도움이 될 수 있다(배정훈 · 송경수, 2016: 99). 서번트 리더와 전통적 리더의 차이는 표 3-4 와 같다.

표 3-4 서번트 리더십과 전통적 리더십의 차이

범주	서번트 리더십	전통적 리더십
관심 영역	업무추진 시 장애요인	업무결과
가치관	개방적	자기중심적
사람	가장 중요한 자원	다양한 자원 중 일부
과제와 사람	사람 중심	과제 중심
관계의 질	존중과 관심	상명하복
추진 방식	아이디어 강구	자기방식 강조
생산성	부하의 자발성 정도	시간과 경비, 생산량
시간관	스스로 시간을 만듦	늘 시간이 없음
정보관	의사결정의 활성화 (정보공유)	일방적 의사전달 (상의하달식)
경쟁의 시각	개인경쟁의 경계	내부경쟁의 조장
평가	노력 정도에 대한 평가	최종결과 중심

출처: 김재득(2008), 리더십, p. 183에서 재구성.

6. 서번트 리더십의 효과와 한계

1) 서번트 리더십의 효과

서번트 리더십은 조직구성원의 창의성과 잠재성 개발에 긍정적인 영향을 미치는 것으로 분석되었다. 특히, 공직에 근무하는 공무원을 대상으로 실시한 설문조사의 결과에 따르면 서번트 리더십의 10가지 구성요소가 하위직 공무원의 만족도를 향상시켰다(안대영 외, 2008). 이러한 결과는 서번트 리더십을 통한 구성원의 헌신 및 조직

적 행동을 통해 고객의 만족도에 긍정적인 영향을 주었다. 따라서 조직구성원과 추종자에게 봉사하기 위한 리더의 행동은 권한부여, 겸손 및 공감 등과 같은 가치를 유지하여 구성원들의 참여와 헌신을 통해 긍정적인 조직문화를 형성한다. 이와 같이 서번트 리더십은 조직문화에 긍정적인 영향을 미친 것으로 평가받고 있다(Setyaningrum, 2017: 565).

또한 리더는 경쟁적인 서비스 조직에서 긍정적인 영향을 주며, 외부 또는 실질적인 효과에 영향을 미칠 수 있는 핵심 내부요인으로 간주되고 있다. 서번트 리더십의 효과는 구성원에 대한 신뢰, 타인에 대한 가치평가, 윤리적 행동, 그리고 구성원의 권한부여 및 생산성 등에 많은 영향을 줄 수 있다. 이것이 바로 조직의 목표와 구성원의 행동에 대한 이해를 높이고 생산적인 업무성과와 창의성을 촉진하는 데 도움이 될 수 있다(Melchar & Bosco, 2010: 85).

2) 서번트 리더십의 한계

1970년 그린리프(R. K. Greenleaf)에 의해 처음 개발된 이 모델은 조직구성원들의 요구에 공감하고 반응하고 있지만 개인적 성장에 관심이 있는 전통적 관리형태에 많은 제약을 받을 수 있다. 그럼에도 불구하고 주어진 환경에서 관리자는 구성원에 대한 지속적인 교육을 통해 업무와 과업 과정을 위임하고, 팀 구성원을 지원한다. 그러나 리더는 조직에서 의사결정을 내리는 데 많은 시간이 필요하고, 직원의 다양한 요구를 수렴하며 경청해야 한다. 하지만 조직은 경쟁력 강화와 업무성과를 높이기 위해 신속한 의사결정을 하는 데 많은 제약을 받을 수 있다.

서번트 리더십의 많은 한계점에도 불구하고 리더는 조직에 대한 전반적인 상황을 인지하고 행동하는 것에 대한 평가와 개선방안을 찾아 조직의 성과제고 및 발전에 노력해야 한다(이학희, 2019: 149).

7. 서번트 리더십의 지도자 사례

여기에서는 가장 낮은 곳에서 타인에 대한 봉사, 공감 및 겸손을 바탕으로 섬기는 지도자의 사례를 살펴보고자 한다. 지금까지 세계적인 지도자로 알려진 테레사 수녀, 마틴 루터 킹, 마하트마 간디 등은 섬김과 행동을 실천하는 지도자로 알려져 있다.

1) 테레사 수녀(Mother Teresa)

테레사 수녀는 1910년 마케도니아(Macedonia)에서 출생해 사랑, 보살핌, 그리고 믿음과 타인에 대한 봉사를 실천함으로써 세계적으로 알려진 지도자가 되었다. 그녀는 경건한 신앙과 믿음을 바탕으로 한 가톨릭 가정에서 자랐고 18세에 수녀로 부름을 받았다. 그녀는 평생 동안 인도 캘커타에 거주하면서 사회적 약자와 빈민, 고아, 나병환자 등을 돌보는 데 헌신했다(이상호, 2015). 또 1950년에는 "선교사 자선단체(Missionaries of Charity)"를 설립했으며, 그곳에서 사회적 약자를 위해 헌신했던 노력을 인정받아 1979년 노벨평화상을 받았다. 특히 그녀에게는 가장 가난한 사람들을 돕는 일과 그의 사명감에 대한 확고한 믿음과 훈련, 공감, 솔직함, 비전 등이 있었다. 물론 다른 서번트 리더와 마찬가지로 그녀 역시 때때로 비판받기도 했지만 다른 사람들을 돕고자 하는 마음을 의심하는 사람은 아무도 없었다.

> 인간은 위대한 것들을 행할 수는 없다. 그러나 위대한 사랑을 가진 작은 것들을 행할 수 있을 뿐이다.
>
> – 마더 테레사(Mother Teresa)

2) 마틴 루터 킹(Martin Luther King)

1929년 1월 15일 조지아주 애틀랜타에서 태어난 마틴 루터 킹은 아프리카계 미국인 인권 지도자로서 널리 알려져 있다. 그는 1964년 인종차별에 반대하는 비폭력운동을 전개하면서 세계적으로 인정받는 인권운동가이자 비폭력 인권운동가로서 인정받아 노벨상을 받았다. 그의 유명한 연설 중 "나는 꿈이 있습니다(I have a dream)"는 많은 사람들에게 좋은 교훈을 주었다(Baldonado, 2017: 54).

1965년과 1968년 사이 마틴 루터 킹은 경제정의에 초점을 맞추었다. 그는 일리노이주 시카고에서 여러 캠페인을 이끌고 베트남 전쟁에 강력한 반대를 하며 국제평화를 지지했다. 그는 경제적 변화를 통해 빈곤한 미국인들의 다민족 연합결성을 주장하는 광범위한 "빈민 캠페인"을 펼친 공로자였다(https://thekingcenter.org). 마틴 루터 킹의 긍정적 사고는 두려움이 없고, 고무적이며, 전략적이고, 용기 있고, 자신감 있고, 탄력적인 의사소통 등이 특징이다. 그를 통해 얻을 수 있는 가장 중요한 교훈은 다른 사람의 말을 경청하고 이성적인 설득을 해야 한다는 것이다(Perry, 2011).

3) 마하트마 간디(Mahatma Gandhi)

마하트마 간디는 1969년 인도 카티아와르(Kathiawar)의 포르반다르(Porbandar)에서 태어났다. 그는 영국으로부터 인도의 독립을 위한 투쟁을 했으며, 인도의 정신적 · 정치적 지도자이자 변호사였다. 간디는 그의 "Satyagraha"[1] 이데올로기로 가장 유명하다. 그는 비폭력적 지도와 전략, 그리고 시민불복종 및 비폭력적 수단을 옹호한 것으로 가장 잘 알려져 있다. 타임지는 간디를 1930년 "그해의 남자(Man of the Year)"로 선정했으며 노벨평화상 후보로 지명되기도 했다. 그리고 간디는 리더로서 비폭력적 투쟁을 통한 공감, 인내, 전략 및 강한 신념 등을 지녔다(Baldonado, 2017: 54-55). 그는 인간의 존엄성과 가치를 중시하면서 모든 사람들의 인권을 보호하려 했던 인간적인 리더라고 볼 수 있다. 그는 세상의 낮은 곳을 바라보며 자신을 스스로 희생하는 길을 택했고, 실천하는 지도자로서 고난과 역경의 길을 선택한 종교적 · 철학적 지도자로서 인도인의 마음에 용기와 희망을 불어넣기 위해 전국을 순화면서 종교적 이해(힌두교와 이슬람교)와 화

1) 마하트마 간디는 시민 불복종과 비폭력 투쟁 방법을 조직함으로써 그가 개발한 방법을 "Satyagraha"라고 한다. 이 표현은 "진리에 대한 능동적이고 비폭력적인 추구"와 같은 것을 의미하며, 그의 반식민투쟁의 근본사상이다.

해 및 인도 통일의 필요성을 강조했다(하승미, 2019: 226-227).

제5절 _ 리더-구성원 교환이론

LMX 이론은 평균적 리더십 유형(Average Leadership Style: ALS)과 수직적 쌍방연결(Vertical Dynamic Linkage: VDL)의 형태로 구분할 수 있다. 여기서 LMX 이론은 역할형성이론(role-making theory)과 사회적 교환이론(social exchange theory)에 기초를 두고 있으며(박재춘, 2013: 35), 이를 통해 리더와 직원 간 역학적 관계를 분석할 수 있다.

1. 리더-구성원 교환(LMX)의 개념

리더십의 다양한 영역에서 리더-구성원 교환(LMX)이론은 리더와 하위자 간의 상호작용을 중심으로 관계를 설명하게 된다(Graen, Dansereau, & Minami, 1972). 즉, 전통적인 리더십 이론은 리더와 부하직원의 관계에서 나타나는 상호작용에 대한 과정보다는 리더의 영향력을 다루었다. 반면에, LMX 이론은 리더와 부하직원의 상호 간 영향력과 교환관계를 개별적인 사회적 관계에 초점을 두고 있다(Dansereau et al., 1975). 따라서 LMX 이론에서 리더와 부하의 상이한 관계의 질(능력과 관계형성)이 구성원, 팀, 그리고 조직 등에 미치는 영향을 주는 주요 요인으로 간주되었다(Bauer & Erdogan, 2015).

리더와 부하들 개개인 사이의 역할형성 과정 및 부하 간의 교환관계가 시간의 흐름에 따라 발전되며, 리더-구성원 간 교환관계이론은 역할의 정의, 사회적 교환, 상호관계, 그리고 공정성의 개념 등이 중요시된다(김정식 외, 2013: 615). 이러한 과정에서 리더와 부하 간의 역할형성 과정[2] 및 교환관계가 연결되는 것이다.

그림 3-8 **리더와 부하의 관계**

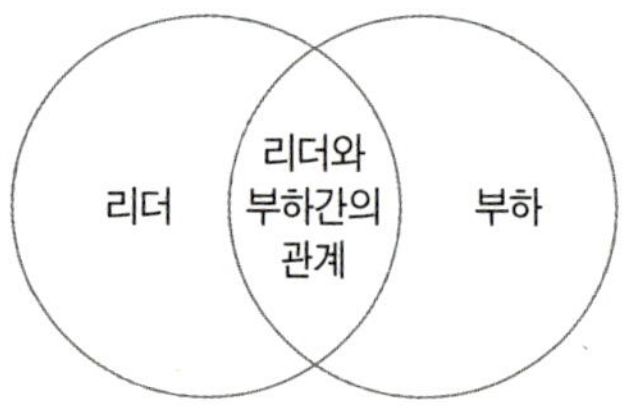

그림 3-8에서 보듯이 LMX는 리더와 부하의 개인적 교환관계에 따라 상이한 능력을 나타낼 수 있다. 이것은 기존의 리더십 이론과 달리 리더의 개인적 특성, 상황의 특성, 그리고 리더와 부하 간의 상호작용에 근거한 리더십 패러다임이 요구된다.

2) 상사와 부하 간의 자원과 정보를 공유하고 양자 간 기여도에 근거한 교환행동이 나타난 것으로 본다.

2. 리더-구성원 교환(LMX)의 역사적 배경

리더-구성원 교환관계(Leader Member Exchange: LMX)의 이론은 그렌, 댄서로와 미나미(Graen, Dansereau, & Minami, 1972)의 연구를 시작으로 여러 연구들(Dansereau, Graen, & Haga, 1975; Graen, 1976)을 통해서 확산되었다(Winkler, 2010: 47). 현재 학술적인 용어로서 LMX 이론은 리더-멤버 교환관계, 상사-부하 교환관계, 리더-구성원 교환관계(Leader Member Exchange)의 약자인 LMX 등의 다양한 명칭으로 사용되고 있다. 또한 LMX 이론은 초기에 평균적 리더십 유형(Average Leadership Style: ALS)과 수직적 쌍방연결(Vertical Dynamic Linkage: VDL) 등에서 시작되어 그 후 많은 학자들에 의해 발전되어 왔다. 초기 연구에서는 이 이론을 수직적 양자 연계이론(vertical dynamic linkage theory)으로 칭하여 리더가 각 추종자들과 형성하고 있는 수직적 연계의 특성에 초점을 두었다. 즉, 리더와 집단구성원들의 관계를 일련의 상호관계로 보았다. 특히, 연구자들은 양자관계의 특성을 측정하는 과정에서 두 가지 일반적인 연계유형(two general types of linkages relationship)으로 내집단과 외집단 관계를 형성하고 있다(그림 3-9 참조).

따라서 리더-구성원 교환이론은 수직적 연결(VDL)이론에서 발전한 이론으로서 리더와 구성원 간에 형성되는 관계의 질(능력과 관계형성)에 따라 조직행동의 결과에 차이가 있다는 것을 핵심 전제조건으로 하고 있다. 이것은 리더십 자체의 효과를 검증하는 이론이라기보

그림 3-9 **LMX의 역할결정모델**

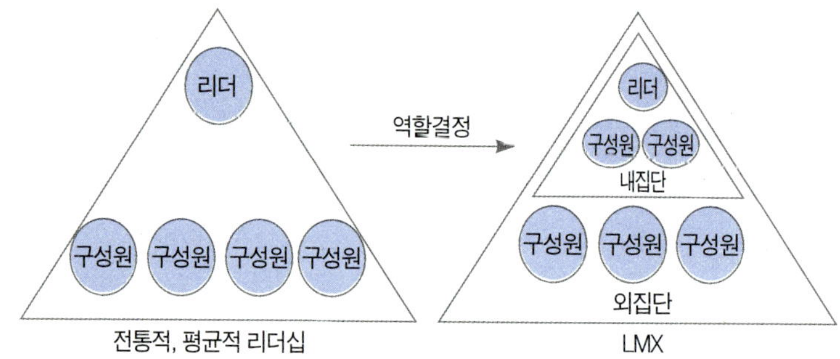

출처: 이태식·이병규(2009), LMX의 질과 구성원 성숙도 및 조직유효성의 관계에 관한 연구, 전문경영인연구, 12(1), p. 72에서 재인용.

다는 조직효과성에 대한 원인요인으로서 리더-구성원 관계 간 연결된 효과성을 검증하는 이론이라고 볼 수 있다.

3. 평균적 리더십 유형(ALS)과 수직적 쌍방연계(VDL)의 형태

1) 평균적 리더십 스타일(Average Leadership Style: ALS)

기존의 평균적 리더십 이론에서 구성원들에 대한 리더의 행동은 오랫동안 일관되며, 모든 구성원들에게 취하는 영향력이 동일함을 전제로 한다. 즉 구성원 전체가 하나의 단위로 취급된다는 것이다(**그림 3-10** 참조). 따라서 리더의 행동은 일반적인 영향력을 토대로 특히 리더가 구성원들에게 행사하는 리더십을 평균적인 개념에 초점을 두어 리더의 행위와 특성에 중점을 두는 평균적 리더십을 뜻한다. 그러나 현실적으로 리더와 각 구성원 간 관계에는 사실 일정한 교환관계의 질(능력, 관계형성)에 차이가 있을 수 있으며, 이에 따라 구성원의 성과도 다를 수 있다는 점을 전제해야 한다. 이러한 배경하에 리더-구성원 교환관계(LMX)이론은 종래의 평균적 리더십(ALS)의 대안으로서 개별적인 리더와 구성원 간의 관계에 초점을 두는 수직적 쌍방연결(VDL)에서 발전되었다(Liden & Graen, 1980; Liden, Sparrowe, & Wayne, 1997; 백지연, 2018: 154).

그림 3-10 ALS와 VDL 유형 비교

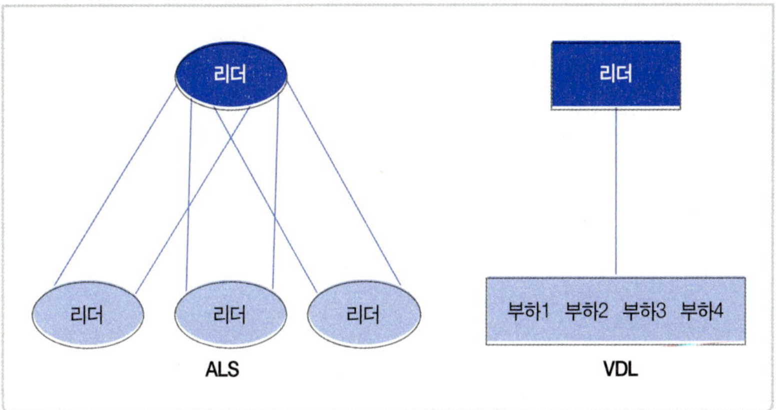

2) 수직적 쌍방연계(Vertical Dynamic Linkage: VDL)

리더-구성원 교환이론의 기초연구는 수직적 쌍방연계(VDL)로부터 시작되었다. 리더와 구성원 각자의 관계적 특성이 고려되지 않고 전체적인 관계만 다루었던 기존 리더십 이론, 즉 평균적 리더십 스타일은 현실과 괴리가 있다는 비판을 받았다. 그러나 VDL에서 리더와 구성원의 관계는 리더와 특정 구성원 간에 형성되는 것이며, 리더십의 효과도 그 관계의 특성에 따라 다를 수 있다. 즉, 리더의 인지에 따라 집단적 관계를 수직적 연계로 보는 관점으로 동일한 집단 내에서도 리더와의 관계수준에 따라 두 가지 집단이 존재한다. 예를 들면, 구성원을 호의적으로 인지하는 내집단(in-group)과 비호의적으로 인지하는 외집단(out-group)이 존재한다(표 3-5 참조). 따라서 리더가 구성원과 서로 상이한 관계를 발전시키며, 그 관계형성의 특성에 따라 리더십 효과도 달라질 수 있다는 것이 수직적 연계이론이다.

표 3-5 내집단과 외집단에 대한 리더의 차별적 행동

내집단	외집단
• 목표설정 및 달성 과정에서 상당한 재량권 부여 • 업무달성에 관련된 부하의 제안경청 • 부하들의 실수를 발전의 기회로 간주 • 흥미로운 업무에 관한 자율선택권 부여 • 부하들의 의견에 관한 충분한 고려 • 성과달성에 대한 칭찬과 보상	• 업무달성에 관한 세부적인 지시 • 부하들의 의견이나 제안에 무관심 • 업무실수를 용납하지 않고 처벌 • 일상적인 업무중심의 철저한 통제 • 리더의 견해 강요 • 고성과를 격려하는 긍정적 동기부여보다는 저성과를 벌하는 부정적인 동기부여에 초점

출처: 백지연(2018), 리더십의 이해, pp. 150-151; 배정훈·송경수(2016), 리더십 에센스, p. 167 재구성.

4. 리더-구성원 교환(LMX)의 근거이론

LMX 이론은 역할형성이론(role-making theory)과 사회적 교환이론

(social exchange theory)을 바탕으로 조직 내에서 발생한 리더와 각 구성원들의 특성을 고려하였다. 즉 LMX 이론은 리더-구성원 관계의 수준과 리더, 구성원, 조직성과의 관계에 초점을 두었다. 여기서는 두 가지 이론적 근거를 알아보고자 한다.

1) 역할형성이론(role-making theory)

역할형성이론은 리더-구성원의 관계에 따라 서로의 특정역할이 형성되고 이러한 역할을 수행하는 과정에서 리더의 리더십이 형성된다. 역할형성이론에 의하면 리더는 모든 구성원에게 동일한 역할을 전달하는 것이 아니라 구성원 간 서로 다른 역할을 하게 된다. 이에 반하여 구성원은 단순히 리더로부터 역할을 부여받는 수동적인 수령인이 아니라, 오히려 구성원이 리더가 원하는 역할에 대한 협상을 하거나 거절할 수 있다. 이러한 과정에서 리더와 구성원 간에 다양한 교환관계가 이뤄지며 리더와 상호작용하는 구성원 개인에 의존한다. 즉, 리더는 여러 부하 직원과 다양한 교환관계를 형성하면서 관계를 발전시킨다.

2) 사회적 교환이론(social exchange theory)

사회학자인 블라우와 호만스(Blau & Homans), 사회심리학자인 티바우트와 켈리(Thibaut & Kelly)는 사회적 교환이론의 개발에 기여한 대표적인 학자이다(Cook & Rice, 2003: 55; Thibaut & Kelley, 1959; Emerson, 1976: 335; 백지연, 2018: 156). 사회적 교환이론은 조직행동의 발생과 효과성을 설명하기 위해 경제적 교환과 사회적 교환의 개념으로 구분할 수 있다. 여기서 경제적 교환이란 엄격한 계약을 기반으로 한 물건의 거래와 같은 물건교환을 뜻하며, 반면에 사회적 교환은 상호 간 신뢰를 바탕으로 수혜를 받는 사람이 수혜를 제공받는 것에 보답하는 의무감의 형성관계이다(김용호 · 이종현 · 신강현, 2016). 즉, 조직과 구성원 간 사회적 교환관계가 형성되면 조직구성원들은 조직에 대한 긍정적인 태도와 행동을 하게 된다. 따라서 사회적 교환은 상호 간의 신뢰성이 전제되어야 하며, 여기에는 물질적인 보상뿐만 아니라 심리적인 보상까지도 포함된다. 이와 같이 리더와 구성원의 성숙한 사회적 교환관계의 발전은 조직의 성과에도 긍정적인 영향을 줄 수 있다.

5. 리더-구성원 교환(LMX)의 협상 과정

데보라와 로버트(Deborah & Robert, 1999)는 리더-구성원 교환(LMX)에 대하여 리더와 구성원 간 상호작용을 통한 당사자 간 역할관계로 파악하였고, 시간의 흐름에 따라 역할획득, 역할형성, 역할발전 단계 등의 3가지 발전 과정으로 설명하였다(김성훈 · 강영순, 2012: 41).

1) 리더-구성원 교환(LMX)의 특징

리더-구성원 교환(LMX)의 관계는 전통적 리더십 이론에서 제시한 집단적 관계가 아니라 리더와 구성원 간 서로 다른 관계와 특성을 다른 것이 특징이다(이태식 · 이병규, 2009: 72; 조원희 외, 2020: 390). LMX 이론은 리더의 행위나 특성이 아닌 리더와 구성원 간의 개별적인 상호작용에 초점을 맞추고 있기 때문에 리더와의 교환관계의 질(quality)에 따라 구성원들이 내집단(in-group)과 외집단(out-group)으로 분류된다(Dansereau, Graen, & Haga, 1975).

리더와 높은 수준의 교환관계를 갖는 구성원 소수의 내집단 구성원들은 신뢰할 수 있는 추종자(follower)로 간주해 더 많은 업무와 직무를 맡는다. 반대로 리더와 낮은 수준의 교환관계를 갖는 구성원들은 단순한 고용인으로 간주되어 제한된 업무만을 처리하는 일상적인 관계이다.

또한 리더와 높은 수준의 교환관계를 갖는 내집단 구성원은 보다 많은 신뢰와 영향력, 자율권, 그리고 현실적 이익을 제공받고, 이에 대한 보상의 대가로 보다 헌신적인 충성심과 조직봉사, 몰입 등을 제공하게 된다. 이에 반해 외집단에 속하는 구성원은 리더로부터 공식적인 지시만 받게 된다(장현아 · 최애경, 2007). 지금까지 LMX 이론에 관한 연구결과에 의하면, 일반적으로 교환관계의 질이 높은 수준의 구성원은 보다 높은 성과를 나타내는 것으로 알려져 있다. 그리고 양질의 리더와 구성원 간 교환관계가 긍정적인 업무평가, 승진의 횟수, 조직헌신도, 적절한 업무배정, 직무태도, 상사로부터의 관심과 배려 등 긍정적인 효과를 미치는 것으로 보았다(전수진 · 구관모, 2003; 장현아 · 최애경, 2007).

2) 리더-구성원 교환(LMX)의 발전 단계

(1) 역할획득 단계(role taking)

역할획득 단계는 리더가 부하에게 과업을 할당하고, 이에 대해서 부하가 그 과업을 어떻게 수행할 것인지 탐색하는 단계이며, 그후 리더는 구성원에게 전달할 역할메시지를 결정한다. 그리고 리더가 구성원들의 동기부여와 잠재력에 대해 검증 · 평가한다. 이런 과정에서 리더와 부하의 관계는 공식적인 틀을 벗어나지 않는다.

(2) 역할형성 단계(role making)

역할획득 단계에서 발전한 것이 역할형성 단계이다. 즉, 리더와 부하 간의 다양한 자원과 정보가 공유되고, 리더는 구성원에게 다양한 기회를 제공한다. 여기서 리더는 부하가 더 많은 역할과 과업을 수행할 수 있는지 살펴보고, 반면에 부하는 리더가 역할과 권한을 위임할 의사가 있는지 서로 검증하게 된다. 이와 같은 검증의 결과를 통해서 서로가 긍정적이면 역할발전 단계로 진행된다.

(3) 역할발전 단계(role developing)

역할발전 단계는 리더와 구성원 간에 신뢰와 존중, 그리고 의무감 등을 갖고 광범위한 상호 간 영향을 주고받는 단계로 리더와 구성원이 역할형성 단계에서 이뤄졌던 교환의 정착과 습관화가 이뤄진다. 따라서 역할발전 단계에서는 리더와 구성원의 교환관계에 따라 LMX의 질이 결정된다. 그리고 **그림 3-11** 에서 보듯이 외집단에서 내집단으로의 진입 과정을 보면, 외집단의 구성원에서 내집단의 구성원으로 발전될 수 있다.

그림 3-11 외집단에서 내집단으로의 진입 과정

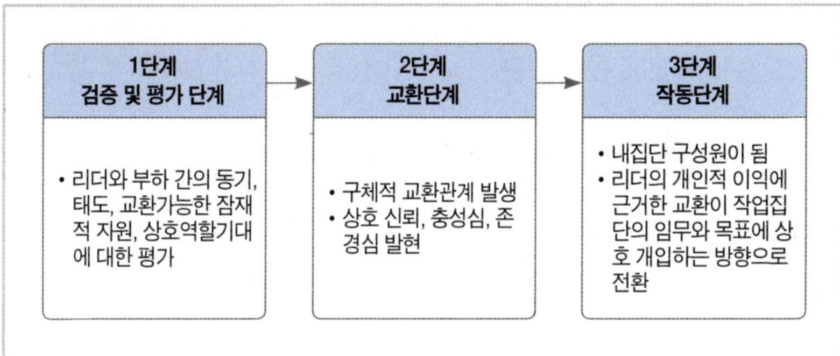

출처: 변상우(2018), 리더십, p. 233에서 재인용

6. 리더-구성원 교환(LMX)이론에 대한 비판

1) 공정성의 위배

LMX 이론은 내집단이나 파벌을 조성하고, 그 집단에 속하지 못한 구성원들에게 큰 문제가 될 수 있으며, 작업 단위부서를 두 개의 집단으로 구분해 집단에 대한 차별대우처럼 보일 수 있다.

2) 기본적인 아이디어의 불충분

LMX의 이론에서 양질의 리더와 구성원 간 교환관계가 형성되는

방식에 대해서 충분히 설명되지 못하고 있다. 즉, 초기 연구에 의하면 양질의 교환관계는 리더와 구성원 간의 유사성을 발견했으나, 요인들의 상대적 중요성과 교환관계의 형성 과정이 어떻게 이루어지고 있는가에 대한 설명이 없다(Yukl, 2002).

3) 교환관계 측정에 관한 의문

LMX 이론은 리더와 구성원 간 교환관계를 측정하기 어렵다. 즉, 측정도구의 내용타당성이 결여되었다. 지금까지 교환관계의 측정을 위해 여러 가지 상이한 유형의 리더-구성원 교환관계 측정도구가 사용되었으나 분석수준을 달리하고 있기 때문에 그 결과를 직접 비교할 수 없다. 따라서 의도한 것을 실제로 측정할 수 없다는 문제가 있다(변상우, 2018: 239-240).

L E A D E R S H I P

제3부

미래 리더십의 변화와 방향

LEADERSHIP

제 4 장

리더십의 동기부여와 의사전달

제4장
리더십의 동기부여와 의사전달

제1절 _ 리더십과 동기부여

더글러스 맥그리거(Douglas McGregor)는 1960년 그의 저서 《기업의 인간(*The Human Side of Enterprise*)》에서 동기부여 이론인 X와 Y 이론을 소개하였다. 이 책에서 그는 X이론 및 Y이론의 관점에서 직원을 다루는 관리자의 특성을 자세히 설명하였다. 즉, X이론의 가정은 조직구성원들이 일을 싫어하고 수동적이며, 책임을 회피하고, 야망이 없다는 것이다. 반대로 Y이론에 의하면 관리자는 직원이 스스로 일하기를 좋아하고 자율성과 창의성을 좋아하고 책임감이 높다고 가정한다(McGregor, 1960; Carson, 2005: 450).

1. 맥그리거(McGregor)의 X와 Y 이론

1) X와 Y 이론의 개념

1960년대 맥그리거에 의해 동기부여의 X이론 및 Y이론이 등장하게 되었다. 이 이론에 따르면 관리자는 작업을 완료하기 위해 인간을 포함한 생산의 모든 요소를 조립해야 한다는 전제에 근거하고 있다. 양 이론은 서로 다른 성격 및 이미지로 설명되는데, 먼저 X이론에 의하면 인간은 원래 게으르고 수동적이다. 이런 사람은 보다 체계적이고 상세한 안내와 관리를 통해서만 작업하는 것을 선호한다. 물론 작업하는 동안에는 엄격한 통제와 관리가 필요하다. 반면, Y이론은 인간은 본래 헌신적이고 긍정적이며, 동기부여가 된다고 보고 있다. 또한 인간은 책임감이 높고, 일하는 것을 좋아하고 회사 및 동료들과 상호 협력적 사고를 갖는다. 이처럼 양 이론은 상반된 속성을 갖고 있기 때문에 종종 잘못된 행동을 할 수 있으며, 또 상사가 직원을 평가할 때 다른 평가기준을 사용해야 한다(bwl-lexikon.de.).

로크(Locke, 1690)와 스미스(Smith, 1776)는 Y이론적 사고의 출현을 위한 견고한 토대가 되는 아이디어를 제공했다. 로크의 핵심철학은 "자의적인 지시가 아닌 이유에 근거한 법률, 정부로부터 권한을 얻는 정부, 자연적 권리로서 개인의 목표를 추구할 자유, 자연적이고 법적으로 보호되는 권리로서의 행복 추구에 대한 사유재산과 그 사용"이라는 4가지 아이디어의 공통점을 개인초점에 맞추었다. 이와 같이 로크에 의해 제공된 철학은 맥그리거의 이론이 관리자에게 개별적 직원에 대한 믿음을 갖도록 하는 것과 거의 동일한 방식으로 권력, 자유 및 법적 문제에 대한 책임을 개인적인 수준에 맞추고 있다(Carson, 2005: 451 재인용).

2) X와 Y 이론의 가설

맥그리거에 의하면 양 이론은 서로 다른 성향과 특징을 기본으로 가정되었다. 즉, 양 이론의 가설은 대부분의 조직에 적용되고 있으며, 그 결과 엄격한 통제와 처벌, 그리고 엄격한 관리 등 가설적 요인이 끊임없이 대두되고 있다.

(1) X이론의 가정(권위주의 관리형)

먼저, 인간은 본래 일을 싫어하고 가능한 한 일하는 것을 회피하려고 한다. 이처럼 인간은 일하기 싫어하는 특성 때문에 효과적인 작업을 수행하도록 강력한 처벌과 엄격한 통제가 필요하다. 또한 관리자는 조직목표를 달성할 수 있도록 강압적인 수단과 방법을 사용해야 한다. 따라서 인간은 야망이 부족하고 책임을 회피하며, 무엇보다도 안정과 경제적 보상을 추구한다. 그리고 대부분의 인간은 변화를 싫어하고, 지시받기를 선호하고 경직되어 있으며, 조직의 문제를 해결할 만한 창의성과 의지가 부족하다. 마지막으로 동기부여는 생리적 · 안정적 수준에서만 가능하다.

이와 같이 X이론의 핵심적 내용은 관리자가 권위의 행사를 통해 통제하고 지시해야 한다. 특히, 이론의 가정에 따라 조직의 목표를 향해 직원들을 통제하려는 시도가 필요하지만, 개인이 조직의 목표를 향해 일하도록 동기를 부여하지 못할 수 있다.

결국, 이 이론의 경우에 관리자는 직원들에게 통제적 관리와 감독을 행사하고 독재적 유형의 리더십 스타일과 하향 통제 및 관리를 해야 한다. 그러나 이것은 전통적 관리전략의 형태적 결과를 설명해 줄지는 몰라도 인간의 본성에 보편적으로 적용하기에는 적절치 않다. 따라서 이러한 가설에 입각한 위협적이고 강압적인 관리전략은 조직구성원들로 하여금 조직의 목표달성을 위한 동기부여에 부정적인 영향을 줄 수 있다. 또한 구성원들에게는 명령과 통제에 의한 관리 역시 효율적이지 못하다. 왜냐하면 좀 더 고차원의 욕구, 즉 존경욕구, 자아실현욕구를 가지고 있는 개인에게는 강압적인 유형의 관리전략이 적절하지 않기 때문이다(오세덕 외, 2007: 194).

(2) Y이론의 가정(참여적 관리형)

맥그리거는 X이론에 대비되는 Y이론을 제시하였다. 그가 제시한 Y이론의 내용은 다음과 같은 가정에서 출발한다. 일반적으로 인간은 외부의 통제와 처벌의 위협 없이 조직의 목표를 추구하기 위해 자제하면서 충분히 자기관리를 할 수 있다. 즉, 외부적 통제와 처벌만이 조직구성원들이 조직을 위해 일하게 만드는 유일한 수단과 방법이 아니라는 것이다. 대부분의 인간은 문제해결에 필요한 창의성과 상상력을 갖고 있으며, 동시에 긍정적인 사고를 갖는다. 특히 조직에서의 문제해결능력은 높은 수준의 상상력, 독창성 및 창의성 등이 요구되는데, 적절한 조건이 갖춰지면 인간은 기꺼이 책임을 받아들이고, 최종적인 책임을 맡는다.

현재 Y이론은 조직구성원의 기회를 창출하고, 장애물을 제거하고, 미래의 성장과 발전을 기대하며, 관리자 지침의 자율성, 창의성 및 민주성 등이 강조되고 있다. 이와 같이 맥그리거의 Y이론은 분산된 조직, 민주적 리더십, 쌍방향 의사소통에 동기를 부여하면 보다 생산적인 결과와 친근한 환경을 조성하는 데 도움이 될 것이다. Y이론에 의하면 인간은 선천적으로 게으르지 않고 신뢰하는 존재이다. 이러한 이유에서 인간은 적절한 동기부여를 하게 되면 창의적이며, 자율성을 갖고 신뢰할 수 있는 존재인 동시에 지속 가능한 잠재력을 발휘할 수 있다.

2. 맥그리거(McGregor) 동기이론의 X와 Y의 비교

X이론과 Y이론에는 관리의 관행과 관련된 인간의 본성과 인간의 행동에 대한 가정이 존재한다(표 4-1 참조). 앞에서 설명했듯이 X이론과 Y이론은 서로 매우 다른 가정으로부터 출발하였다. X이론은 개인이 일하기 싫어하고, 무책임하며, 자신의 일을 하기 위해 긴밀한 감독이 필요하다는 부정적인 견해이다. 반면에, Y이론은 인간의 본성에 대한 긍정적인 견해를 나타내며, 개인은 일반적으로 부지런하고 창의적이며 책임감을 갖고 자신의 직업에서 자제력을 발휘할 수 있다고 가정한다(이종수, 2009: 321). 이와 같이 X와 Y 이론은 직원에 대한 관리자의 매우 상반된 가정으로 관리 형태를 보인다.

표 4-1 맥그리거의 동기이론 X이론과 Y이론의 가정

X이론의 가정	Y이론의 가정
• 대부분의 사람은 일하기 싫어한다. • 대부분의 사람은 야망이 없고 책임감도 없으며, 지시받기를 좋아한다. • 대부분의 사람은 조직의 문제를 해결하는 데 창의력을 발휘할 만한 능력을 갖고 있지 못하다. • 동기부여는 물질적·경제적 수준에서 이루어진다. • 대부분의 사람은 엄격히 통제되어 조직의 목표를 달성하도록 강제되어야 한다.	• 조건만 맞으면 일은 노는 것처럼 자연스러운 것이다. • 사람들은 자신이 책임을 느끼는 목표를 달성하기 위해 자기지시와 자기통제를 한다. • 조직의 문제를 해결하는 데 필요한 창조적 능력은 인간에게 광범위하게 분산되어 있다. • 동기부여는 물질적·경제적 수준뿐만 아니라 심리적·사회적 수준에서도 이루어진다. • 사람들은 적절히 동기가 부여되면 일에서 자기통제적일 수 있고 창조적일 수도 있다.

출처: 오세덕 외(2007), 행정관리론, p. 196 재인용.

3. 맥그리거(McGregor) 동기이론에 대한 비판

맥그리거의 동기이론에 대한 긍정적인 측면도 있지만, 그가 제시한 가설과 아이디어에 대한 비판도 있다. 여기서 핵심적인 비판은 인간에 대한 일방적인 사고와 다른 문화의 환경적 요인을 고려하지 않았다는 것이다.

소렌센과 미나한(Sorensen & Minahan, 2011)에 따르면 Y이론에 대한 개념은 보편적으로 적용할 수 없으나, X이론은 높은 불확실성과 책임감을 회피하는 특정 국가와 인간에 적용할 수 있다. 그러나 소렌센과 미나한이 지적한 바와 같이 글로벌 문화융합에 따른 한계도 존

재한다. 이와 같이 양 이론은 기존 조직이론과 과학적 관리방식에서 제대로 능력을 활용하지 못하고 제한적이며, 지나치게 일방적인 가설이라는 비판을 받고 있다(Gannon & Boguszak, 2013: 90).

또한 여기에 함축된 양 이론은 스스로 책임을 질 수 없으며, 사전에 발생하지 않은 프로세스를 이해하고, 각자의 책임감과 창의성 및 적극성 등을 통한 관리자와 직원 모두의 노력이 수반되어야 한다. 그럼에도 불구하고 모든 사람의 능력은 개인적 차이와 성향에 따라 잘 고려되지 못한다는 데 한계가 있다.

4. 맥그리거(McGregor) 동기이론의 효과

맥그리거의 이론은 일부 학자들에 의해서 비판을 받고 있지만, 이에 대한 긍정적인 효과도 기대되고 있다. 물론, 동기이론의 효과는 소위 "자기성취 예언"이라는 공통점을 갖는다. 각 리더십의 행동은 조직구성원들에게 특정영역으로 제한되어 있다. 관리자가 직원에게 많은 여유를 주고 창의성을 발휘할 수 있도록 지원한다면 보다 다양한 아이디어로 보상받을 가능성이 크다. 반면에, 일방적인 압력과 엄격한 통제는 종종 직원들의 수동적인 행동을 유발할 수 있으나, 수동적인 성향을 지닌 구성원과 책임을 싫어하는 구성원에게는 긍정적인 영향을 줄 수 있다. 이것이 바로 X이론의 경우이다. 맥그리거는 매슬로(A. Maslow)와 아지리스(C. Argyris)의 이론에 상당한 영향을 주었다. 특히, 동시대 사람들과 달리 학계와 전문가에게 모두 매력적이고 생각하는 방식과 새로운 아이디어와 창의적인 가설을 제공함으로써 X 및 Y 이론은 자기충족적 예언을 창조해 냈다. 특히, Y이론은 직원들이 직장에서 좋은 대우를 받고, 책임을 진다면 긍정적 영향과 반응을 일으킬 수 있으나, 반면에 X이론은 직원들이 책임을 회피하면 부정적인 영향을 받게 된다고 주장하였다(Schermerhorn et al., 2000; Carson, 2005: 458).

제2절 _ 리더십과 커뮤니케이션

1. 수평적 의사전달과 리더십

1) 의사소통의 정의

일반적으로 통일된 의사소통의 정의는 없다. 그럼에도 불구하고 의사소통은 다양한 요구사항과 관점을 기반으로 출발해 라틴어 동사 'communicare'에서 개념이 유래되었다. 여기에는 공유하고, 소통하고, 참여하고, 함께한다는 의미가 내포되어 있다(Stowasser et al. 1994: 101; https://de.wikipedia). 현재 의사소통이라는 용어는 사회학, 정치학, 심리학, 교육학 및 정보이론 등에서 다양한 방식으로 사용되고 있다. 문헌에서 가장 흥미로운 의사전달은 다양한 개념으로 사용되고 있다는 것이다. 즉, 개인이 자신의 감정과 생각을 다른 사람에게 전달할 수 있는 능력, 그룹이 서로 긴밀하게 연결하는 능력이라 보고 있다(Kron, 1993: 171).

하버마스(Juergen Habermas)는 소통행위이론에서 인간의 소통이 단순한 정보 전달이 아니라 상호 이해와 합의를 추구하는 행위임을 강조하고 있다. 그는 소통에서 진리성, 정당성, 진정성을 통해 합리적 대화를 이루는 것이 중요하다고 보았다(Habermas, 1981).

마이어(Meier, 2002)에 따르면 내부 커뮤니케이션은 "명확하게 정의된, 정기적으로 또는 필요하고 통제된 매체를 사용해 정보를 전달하고 CEO와 직원 간의 대화를 수행하는 커뮤니케이션 도구"라 주장하였다. 헤르브스트(Herbst, 2003)는 의사전달을 "모든 커뮤니케이션 및 정보관계"로 보고 있다. 즉, 의사소통은 언어 또는 문자를 사용하는 사람 간의 생각, 의견 또는 감정교환 등을 통해서 서로 이해하게 하고 상대방의 태도와 행동에 변화를 일으킨다. 의사소통의 정의는 둘 이상의 구성원과 조직이 정보와 경험을 매개수단으로 전달 또는 공유하는 것이라 할 수 있다. 그리고 의사전달의 목적은 상호 간의 의사전달에 대한 이해와 정보교류에 밀접한 관련이 있다.

이러한 맥락에서 의사소통은 상호 간의 행동에 대한 의사전달, 이해 또는 개인과 그룹 간의 정보, 아이디어, 태도, 느낌, 의견 또는 지침을 전달하기 위한 메시지를 교환하는 것으로 정의할 수 있다. 특히 조직의 효율성은 의사전달에 의해 많은 영향을 받을 수 있다.

2) 의사소통의 기능

의사소통의 기능에는 단순히 특정 메시지를 주고받는 것이 아니라 메시지의 내용을 재해석하고 분명한 의미를 부여하는 기능 등이 포함되어 있다. 이러한 의사소통의 여러 가지 기능은 인간의 삶에 중요한 수단이 된다. 여기서는 의사소통의 4가지 기능을 설명하고자 한다(김윤호, 2019: 97-98).

(1) 정보전달의 기능

의사소통은 개인과 집단 및 조직에 정보를 전달해 주는 중요한 기능을 한다. 즉, 의사소통을 통해 조직구성원 또는 조직의 목표를 규정할 수 있고, 업무추진 방법과 절차 등에 대한 정보를 전달함으로써 조직목표를 효과적으로 달성할 수 있다. 따라서 정보전달 기능은 조직에서 발생 가능한 대안을 분석 · 평가하는 데 중요한 정보를 제공함으로써 의사결정을 원활하게 할 수 있다.

(2) 동기유발의 기능

의사소통은 조직구성원들의 침체된 사기와 동기를 촉진시키는 기능을 한다. 즉, 의사소통은 조직 속에서 구성원에 대한 CEO의 적절한 관리, 즉 지휘통솔의 수단이 되며, 구성원이 경영목표를 달성하기 위하여 자발적, 의욕적인 참여를 할 수 있도록 동기유발의 수단이 된다. 따라서 의사소통은 조직구성원에 대한 구체적인 과업지시와 직무조정, 직무성과를 개선하고 교육훈련, 업무수행과 관련된 피드백,

다른 구성원과의 업무협조 등을 통해 조직의 목표달성과 동기부여를 할 수 있다.

(3) 지시 및 통제의 기능

의사소통은 조직구성원의 행동을 지시 및 통제하는 기능을 한다. 즉, 의사소통은 조직구성원의 행동을 규제하기 위해서 제안하기도 하고, 설득 또는 명령 등을 통해 조직구성원을 특정한 방향으로 통제하는 기능을 한다. 그 예로는 중요한 정보, 정책 및 품질관리메시지, 예산자료, 업무지시, 규제 등이 포함된다.

(4) 정서기능

의사소통은 조직구성원들이 자신의 감정을 표현하고 사회적 욕구를 충족시키는 역할을 한다. 구성원들은 자신이 속한 집단이나 조직에서 이루어지는 자신의 고충이나 기쁨, 만족감이나 불쾌감 등을 표출하게 된다. 또한, 조직구성원들이 직면한 장애와 문제점, 조직구성원이 알고 있는 조직과 타인에 대한 문제 등에 대하여 소통함으로써 조직구성원의 사회·심리적 유대감이 증대되는 효과도 있다.

2. 의사소통의 특징 및 유형

1) 의사소통의 특징

민츠버그(H. Minzberg)의 의하면 관리자들은 업무시간의 약 80%를 타인과 의사소통을 하는 데 사용하는 것으로 분석하였다. 이와 같은 조직사회에서는 의사소통을 통해 대인관계를 시작하고 있으며, 관리자들의 의사소통에 있어 가장 기본적인 것이 소통의 능력이라고 할 수 있다(이학희, 2019: 275). 오늘날 정치 · 경제 · 사회 · 문화 등 모든 조직에서 근무하고 있는 관리자들은 의사소통의 능력을 겸비함으로써 조직의 유효성과 목표달성에 긍정적인 영향을 미칠 수 있다. 즉, 리더는 의사소통을 통해서 조직구성원들에게 조직의 성과제고를 위해 "무엇을 해야 하는가? 혹은 현재 직면하고 있는 문제가 무엇인가? 미래 조직의 발전과 생존을 위하여 무엇이 가장 중요한가?" 등에 대한 상호 간 공감대 형성과 역할분담을 할 수 있다. 또한 리더는 대화를 통해서 미래에 발생할 수 있는 문제를 사전에 예방할 수 있는 선제적 조치가 가능하다. 그리고 의사소통은 조직의 특성과 필요성에 따라 다양한 역할과 기능을 하게 된다. 스캇(W. G. Scott)은 표 4-2 에서 보듯이 의사소통의 특징으로 정보제공, 동기부여, 통제관리, 정서공유 등을 강조하였다(오세덕 외, 2013: 206-207; 이학희, 2019: 276-278 재인용).

표 4-2 의사소통의 특징과 내용

특징	내용
정보제공	의사결정에 대한 필요한 정보제공
동기부여	동기부여의 증대와 조직의 목표달성에 몰입
통제관리	의무, 권한 및 책임을 명확히 하는 통제역할
정서공유	사회적 욕구의 느낌과 만족의 표현을 가능하게 함

2) 의사소통의 유형

조직에서 의사소통의 유형은 크게 공식적인 의사소통과 비공식적인 의사소통으로 구분할 수 있다. 즉, 공식적인 의사소통은 조직에서 규정하고 있는 책임과 권한에 따라 의사전달이 진행되는 것이다. 반면에, 비공식적인 의사소통은 조직 내에서 자생적으로 형성된 의사소통의 시스템을 갖고, 비공식적인 방법으로 상호 간 의사소통이 이루어지는 것이다.

(1) 공식적인 의사소통

공식적인 의사소통은 공식적인 조직구조와 규정에 따라 의사전달이 이루어지는 것으로 수직적 의사소통과 수평적 의사소통으로 분류된다. 여기서 수직적 의사소통은 표 4-3 과 같이 다시 상향식과

표 4-3 공식적 의사소통의 유형과 내용

유형		내용
수직적 의사 소통	하향적 의사소통 (상의하달식)	• 상사가 직원에서 내리는 지시로서 명료성·적합성·일관성 및 적시성 등이 요구됨 • 경로 및 수단으로서 명령계통, 포스터, 게시판, 사내보, 서신, 편람 및 팸플릿, 사내 방송 등이 포함됨
	상향적 의사소통 (하의상달식)	• 직원이 상사에게 전달하는 의견 또는 불만, 불평 등 인간적인 욕구를 충족시키기 위한 것임 • 정보전달수단은 명령계통에 대응하는 보고계통, 즉 관리적 보고, 불만처리절차, 제안제도, 인사상담제도, 의욕·사기조사, 노동조합 등이 포함됨
수평적 의사전달		• 각 부서 간의 연락, 특히 과업활동의 조정, 문제해결, 정보공유, 갈등해결 등을 위해 이루어짐 • 수단은 주로 부서 간의 심의, 토의, 회의, 회람 등이 해당됨

출처: 이학희(2019), 기업경영 리더십, p. 278.

하향식으로 세분화할 수 있다.

공식적인 의사소통이 원활히 이루어지기 위해서는 전달내용의 전후가 모순되지 않도록 하는 일관성과 통일성, 그리고 시간적으로 알맞은 적시성, 또 수신자에게 명확하게 전달될 수 있도록 하는 명료성 등이 지켜져야 한다. 이를 위해서는 메시지 양의 적량성, 유통성·개별성·현실성 등으로 표현되는 적응성, 수신자의 관심 및 수용성 등까지 고려할 필요가 있다.

(2) 비공식적 의사소통

비공식적인 의사소통은 공식적인 채널과 계층, 그리고 과업의 요구와 상관없이 개인적인 친분이나 사적 모임을 통해서 이루어진다. 따라서 비공식적인 의사소통은 공식적인 절차와 형식 및 규정, 그리고 지시 등에 의해 이루어지는 것이 아니라 자연발생적 모임, 개인적 혹은 사적 모임(동호회, 동창회, 동아리, 취미활동, 향우회 등) 등을 의미한다. 이러한 의사소통은 인간으로서 감정적인 친화와 친목 및 결성 등을 기초로 학연, 지연, 동기생으로 형성된다(표 4-4 참조).

표 4-4 공식적인 의사소통과 비공식적인 의사소통의 비교

공식적인 의사소통	비공식적인 의사소통
• 통제가능/제한적 범위/느림 • 계획적/의도적/관리자 중심 • 공표됨/대체로 문서화 • 일상적 업무/업무지향적	• 통제불가능/광범위/빠름 • 자생적/무의식적/직원 중심 • 비공식적/대체로 구전 • 비일상적/인간지향적/친화적

출처: 김영식(1999), 논점 행정학, pp. 555-558.

이와 같은 의사소통 과정에서는 관리자가 개인에 대한 통제가 불가능하며, 의사소통의 전파력이 급속도로 퍼지는 특징을 갖는다. 이러한 의사소통은 주로 긴밀한 친분관계에서 비공식채널로 전달되기 때문에 공식적인 조직과 소통채널을 무력화시킬 수 있다. 이러한 이유 때문에 조직 전체의 목표달성을 위해서 공식적인 의사소통의 채널과 소통의 통일성이 필요하다. 그럼에도 불구하고 비공식적 의사소통은 공식적인 채널에서 할 수 없는 안건을 보충하는 보완적 수단으로 사용할 수 있다. 물론, 이에 대한 장·단점들은 모든 조직에 존재하므로 주의 깊게 고려해야 한다(표 4-5 참조).

표 4-5 비공식적인 의사소통의 장점과 단점

비공식적 의사소통의 장점	비공식적 의사소통의 단점
• 공식적인 채널보다 신속성 • 업무의 능률성 기대 • 개인적인 욕구충족 및 만족감 • 개인적 친분을 통한 정보수집 • 조직 불만에 대한 정보제공	• 과장된 정보제공 및 불확실성 • 핵심정보에 대한 유출 가능성 • 비밀유지 불가능 • 공식채널의 무력화 가능성

출처: 하상군·장문학(2010), 행정학 개론, pp. 273-274.

3) 의사전달의 저해요인

조직에서 리더는 의사전달을 하는 과정에서 다양한 저해요인에 직면할 수 있다. 이에 따라 리더는 의사전달 시 나타나는 저해요인 때문에 조직의 문제를 해결하는 데 많은 어려움을 겪을 수 있다. 의사전달은 인적 요인, 구조적 요인, 상황적 요인 등에 따라 여러 가지 장애가 될 수 있다. 따라서 리더는 이러한 장애요인을 극복하기 위해 효율적인 의사전달을 위한 개선안을 찾아야 한다(권기헌, 2011: 333).

(1) 인적 저해요인

의사전달의 기술이 부족하거나 대인관계에 있어 감수성이 부족한 경우에 의사전달은 제 기능을 발휘하지 못한다. 특히, 인적 저해요인은 대인관계에서 긴밀한 의사소통과 정보교류를 저해한다.

(2) 구조적 저해요인

조직에서 나타나는 할거주의(sectionalism), 조직의 이기주의, 전문화로 인한 무능, 전자정부 시스템의 미비는 조직의 구조적인 저해요인으로 작용할 수 있다. 이런 구조적인 저해요인은 조직 내 혹은 구성원 사이에 일어날 수 있다.

(3) 상황적 저해요인

의사전달을 위한 분위기가 제대로 형성되어 있지 못할 경우, 정보의 과중이나 시간적인 압박 등은 상황적 저해요인이다. 이러한 상황적 요인은 조직과 개인 간 불필요한 오해를 야기할 수 있다.

4) 의사전달의 개선방안

(1) 인적 개선방안

리더는 의사전달에 있어서 명료성, 일관성, 적절성, 적시성의 원칙을 지키고, 개인의 의사전달능력을 높이기 위한 교육이 충실히 이루어져야 한다. 이와 같이 교육과 훈련을 통한 인적 개선은 지속적인 발전과 노력에 달려 있다.

(2) 구조적 개선방안

조직 내 의사전달의 형태라 할 수 있는 의사전달 네트워크(communication networks)가 형성되어 조직의 구조적인 개선이 이루어져야 한다. 단기간에 개선될 수 있는 것도 있으나 거시적인 측면에서 접근해 근본적인 원인을 제거할 필요가 있다.

(3) 상황적 개선방안

조직 내에서 직원 간의 회의와 토론 및 대화, 그리고 하의상달이 쉽게 이루어지고 수평적인 의사전달이 자유롭게 이루어질 수 있도록 환경적 분위기를 조성해야 한다. 특히 누구나 자유롭게 토론하고 자신의 의견을 제시할 수 있는 창의적인 의사전달을 통해 브레인스토밍(brainstorming), 멘티-멘토제도 활성화 등을 통해 조직구성원의 신뢰와 조직문화가 개선되어야 한다.

3. 의사전달의 형태와 의사전달의 지침

1) 의사전달의 형태

인간의 의사소통은 함께 작동할 때 전체적인 의사전달의 형태와 구성요소가 동반된다. 사실상 구두 의사소통, 즉 구두 정보는 일반적으로 의사소통이라고 부른다. 다른 한편으로, 비언어적 의사소통은 훨씬 더 중요하다. 우리의 목소리는 언어를 전달하는 수단일 뿐만 아니라 그것을 형성하는 중요한 역할을 한다. 언어는 제스처, 표정 및 자세와 같은 적절한 비언어적 의사소통 요소를 포함한다. 모든 언어전달과 표현은 다양한 유형과 형태로 나타낼 수 있다. 사람들은 종종 전화나 회의 대신 메시지 보내는 것을 선호한다. 여기에는 몇 가지 장점이 있지만 동기식 통신보다 오해가 더 많이 발생한다. 이는 비언어적 요소가 누락되었거나 제한된 범위에서만 사용되기 때문이다.

2) 효과적인 의사전달의 지침

프런치(G. Frunzi)와 사비니(P. E. Savini)는 의사소통에 관하여 다음과 같은 실천적 주요 지침을 제시하고 있다(박보식, 2013: 208-209; 윤대혁, 2004).

(1) 의사소통이 최고의 가치이다

리더는 조직과 조직구성원의 상호작용에 따라 많은 영향을 받는다. 따라서 리더의 의사소통은 미래의 비전과 희망을 전달하는 최고의 가치를 갖는다. 의사소통은 리더가 가장 중요시해야 할 핵심요소로 볼 수 있다. 특히 리더로서 의사소통은 정치인, 경제인, 경영인 등을 설득할 수 있는 가장 좋은 방법이다.

(2) 경청하는 자세가 필요하다

리더는 조직구성원이 원하는 욕구와 목표달성에 필요한 다양한 환경변화에 효과적으로 대응하기 위한 경청의 자세가 필요하다. 경청은 조직 내부에서 발생한 문제를 가장 잘 극복할 수 있는 정보를 조직구성원으로부터 얻을 수 있다. 따라서 리더는 모든 언어적 · 비언어적 방법을 통해서 조직구성원으로부터 경청하고 학습하는 노력을 기울여야 한다.

(3) 의사전달을 간결하게 하라

모든 메시지는 간결하고 명확하게 전달하는 것이 중요하다. 전달하고자 하는 내용이 너무 장황하면 청중과 조직구성원이 핵심적인 사항을 파악하기 힘들다. 특히 의사전달은 많은 것을 전달하려는 목적이 아니라, 리더가 전달하고자 하는 핵심내용을 조직구성원들에게 정확히 전달하고 설득력이 있어야 한다.

(4) 의사전달을 신중하게 하라

리더는 신중하게 의사전달을 해야 한다. 의사전달이 신중하지 못하면 의사전달의 오류가 있을 수 있다. 리더는 모든 상황적 환경을 고려해 시간과 공간까지도 고려하여 의사전달 방법을 찾아야 한다. 결국 정확한 의사소통을 위해서는 충분한 시간과 검토를 통해서 신중한 자세를 갖는 것이 중요하다.

(5) 의사전달에서 감정이입을 하라

모든 사람은 감정에 민감하다. 즉, 리더가 대중 앞에서 의사전달을 할 때 내용 전달도 중요하지만 적당한 감정을 넣어서 이야기하면 상당한 효과가 나타난다. 누구에게나 진솔한 감정을 갖고 상대방을 설득하고 전달한다면 서로 공감할 수 있다. 그러나 감정이입이 없이 냉정한 표현으로 전달하면 같은 내용이라도 상호 간 공감을 얻을 수 없다.

(6) 명확한 계획과 형식을 갖춰라

의사전달 시 생각나는 대로 말하는 것이 아니라 명확한 계획과 형식을 갖춰서 전달하는 능력을 겸비해야 한다. 특히 언어의 전달은 서론, 본론, 결론 등의 형식과 구체성 및 명확성이 따라야 한다. 즉, 의사전달은 명확하고 형식에 맞게 전달하는 것이다.

(7) 시각적인 보조도구를 활용하라

리더는 효과적인 의사전달을 위해서 다양한 방법을 사용할 수 있다. 특히 효과적인 의사전달은 다양한 보조도구를 사용할 때 긍정적인 효과를 기대할 수 있다. 시각적인 보조도구로서 상황에 맞는 사진과 그림 등을 활용하면 쉽게 이해할 수 있다.

(8) 피드백을 요구하라

청중은 전달자의 이야기를 모두 경청할 수 있다고 생각할지 모르지만, 실제로 청중의 개인적인 흥미와 관심에 따라 의사전달의 집중도는 상이하다. 가능하면 리더는 메시지를 전달하자마자 질문하는 것이 중요하고 더 효과적이다. 즉, 리더는 반드시 의사전달에 대한 질문과 확인을 통해서 피드백을 받는 자세를 가져야 한다. 이러한 피드백은 의사전달에 대한 이해와 관심을 높일 수 있는 방법으로 활용되어야 한다.

4. 의사전달 방법과 인간관계

1) 의사전달 방법

(1) 언어적 의사전달

일반적으로 언어적 의사전달은 누구나 알아듣고 식별할 수 있도록 사전에 약속된 음성이나 문자 기호를 사용한 의사소통으로서 공식적인 의사전달을 말한다. 언어적 의사전달은 언어를 수단으로 공식적이든 비공식적이든 많은 시간을 집중해야 한다. 여기서 부정적인 표현은 인간관계를 단절시키거나 왜곡하는 결과를 가져오고, 긍정적인 표현은 인간관계를 더욱 친밀하게 하고 유익한 결과를 낳는다(박보식, 2019).

따라서 효율적인 의사전달은 다음과 같이 몇 가지 기본원칙을 지켜야 한다. 즉, 의사전달은 명료성, 간결성, 구체성, 정확성과 적시정, 그리고 관심과 흥미 등이 포함된다.

첫째, 의사전달은 쉽고 명료해야 한다. 즉, 의사전달의 내용은 쉽고 정확하게 이해할 수 있도록 분명한 언어와 문장 및 용어를 사용해야 한다. 특히, 대상자와 지적 수준에 따라 적절한 어휘 선택과 단순화에 초점을 두어야 한다.

둘째, 의사전달은 간결해야 한다. 즉, 메시지의 전달내용이 최대한 간결해야 한다. 전달내용이 복잡하거나 장황한 경우에 의사전달의 효과성이 떨어지고 흥미를 잃게 된다.

셋째, 의사전달은 구체적이어야 한다. 즉, 메시지 전달은 구체적이고 실질적인 표현을 해야 한다. 가능하면 구체적인 사례를 제시하여 메시지에 대한 오해와 왜곡의 위험에서 빠지지 않도록 해야 한다.

넷째, 의사전달은 정확성과 완전성 및 적시성이 있어야 한다. 즉, 의사전달은 정확한 정보일 뿐만 아니라 일관성 있는 정보로 가장 적절한 때에 전달되어야 한다.

다섯째, 의사전달의 내용은 관심과 흥미가 있어야 한다. 즉 의사전달의 효율성은 전달내용에 대한 관심과 흥미에 따라 많은 영향을 준다. 따라서 의사전달은 대상자와 지적 수준에 따라 전문성과 주제 선택을 적절히 조화롭게 해야 한다.

(2) 비언어적 의사전달

비언어적 의사전달은 언어와 직접적인 관련은 없지만 의사전달 시 상대방에게 중요한 영향을 줄 수 있다. 그 대표적인 경우로 옷차림, 표정, 눈길, 손짓, 몸짓(제스처), 태도, 신체접촉 등이 있다(안인숙, 2013: 51; 정정승, 2006; 정혜경, 1999). 특히, 비언어적 행위는 문화와 시대, 그리고 국가에 따라 다르게 표현되고 있다.

① 옷차림

옷을 통한 의사전달은 사회문화적 규범에 따라 의사전달의 강도와 문화적 배경, 경험 및 의식과 같은 다양한 변수에 달려 있다. 즉, 문화 간에 존재하는 옷차림의 규범을 따르지 않고 마음대로 옷을 입는다면 다른 사람으로부터 비판의 대상이 될 수 있다(추계자, 2007: 244). 따라서 비언어적 신호로서 옷차림도 주요 의사소통의 매체로 인식되고 있다. 이와 같이 옷차림은 상대방에 대한 예의와 상호 의사소통을 촉진시킬 수도 있고 저해할 수도 있다.

② 얼굴표정과 인상

얼굴표정과 인상은 자신의 감정을 그대로 표현하고 언어적 표현과 충돌되는 상황에서 나타나는 비언어적 표현이다. 비언어적 의사소통에서 얼굴표정과 인상은 의사표현의 보조적인 수단으로 매우 효과적이다(안인숙, 2013). 얼굴표정에서 드러나는 감정은 놀람(surprise), 행복(happiness), 슬픔(sadness), 공포(fear), 혐오(disgust), 분노(anger) 등으로 다양하게 표현될 수 있다(박지혜 · 김재홍 · 김대중, 2019).

③ 행동과 제스처

행동과 제스처는 보통 언어적 의사전달과 동시에 사용하는 것이 일반적이다. 몸짓 언어는 언어적 의사전달의 의미를 강화하고 확장하려는 목적으로 사용되고 있으며, 자신이 강조할 수 있는 의사표현의 보조수단으로 사용한다. 비언어적 행동과 제스처 및 몸짓은 언어적 표현을 보완할 뿐만 아니라 때로는 보다 진실한 정보를 제공한다. 다양한 제스처들은 몸짓, 구체적인 손짓, 머리 움직임 등이 상호 작용하면서 정서적 정보를 전달하는 데 매우 탁월한 기능을 한다(하승태 · 이희은, 2020: 161).

④ 신체접촉

신체접촉은 의사소통의 첫 번째 방법이다. 갓 태어난 아이는 신체접촉을 통해서 부모의 사랑을 느끼고 엄마와 아이는 수많은 신체접촉을 통해서 사랑을 표현한다. 의학적으로도 신체접촉은 정서적으로 안정감을 주는 필수적인 요소로 입증되었다. 인간관계에서도 신체접촉은 친밀성과 밀접한 관련성이 있으며, 상대방에 대한 신뢰, 관심, 애정, 격려 등이 포함되어 있다(정정승, 2006).

(3) 언어적 의사전달과 비언어적 의사전달의 비교

언어적 의사전달과 비언어적인 의사전달은 상호 간의 차이가 있다. 콘든(Condon)이 주장한 언어적 의사전달과 비언어적 의사전달의 차이점을 간략히 요약하면 표 4-6 과 같다(심규정, 2007: 7 재인용).

표 4-6 언어적 의사전달과 비언어적 의사전달의 차이점

언어적 의사전달	비언어적 의사전달
일반적으로 대중에게 잘 알려져 있고 문화와 인종에 따라 다르다.	보편적이고 자연적이며 학습되지 않은 행위도 포함된다.
일반적인 언어의 체계화가 되어 있다.	체계화되기 어렵거나 체계화시킬 수 없다.
사전(dictionary)이 있다.	수화와 관련된 것을 제외하고는 사전이 없다.

언어적 의사전달	비언어적 의사전달
반복해서 문의할 수 있다.	반복해서 문의할 수 없다.
내용을 의도적으로 왜곡할 수 있다.	내용의 통제와 왜곡이 어렵다.
언어와 내용이 일치한다.	언어와 일치하지 않는 경우가 많다.

출처: 심규정(2007), 한국어 교사의 비언어적 커뮤니케이션 연구, p. 7에서 재구성.

위와 같이 시대가 변함에 따라 언어적 표현과 비언어적 표현에 상당한 변화가 있다. 또한 국가와 지역에 따라 생활습관, 문화풍습, 정치적 배경 등이 언어행위에 긍정적 혹은 부정적 영향을 줄 수 있다(장영희, 2006).

2) 친밀한 인간관계

(1) 신뢰감

인간관계에서는 상호 간의 신뢰감을 바탕으로 전달자의 진솔한 마음을 전하는 것이 중요하다. 인간관계의 핵심은 상호 간 신뢰와 믿음이다. 따라서 친밀한 인간관계는 신뢰감을 높이기 위한 기본적인 원칙을 구축하는 것이 바람직하다.

(2) 책임감

친화적 인간관계는 메시지 전달에서 사회적 책임감을 중요하게 생각한다. 이러한 메시지는 정확한 정보와 검증을 통해 사회적 책임과 긍정적인 역할에 기대할 수 있다. 최근 정보통신의 발달에 따른 무책임한 정보와 검증되지 않은 정보의 홍수 속에서 의사전달의 책임감이 더욱 강조되고 있다. 왜냐하면 오늘날에는 의사전달 메시지에 대한 신뢰성과 정확성을 바탕으로 사회적 책임감이 따르기 때문이다.

(3) 상호 간의 이해

인간관계는 특정 집단이나 조직 및 개인을 위한 제한적인 것이 아니다. 상호 간의 이해와 배려를 통해서 친밀한 인간관계가 형성될 수 있다. 특히 정보화 및 4차 산업혁명의 시대에서는 친밀한 인간관계를 통해서 서로 소통하고 돕는 협력적 거버넌스의 인간관계를 만들어야 한다. 이와 같은 친화적 인간관계는 서로에 대한 배려와 이해가 전제되어야 한다.

(4) 열린 마음

의사전달 시 폐쇄적인 사고가 아닌 열린 마음으로 접근해야 한다. 열린 마음은 새로운 아이디어에 대한 수용과 인간관계를 만들어가는 중요한 요소이다. 또한 열린 마음은 다른 사람의 견해와 지식에 접근하는 방식과 개방성에 밀접한 관계가 있다. 따라서 의사전달 과정에서의 열린 마음은 기계적으로 구현하는 방법과 가이드가 아니라 자신의 솔직한 마음을 통해서 누구에게나 쉽게 접근할 수 있는 개방적 사고를 갖는 것이다.

3) 의사전달의 설득 방법 및 기법

의사전달의 설득 방법과 기법은 조직문화와 개인의 특성 및 성향에 따라 다양하게 설명될 수 있다. 이러한 방법과 기법은 이미 공공기관과 사기업에 많이 활용되고 있지만 최상의 방법과 기술이란 환경적인 측면과 개인적인 측면에 따라 고려되어야 한다. 이에 대해 살펴보면 다음과 같다(박보식, 2019: 291-294).

(1) 설득의 방법

① 논쟁을 피하라

미국의 링컨(Abraham Lincoln) 대통령은 논쟁을 좋아하여 "논쟁에는 이겼으나 친구는 잃었다"라고 했다. 최선의 설득은 논쟁 없이 상대방을 따르도록 설득하는 것이다. 또한 우리나라 속담에 "칼로 벤 상처는 쉽게 아물어도 혀로 벤 상처는 쉽게 치유되지 않는다"는 말이 있듯이 논쟁에서 입은 상처는 오래간다.

② 진정성 있게 설득하라

따뜻한 감정을 갖고 진솔한 마음으로 설득하면 효과가 크다. 특히, 진정성과 배려의 마음을 갖고 접근하면 효과적으로 설득할 수 있다.

(2) 효과적인 설득 방법

첫째, 상대방의 의견을 충분히 듣고 대응하라.

둘째, 상대방의 잘못을 지적하지 마라. 설사 상대방이 잘못한 말이라도 겸손하게 대하라.

셋째, 자기의 의견을 부드럽고 확실하게 말하라. 미국의 유명한 설득가인 벤저민 프랭클린(Benjamin Franklin)은 지나치게 강하면 부러지는 법이라고 강조했다.

넷째, 자기의 의견은 제3자를 통해 말하게 하라. 스스로를 옹호하는 것보다 제3자를 통해 말하는 것이 보다 효과적이다.

다섯째, 상대방이 우선 합의할 수 있는 화제를 찾도록 하라. 처음부터 쉽게 '예'라고 할 수 있는 내용으로 유도하는 것이 매우 중요하다.

여섯째, 상대방에게 새로운 생각이 떠오르게 하라. 자신의 머리에서 좋은 의견이 나오게 하라. 그리고 좋은 설득은 타협의 산물이다.

(3) 설득의 기법

효과적으로 설득하기 위해서는 중요한 증거와 객관적인 자료를 활용해야 하며, 공신력을 이용하고, 청중의 욕구를 공략하며, 서두르지 않아야 한다. 설득의 기법에는 기본적인 11가지 원칙이 있다(박보식, 2019: 292).

① 스마일 작전

스마일 작전은 상대방에게 "나는 당신을 좋아하고 있다"라는 메시지를 전달함으로써 상대방의 호감을 얻는 것이다. 따라서 설득에 성공하려면 먼저 상대방의 호감을 사도록 노력하는 것이 중요하다. "미소 짓는 사람이 최후에 웃는다"라는 의미를 가슴 깊이 새겨 두자.

② 선심 작전

"가는 말이 고우면 오는 말도 곱다"는 속담처럼, 인간에게는 상호성의 원칙이 존재한다. 즉, 다른 사람에게 내가 잘해 주면 반드시 이에 대한 보답이 온다는 원칙이다. 이 말에는 "뿌리는 자만이 거둘 수 있다"라는 의미가 포함되어 있다.

③ 양보 작전

상대방에게 적절한 감투를 씌워 주고, 단계적인 작전으로 처음에는 상대방이 받아들이기 힘든 커다란 요구를 한다. 상대방이 이를 거부하면 서서히 양보하는 행동으로 더 작고 현실적인 요구를 제시하는 것이다. 그러나 너무 터무니없는 요구를 하면 상대방이 처음부터 흥미를 잃기 때문에 설득에 실패할 수 있다.

④ 침투 작전

이 침투 작전은 처음에 대수롭지 않은 사소한 요구를 해서 받아들이게 한 다음 점진적으로 요구의 크기를 늘려가는 것이다. 즉, 큰 것을 원하면 작은 것부터 서서히 출발해야 한다.

⑤ 성공사례 작전

사람의 모방심리와 안전운행심리를 이용하는 작전이다. 즉, 확실한 아이디어가 부족한 사람은 타인이 하는 대로 따라하려는 경향이 강하다. 예를 들면, 출판사 세일즈맨이 책을 팔기 위해 "옆집 철수 어머니도 아이를 위해 백과사전을 샀으니, 순희 어머니도 아이들을 위해 책을 사 주십시오"라고 설득하는 것이다. 이렇게 타인의 성공 사례를 이용하여 상대방을 공략하는 작전이다.

⑥ 일관성 심리 이용 기법

사람은 누구나 일관성을 중시한다. 일관성이 있는 심리를 상대방의 설득에 이용하는 방법이다. 여기에는 상대방에게 자발적인 태도 변화를 유도하는 방법과 약속을 하고 이를 지키도록 압박하는 방법이 있다. 즉, 똑똑한 사람은 자신이 한 말에 대한 책임감이 강하기 때문에 이런 방법을 사용하는 것이 효과적이다.

⑦ 권위 활용 기법

일반적으로 사람은 권위에 취약하다. 어린 시절부터 부모님의 권위와 선생님의 권위에 복종하도록 훈련받아 온 우리는 권위에 거의 맹목적으로 복종하는 경향이 있다. 즉, 위엄이 있어야 상대방을 쉽게 제압할 수 있다. 특히, 계급사회에서 원활한 설득을 위해서는 높은 계급의 사람을 설득해 그 부하에게 자발적으로 지시하도록 하면 효과가 매우 크다.

⑧ 동기화 기법

청중의 욕구를 이용하는 설득 기법으로 상대방의 욕구를 정확히 파악하여 집중적으로 공략하는 것이다. 여기서 욕구란 그 사람의 취미나 특기 등을 의미하며 해당 부분을 정확히 파악해 그 분야를 집중적으로 공략하는 방법이다.

⑨ 공포 분위기 조성

상대방의 두려움을 이용하는 방법이다. 즉, 상대방의 마음속에 공포심을 일으켜 위험한 상황을 초래하지 않으려면 지금 추천하는 방법을 따라야 한다고 주장하는 방법이다. 죽음 앞에 초연한 사람은 아무도 없다. 대표적인 사례로 공포 분위기를 조성해 약을 판매하는 경우를 들 수 있다.

⑩ 체면의식 이용 기법

우리나라 사람은 서양인에 비해서 체면의식이 매우 강하다. "한국인은 체면에 살고 체면에 죽는다"는 말까지 있을 만큼 우리 사회는 체면을 중시하는 문화에 익숙해졌다. 특히, 높은 사회적 계층에 있는 사람에게 체면의식을 이용해 설득하면 효과가 크다. 예를 들면, 사회상류층과 대기업 총수가 기부문화에 보다 적극적으로 동참할 수 있도록 기부금의 용도와 기부액을 언론에 공개 및 홍보하는 것도 하나의 방법이다.

⑪ 면역 기법

자신의 약점을 숨기지 말고 어차피 알려질 사실이라면 자기 입으로 알리는 것이 좋다. 자기가 스스로 이야기해야 자신의 단점이나 상대방의 장점을 자기 쪽에 유리하게 묘사할 수 있기 때문이다. 즉, 면역효과를 기대하는 것으로 숨길 수 없는 부분만 간략히 이야기하는 것이다.

5. 의사전달과 정보교환의 관계

의사전달은 둘 이상 상호 간의 정보교환 또는 전송이다. 일반적으로 사람들은 상호 간의 정보공유를 통해서 자기발전에 긍정적인 영향을 미친다고 본다. 인류는 자신의 개인적인 경험뿐만 아니라 경험과 정보 교환을 통해서 학습하고 지속 가능한 발전을 기대한다. 이와 같이 의사전달은 아이디어를 교환할 때 새로운 환경변화와 도전에 적극적으로 대응할 수 있다. 특히 의사전달 과정에서 주고받는 정보는 개인의 감정과 미래를 변화시킬 수 있다. 그러나 일부 사람들은 자신에게 부담을 줄 수 있는 과다한 정보를 피하는 경향이 있다. 이렇듯 정보는 현재와 미래를 더 잘 발전시키는 데 도움이 될 수 있는 한편, 과다한 정보와 불필요한 정보의 교환은 타인에 대한 불신과 부정적 영향을 줄 수 있다.

스티브 잡스의 성공 10계명(The 10 Commandments of Steve)

1. 완벽해져라(Go for perfect)

잡스는 미세한 부분까지 꼼꼼하게 챙겼다. 아이팟(iPod)이 처음 출시되기 전날 애플 직원들은 이어폰 잭을 교체하느라 밤을 새워야 했다. 이어폰을 꽂을 때 '딸각' 하는 느낌이 나지 않았기 때문이다.

2. 전문가에게 도움을 구하라(Tap the experts)

잡스는 이름난 건축가 아이 엠 페이(I. M. Pei·루브르 박물관 피라미드

설계자)를 영입해 컴퓨터 시스템 '넥스트(NeXT)'의 로고 디자인을 맡겼다. 또 잡스는 어패럴 소매 대기업 갭(GAP)의 대표 미키 드렉슬러(Drexler)를 이사로 영입, 애플 제품 전용판매공간인 '애플 스토어'의 혁신을 가져왔다.

3. 냉혹한 판단을 해라(Be ruthless)

잡스는 그가 만든 제품이 기존 제품을 뛰어넘을 때 자랑스러워했다. 그는 1세대 PDA로 불리는 팜파일럿을 개발하는 데 힘을 쏟았지만, 결국 휴대전화가 PDA를 뛰어넘을 것으로 생각했다. 기술자들을 대거 아이팟 제품 개발에 투입하기도 했다.

4. 소수의 의견에 연연하지 마라(Shun focus group)

잡스는 "사람들은 당신이 직접 보여주기 전까지는, 자신이 정말 원하는 것을 알지 못한다"는 유명한 말을 남겼다. 그는 견본이 나오면, 이 견본품을 자신의 집으로 가져다가 몇 달 동안 써봤다.

5. 연구를 멈추지 마라(Never stop studying)

초반에 애플의 브로슈어를 제작할 당시, 잡스는 일본 소니 브로슈어의 글자 폰트와 레이아웃, 종이의 무게까지 분석했다. 처음 맥 컴퓨터의 케이스 디자인을 구상할 때 그는 주차장을 돌아다니며 이탈리아나 독일 명차들의 외형 디자인을 연구하기도 했다.

6. 단순화하라(Simplify)

잡스의 디자인 철학은 끊임없이 단순화하는 것이다. 그는 아이팟 디자이너들에게 전원을 제외하고 모든 버튼을 없애라고 지시했다. 디자이너들은 불평했지만, 아이팟의 상징이 된 '원형 스크롤'이 탄생했다.

7. 비밀을 지켜라(Keep your secrets)

정말 필요한 것이 아니면 애플에 대한 얘기 자체를 하지 마라. 잡스의 '비밀주의'는 애플의 신제품에 대한 소비자들의 궁금증을 더욱 증폭시켰다. 그의 신제품 발표는 언제나 화젯거리가 됐다.

8. 조직은 작게 꾸려라(Keep teams small)

애초에 매킨토시를 개발하는 팀은 100명이었다. 누군가 101번째로 고용된다면, 이 사람을 위해 누군가는 짐을 싸서 나가야 했다. 잡스는 직원 100명의 이름을 다 외울 수 있었다.

9. '채찍'보다 '당근'을 많이 줘라(Use more carrot than stick)

잡스는 무시무시한 상관이었지만, 그의 카리스마는 직원들이 회사를 떠날 수 없게 했다. 그의 열정 때문에 매킨토시(Mac) 개발팀 직원들은 3년간 주당 90시간을 일하는 강행군을 했고, 세계적 히트상품인 매킨토시를 탄생시켰다.

10. 견본품도 최고로 만들어라(Prototype to the extreme)

잡스는 견본품도 최선을 다해 만들도록 했다. 하드웨어와 소프트웨어는 물론, 애플 스토어 등과 같은 것도 애플 본사 근처 창고에서 1년여 시간을 투입해 견본매장을 만들어보도록 했다. 이 견본 제품과 매장들이 합격점을 따야만 어떤 프로젝트든 시작될 수 있었다.

출처: 조선닷컴(인터넷판/2011.09.06)

제3절 _ 리더의 성공적인 연설기법

세계적으로 유명한 연설가이자 사상가인 에머슨(R. W. Emerson)은 "훌륭한 연설가들도 처음에는 형편없는 연설가였다"고 했다. 훌륭한 연설가는 만들어지는 것이지 타고난 것이 아니다. 케네디나 루스벨트 대통령, 그리고 영국의 처칠 수상도 훌륭한 연설을 하기 위해 많은 시간과 노력을 투자했다. 명연설을 위해서는 다음과 같은 몇 가지 사항에 주의해야 한다(박보식, 2019: 295-297).

1. 철저한 사전준비와 명료한 의사전달

1) 사전준비를 철저히 하라

위대한 것은 하루아침에 만들어지는 것이 아니다. 유명한 연설가가 되기 위해서는 남다른 준비와 노력이 필요하다. 연설에 대한 철저한 사전준비와 노력은 연설의 성공과 실패를 좌우한다.

2) 인상적인 서두를 내세워라

"시작이 반이다"라는 말은 대중연설에서 교훈적인 말이다. 처음에 잡지 못한 물고기를 다시 잡기란 어렵다. 즉, 멋진 서두는 멋진 연설을 만드는 지침이다.

3) 명료하게 의사전달을 하라

말에는 지우개가 없다. 한번 쏘아버린 화살처럼, 한번 엎지른 물처럼 말의 실수에 대해 청중은 관용을 베풀지 않는다. 그래서 연사는 자신의 논점을 철저히 고찰한 후에 분명한 메시지를 가지고 대중 앞에 서야 한다. 즉, 돌다리도 두드려 보는 심정으로 자신의 논점을 정확히 파악해야 한다.

2. 교훈적이고 함축적인 언어 사용

1) 교훈적이고 유쾌한 언어를 사용하라

유능한 연사는 청중이 좋아하는 화제를 제공하고 교훈적인 말을 하는 사람이다. 연사는 맛있는 음식을 만드는 요리사로 비교할 수 있다. 훌륭한 요리사는 맛과 영양분의 조화를 적절히 잘 이루어야 하듯, 유능한 연사는 재미와 가치를 잘 조화시켜야 한다.

2) 사례를 통한 확신을 주어라

청중과 일치하려면 누구든지 알고 있는 내용을 예로 들어서 이해시키는 것이 좋다. 다시 말하면 사례를 통해서 청중을 이해시키고 사로잡아야 한다.

3) 열정적이고 감동적으로 말하라

장작더미에 불을 붙이려면 먼저 성냥개비가 불타야 하듯이, 청중을 감동시키려면 먼저 연사 자신이 열정적으로 불타오르지 않으면 안 된다. 열정적이고 생기 있는 말이란 청중을 향한 연사의 눈동자가 빛나고, 목소리가 용솟음치듯이 반사되며, 태도가 생동적으로 표현되는 박진감 넘치는 표현을 의미한다.

4) 간략한 회화형으로 하라

회화형 연설은 어조뿐만 아니라 내용, 즉 예화 속에 대사체를 삽입하여 실감나게 표현하는 것이다. 즉, 중요한 부분은 그림을 그리듯이 자세히 설명함으로써 청중들을 몰입시킬 수 있다.

5) 함축적인 말로 짧게 하라

훌륭한 연설의 기준은 길이가 아니라 깊이에 있다. 영국의 위대한 정치가이자 연설가인 처칠 수상의 연설은 짧으면서도 함축성이 담겨 있는 것으로 알려져 있다. 즉, 짧은 말과 언어로 쉬운 문장을 사용하는 사람이 명연설가이다.

3. 제스처와 강력한 표현

1) 제스처를 적절히 사용하라

연사는 청중 앞에서 적절히 손짓과 몸짓을 활용하여 청중이 집중할 수 있도록 해야 한다. 연설 중에 사용하는 제스처는 청중의 입맛을 돋우는 양념이며, 말을 빛나게 해주는 액세서리이자 청중을 통제 및 관리하는 지휘봉이라 할 수 있다. 따라서 연설에 생동감을 주는 제스처와 적시에 말과 같이 표현되는 제스처를 익히도록 노력해야 한다.

2) 강력한 표현으로 여운을 남겨라

위대한 연설은 대부분 감동적인 짧은 말로 마지막을 장식한다. 미국의 독립전쟁을 승리로 이끈 헨리(P. Henry)의 "나에게 자유를 달라! 그렇지 않으면 죽음을!"이라는 말과, 맥아더(D. MacArthur) 장군의 "노병은 결코 죽지 않는다. 다만 사라져 갈 뿐이다"라는 말은 깊은 여운을 남긴다. 마지막 부분의 강렬한 말 몇 마디가 앞의 긴 연설 전체보다 더 무게 있고 창조적이며, 깊은 여운을 남기기 때문이다(박보식, 2019: 297).

제4절 _ 리더와 스마트(SMART) 기법

1. 스마트(SMART) 기법의 개념

리더는 스마트(SMART) 기법을 활용하여 조직의 목표를 명확히 설정하고 보다 효과적으로 달성할 수 있는 목표를 설정해야 한다. SMART 기법은 목표를 구체적이고 체계적으로 수립하는 데 필요한 핵심 요소를 제시하여 구성원들이 목표를 이해하고 실행하기 쉽도록 한다.

1981년 조지 도란(George T. Doran)은 그의 논문 〈*There's a S.M.A.R.T. Way to Write Management's Goals and Objectives*〉에서 SMART 기법을 처음 소개하였다(Doran, 1981). 그는 조직이 성과 목표를 설정할 때 모호하고 추상적인 방식에서 벗어나, 명확하고 실현 가능한 목표를 수립해야 한다고 주장하였다. 이를 위해 도란은 SMART라는 개념을 도입하여 조직의 목표 설정 및 달성 과정을 보다 구조화된 접근 방식으로 개선하려 했다. 여기서 SMART의 개념은 알파벳 첫 머리글자에 따라 다음과 같이 5가지 기준으로 설명하고 있다.

첫째, 구체적(Specific)이다. 리더는 조직에서 목표를 명확하고 구체적으로 설정해야 한다. 이것은 리더가 조직의 방향성을 분명히 하고, 구성원이 목표를 쉽게 이해하며 행동에 실천할 수 있도록 한다.

둘째, 측정 가능(Measurable)해야 한다. 리더는 조직에서 목표달성 여부를 객관적으로 판단할 수 있는 측정 기준이 있어야 한다. 따라서 리더는 측정 가능한 기준을 제시하여, 목표를 수치화하거나 혹은 평가할 수 있는 기준을 만들어야 한다.

셋째, 달성 가능(Achievable)해야 한다. 조직에서 목표는 현실적이고 달성 가능해야 한다. 특히, 리더는 조직목표에 달성 가능한 요소를 통해 현실적인 목표를 세우고, 이를 통해 구성원들이 목표달성을 믿고 도전할 수 있도록 유도해야 한다.

넷째, 관련성(Relevant)이 있어야 한다. 조직의 목표는 조직의 비전과 전략적 방향과 관련성이 있어야 한다. 이를 통해 구성원들이 조직의 전체적 맥락 속에서 목표의 중요성을 이해하고 동기화될 수 있다.

다섯째, 시간 제한(Time-bound)이 따라야 한다. 리더는 목표달성을 위한 명확한 시간적 제한을 설정함으로써 구성원들이 우선순위를 정하고 효율적으로 작업할 수 있도록 해야 한다.

이와 같이 SMART 기법의 개념을 S.M.A.R.T.의 첫 글자에 따라 설명하면 리더는 조직에서 목표설정을 할 때 구체적인 목표를 세우고(Specific), 그 목표가 측정 가능해야 하며(Measurable), 또한 그 목표가 달성 가능하고(Achievable), 목표에 대한 관련성(Relevant), 그리고 목표달성에 대한 시간적 제한(Time-bound) 등을 바탕으로 목표를 설정하는 것이다.

2. 스마트(SMART) 기법의 역사적 배경

인간은 수천 년 동안 조직과 개인에게 현재와 미래를 위한 목표설정과 목표달성을 위해 노력헤 왔다. 인간은 더 나은 목표를 설정하는 방법에 대한 이론과 실천을 다양한 분야에서 찾게 된다. 특히 일부 학자들은 조직에서 효율적인 조직의 목표달성과 개인의 목표달성에 대한 많은 관심을 가졌다. 특히, 조직목표에 대한 개념으로 이미 1940년대 공학 및 교육학자들이 구체적이고 측정 가능한 목표설정에 대한 연구를 하였다(Morrison, 2010).

그림 4-1 에서 보듯이 미래학자로 지칭되는 피터 드러커(Peter Drucker)는 1954년에 발간된 《*The Practice of Management*》에서 처음으로 목표에 의한 관리(MBO)를 언급하였다(Starbucks, 2017: 81). 그 후 1960년대에 에드윈 로크(Edwin Locke)가 실시한 연구에 따르면 직원들은 자신의 성과와 명확한 목표에 대한 피드백을 받았을 때 더 많은 동기를 부여받는다는 것이다. 이러한 연구는 1980년대까지 계속되었고, SMART 기법을 처음으로 문서화한 것은 1981년 미국의 경영 컨설턴트 조지 도란(George T. Doran)이었다(Lawlor & Hornyak, 2012).

그림 4-1 스마트(SMART) 목표의 역사적 발전과정

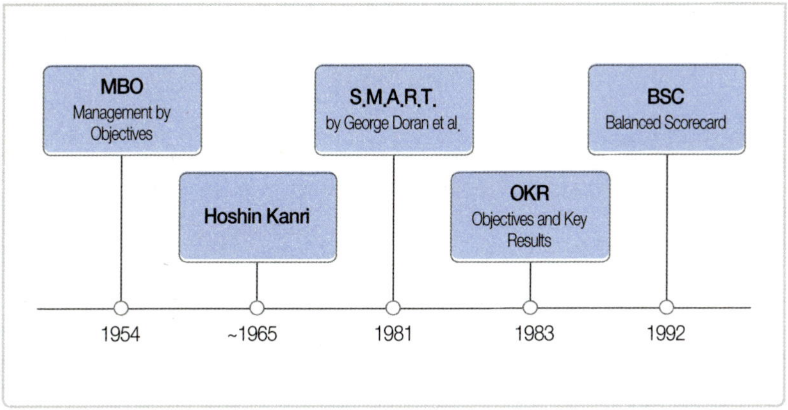

출처: https://mooncamp.com/blog/smart-goals

여기서 SMART 기법의 역사적 배경은 목표설정과 성과관리의 발전과 밀접한 관련이 있다. 1981년 조지 도란이 〈*Management Review*〉 저널에 발표한 논문에서 목표설정이 조직의 성공에 필수적이라고 강조하면서, 효과적인 목표를 설정하기 위한 구체적인 기준을 제시한 것이다(Doran, 1981). 그 당시 기업들은 비효율적인 목표설정으로 인해 성과 측정 및 저하 문제를 겪었고, 도란은 이러한 문제를 해결하기 위해 SMART 원칙의 도입을 주장했다. 특히 1980년대와 1990년대에 걸쳐 경영학과 인적 자원 관리 및 교육학 분야에서 SMART 기법이 널리 확대되었다. 그리고, SMART 기법은 1990년대 이후 정보 기술과 데이터 분석의 발전과 함께 더욱 중요해졌다(Institut für Textiltechnik der RWTH Aachen University, 2024; Pastoors, 2018: 156). 즉, 기업들은 성과를 측정하고 관리하는 데 있어서 데이터 기반의 접

근 방식을 채택하게 되었고, SMART 원칙을 목표설정의 표준으로 삼았다.

최근 독일은 교육 분야에서도 SMART 기법을 널리 활용되기 시작했다(Christoph, 2021: 73-75). 교사와 교육 기관들은 학생들의 학습목표를 설정할 때 SMART 원칙을 적용하여 더 효과적인 학습환경을 조성하고자 노력하고 있다.[1)]

또한 개인역량 개발, 기업프로젝트 관리, 비영리조직 운영 등 다양한 분야에서 SMART 기법이 보편화되고 있다.

결과적으로 SMART 기법은 조직과 개인 모두에게 목표설정의 명확성을 제공하며, 성과를 극대화하는 데 적극적으로 활용할 수 있다. 이처럼 SMART 기법의 적용은 조직과 개인의 목표달성 과정에서 동기부여와 책임감을 증진시키는 데에도 도움이 된다. 또한, 리더는 조직이 추상적이고 애매한 목표로 인해 성과를 측정하거나 달성하는 데 어려움이 있다면, 이를 해결하기 위한 실질적이고 체계적인 방안으로 SMART 기법을 유용한 도구로 사용할 수 있다.

3. 스마트(SMART) 기법에 따른 이해와 사례

이미 SMART 기법의 개념에서 간략히 설명하고 있지만, 여기서는 구성요소에 따른 기본사례를 설명함으로써 SMART 기법의 이해와 응용 능력을 높일 수 있는 구성사례를 설명하고자 한다.

1) https://www.doodleteacherblog.de/post/smarte-ziele

① 구체적(Specific): 조직은 목표가 명확하고 구체적으로 정의되어야 한다. 즉, 추상적인 목표는 행동계획을 수립하기 어렵게 만든다. 따라서 흔히들 말하는 "체중을 감량한다"는 일반적인 목표보다는 "3개월 동안 체중을 5kg 감량한다"와 같이 목표가 구체적일수록 달성도를 높인다.

② 측정 가능(Measurable): 조직의 목표는 측정 가능한 방식으로 설정되어야 한다. 왜냐하면 이를 통해 목표달성 여부를 평가할 수 있기 때문이다. 예를 들어, 경영인 혹은 관리자는 "매출 혹은 생산량을 늘린다"라는 막연한 목표 대신 "1년 동안 매출을 20% 증가시킨다"와 같은 목표를 세워 성과를 수치로 측정 및 평가할 수 있어야 한다.

③ 달성 가능(Achievable): 목표는 현실적이고 달성 가능한 범위 내에서 설정되어야 한다. 리더가 조직의 목표를 지나치게 높게 설정하면 조직구성원들에게 좌절감을 줄 수 있고, 반면에 지나치게 낮은 목표는 동기부여를 떨어뜨릴 수 있다. 예를 들어, 신생 스타트업이 1년 내에 시장점유율 50%를 차지하려는 것은 비현실적일 수 있지만, 10% 성장은 가능할 수 있다. 이와 같이 리더는 조직구성원들이 달성 가능하도록 목표를 구체화하는 것이 바람직하다.

④ 관련성(Relevant): 목표는 조직이나 개인의 장기적인 비전과 연관되어 있어야 한다. 목표가 당면한 문제해결이나 비전달성에 직접적으로 관련되어야 한다. 예를 들어, 한 회사가 신제품 출

시와 매출 확대를 목표로 할 때, "기술부서의 역량강화를 위해 직원교육을 3개월 내 완료한다"는 목표는 회사의 장기적인 성공과 전략에 밀접한 관련이 있다.

⑤ 시간 제한(Time-bound): 목표는 달성기한이 명확히 설정되어야 한다. 조직구성원들은 목표달성에 대한 기한이 없으면 그에 대한 긴박감이 줄어들고, 결과적으로 성과를 달성하는 데 어려움이 생긴다. 예를 들어, "1년 내에 고객 만족도를 현재보다 80% 높인다"는 목표는 기한이 명확히 설정된 것이며, 이를 통해 목표달성을 위한 계획을 체계적으로 세울 수 있다.

4. 스마트(SMART) 기법의 기대효과

1) 명확한 목표설정

리더는 SMART 기법을 활용하여 목표를 구체적이고 명확하게 설정함으로써 구성원들에게 명확한 방향성을 제공할 수 있다. 이러한 목표설정은 목표가 특정되고 측정 가능한 형태로 제시되어, 각 구성원이 자신의 역할과 책임을 분명히 이해할 수 있다. 예를 들면, 단순히 "매출 증가" 대신 "다음 분기까지 매출 10% 증가"라는 목표를 설정하면 구성원들은 구체적인 성과지표를 가지고 실행할 수 있다. 이와 같이 명확한 목표설정은 조직구성원들의 혼란을 최소화하고 각자 할 일을 명확히 인식하여, 각 구성원이 목표달성에 집중할 수 있다. 결과적으로 리더는 구성원들이 서로 협력하며 효율적으로 목표를 향해 나아가도록 유도할 수 있다.

2) 동기부여

리더가 SMART 기법에 따라 측정 가능한 목표를 설정하고 목표달성이 가능하면, 구성원들은 자신의 기여가 실질적인 결과로 연결된다는 확신을 갖는다. 이러한 확신은 구성원들이 목표달성을 위해 더욱 적극적으로 행동하게 하며, 자신의 역할을 인식하고 자발적으로 참여하게 한다. 예를 들면, 생산자가 "이번 달 판매 목표 10건 달성"이라는 목표를 설정하면, 각 구성원은 자신의 진행상황을 쉽게 추적할 수 있어 성취감을 느끼게 된다. 리더는 이 과정에서 구성원들의 작은 성과에 대해 지속적으로 긍정적인 피드백을 제공함으로써 그들의 노력을 인정하고 격려할 수 있다. 또한 이러한 피드백은 구성원들에게 자부심과 동기부여를 촉진하고 더욱 높은 성과향상에 긍정적인 영향을 줄 수 있다.

3) 성과평가

성과평가는 SMART 기법으로 정한 목표를 통해 성과를 구체적이고 측정 가능한 방식으로 설정하기 때문에 리더가 조직구성원의 진행상황을 쉽게 모니터링하고 성과평가를 할 수 있다. 예를 들면, 최고경영자 혹은 최고관리자가 "고객만족도 90% 이상 유지"라는 목표를 설정하면, 리더는 정기적으로 고객 피드백을 분석하여 성과를 확인해야 한다. 이 과정은 구성원의 강점과 약점을 파악할 수 있으며, 리더는 주변 환경변화에 따라 필요시 목표조정이나 지원을 긴급히 제공하는 데 유용하다. 또한, 성과평가는 구성원들에게 피드백과 보상을 제공하여 새롭게 목표설정을 재설계할 수 있다.

4) 팀워크 강화

조직에서 팀워크 강화는 SMART 기법을 통해 목표가 팀의 비전과 일치할 때 더욱 효과적으로 이루어진다. 조직의 팀원들이 공동의 목표를 공유하면, 서로 협력하여 성과를 달성하는 데 유익하다. 이러한 협력적 관계는 팀원 간의 소통을 증진시키고, 서로에 대한 신뢰를 높일 수 있다. 이와 같이 조직에서 지향하는 목표가 명확할수록 팀원들은 자신의 역할을 이해하고, 그에 맞춰 행동하기 때문에 소속감과 팀워크가 강화된다. 결과적으로 팀워크는 조직이 지향하는 목표와 방향을 높이고, 팀 전체의 성과도 긍정적인 영향을 받게 된다. 따라서 리더의 SMART 목표는 이러한 협력적 환경을 조성하는 데 중요한 역할을 하게 된다.

5) 책임감 증대

리더와 조직구성원은 SMART 기법을 통해 구체적이고 측정 가능한 목표를 설정함으로써 책임감을 높일 수 있다. 예를 들면, "이번

달 프로젝트 마감일까지 중요한 자료 준비"라는 목표는 리더와 각 구성원이 해야 할 일을 분명히 하여, 책임감을 증대시킨다. 즉, 각 구성원은 자신의 기여가 전체 목표에 미치는 영향을 인식하게 되고, 이를 통해 더 적극적으로 참여하게 된다. 리더는 이러한 책임감을 바탕으로 구성원들에게 피드백을 제공하고, 성과를 인정함으로써 긍정적인 행동을 강화할 수 있다. 결과적으로 책임감의 증대는 리더와 구성원들의 성과 향상에도 긍정적인 영향을 줄 수 있다.

이와 같이 리더와 SMART 기법의 관계는 목표설정에 있어 구체적이고 명확한 기준을 제공함으로써 개인과 조직의 성과를 극대화하는 데 유용하다. 리더는 SMART 기법을 활용하면 목표달성 과정에서 효율성과 성과를 관리하는 데 유용하며, 이를 통해 다양한 시너지 효과를 기대할 수 있다.

제5절 _ 리더십과 빙산 모델(Eisbergmodell)

오늘날 빙산 모델(Eisbergmodell)은 다양한 분야에서 학술적 연구뿐만 아니라 위기관리, 갈등관리, 조직문화의 이해 등의 영역에서 사용되고 있다. 그리고 빙산 모델의 관점에서 볼 때, 리더십과 커뮤니케이션에서는 사실적 · 가시적 측면과 비가시적 · 숨겨진 측면을 함께 심도 있게 고려해야 한다. 이와 같이 빙산 모델은 의사소통과 위기관리, 갈등관리, 문제해결 등의 영역에서 심리학(성격 모델), 사회학(갈등의 원인), 교육학(학습심리학), 경영학(프로젝트 관리, 조직개발) 등에서도 널리 활용되고 있다(MacDonald, 2008).

1. 빙산 모델의 개념

빙산 모델은 언급했듯이 많은 학문 분야, 즉 심리학, 사회학, 교육학, 경영학 등에서 응용했던 빙산의 일부 보이는 면과(sichtbare Teil), 훨씬 더 많은 부분에서 눈에 보이지 않는 면(unsichtbare Teil)을 상호 비유해 커뮤니케이션에서 적용하고 있다. 이것은 과학적 이론과 검증이 아니라 일상생활에서 메시지를 보다 명확하고 다양한 영역에서 사용하는 것을 비유한 것이다(MacDonald, 2008: 124-125). 지금까지 빙산 모델에 대한 통일된 정의는 없으나 사회과학 분야에서 생산적, 효율적, 성공적, 조직관리와 리더십, 갈등관리 및 위기관리 등의 행동에 긍정적 혹은 부정적인 영향을 찾는 것이 중요하다. 이처럼 빙산 모델은 다양한 분야에서 많은 전문가들이 복잡한 문제에 대한 심층적인 이해와 리더십 발휘를 위해서 사용하는 모델이다.

빙산 모델의 개념은 모든 사물의 영역에서 작은 부분만 보지 말고 더 큰 부분인 수면 아래에 숨겨져 있는 것(verborgene Teil)을 찾는 것이다. 즉, 인간은 작은 부분만 보고 쉽게 판단할 수 있으나, 중요한 것은 눈에 보이지 않는 부분을 인지하고 판단하는 것이다. 좀 더 구체적으로 설명하면 빙산 모델에서 인간의 의사소통은 빙산처럼 눈에 보이는 작은 부분에 지나치게 의존하지 말고, 특히 보이지 않는 부분까지 폭넓게 인식하는 것이다. 따라서 빙산 모델에서는 특정 주제의 모든 측면을 상세히 분석하고, 최대한 조직의 목표에 대한 갈등과 문제점을 이해하며 새로운 해결책을 찾아야 한다.

이러한 빙산 모델에 대해 연구자들은 빙산처럼 가시적이고 의식적 수준(20%)과 눈에 보이지 않는 무의식적인 수준(80%)으로 분류해 사실적 수준과 관계 수준('수면 아래')으로 보고 있다(Brunssen & Hilligweg, 2020; Langmaack, B. & Braune-Krickau, M., 2000). 오늘날 모든 영역에서 인간의 의사소통도 마찬가지이기 때문에 리더의 사고는 비가시적 · 무의식적인 영역까지 고민해야 한다. 결국, 빙산 모델은 이 두 가지 수준을 이해하는 것이 중요하다. 따라서 리더는 복잡한 상황에 대한 보다 심층적인 정보를 얻을 수 있으며, 의사소통 또는 갈등해결과 같은 영역에서 예측할 수 없는 영역을 고려해 상황판단을 하는 데 중요한 자료로 눈에 보이지 않은 관계적 수준을 예측해야 한다.

2. 빙산 모델의 이론적 배경 및 발달

1) 빙산 모델의 아이디어

'빙산 모델'이라는 단어의 어원은 미국 작가이자 노벨 문학상 수상자인 어니스트 헤밍웨이(Ernest Hemingway)가 1930년대에 빙산을 은유로 사용하면서 시작되었다(https://de.wikipedia). 그러나 그 당시의 빙산 모델이란 의사소통에 관한 것이 아니라 문학적 문체 중 하나로 사용되었다(www.buero-kaizen.de/). 헤밍웨이는 이 은유를 통해 작가가 등장인물(캐릭터)의 모든 세부사항을 설명할 필요가 없다는 것을 표현하며, 독자가 물에 떠 있는 빙산처럼 그 일부분만 인식할 수 있다면 충분하다고 보았다.

2) 프로이트(Freud)와 바츨라윅(Watzlawick)에 의한 빙산 모델의 발달

빙산 모델의 개념은 종종 정신분석학자인 프로이트(S. Freud, 1856-1939)와 연결시켜 논의하곤 했다. 오스트리아 신경생리학자이며 정신분석학의 창시자인 프로이트가 이 모델을 직접 창시하진 않았지만, 프로이트는 정신의 구조적 모델의 성격 이론에서 인간의 의식을 3가지 영역으로 분류하였다. 즉, 프로이트는 인간의 정신을 3가지 형태로 분류하였다(Nitzschke, 2010: 47; https://de.indeed.com). **그림 4-2** 에서 볼 수 있듯 이는 ① (Es: Lustprinzip): 쾌락 원칙(충동, 소망, 욕구), ② 초자아(Ueber-Ich: Moralitaetsprinzip): 도덕성 원칙(규범, 가치, 도덕성), ③ 자아(Ich: Realitaetsprinzip): 현실원칙(욕망과 합리적 초자아 사이의 중간 지점으로서의 실제 행동) 등으로 설명되었다(Gerrig & Zimbardo, 2008; https://de.wikipedia.).

그림 4-2 프로이트의 Eisbergmodell

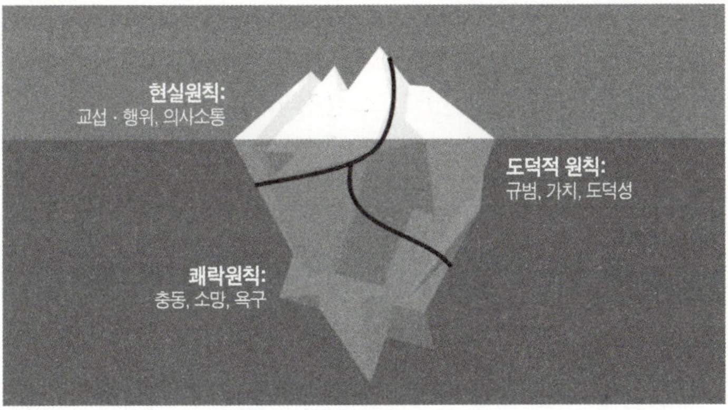

출처: https://studyflix.de/biologie/eisbergmodell-2693(검색일 2024.09.30)

이와 같이 프로이트에 따르면 Es와 초자아(Ueber-Ich)는 대부분 잠재의식에 있다.[2] 따라서 쾌락원칙(Es)은 빙산에서 보이지 않는 부분을 구성하고 있으나, 이는 눈에 보이는 인간행동과 의사소통, 즉 자아에 영향을 미치는 것으로 간주한다. 이러한 연구를 통해 1910년대와 1920년대 인간의 사고와 행동을 기반으로 한 무의식의 역할과 영향이 폭넓게 대중에게 알려지게 되었다(Meyer, 1925).

그 후 오스트리아의 철학자이자 심리치료사인 폴 바츨라윅(Paul Watzlawick) 등에 의해서 1960년대 말 빙산 모델을 커뮤니케이션 이론에 처음으로 적용하였고, 그의 연구에 따라 학문적으로 발전하

2) 자세한 것은 Freud의 논문 〈Das Ich und das Es〉(1923) pp. 10-19 참조.https://psychanalyse.lu/Freud/FreudIchEs.pdf.

게 되었다. 그리고 심리학자로서 영향력 있는 필립 짐바르도(Philip Zimbardo)와 플로이드 루치(Floyd Ruch)를 통해 빙산 모델은 1970년대에 교과서에 등장하였고, 그 후에도 빙산 모델은 다양한 학문적 분야 및 기업 분야에서 꾸준히 연구되고 발전되어 왔다(www.bucro-kaizen.de/).

빙산 모델에 따르면 의사소통 상황에서는 대부분 정보가 직접 보이는 것이 아니라 빙산처럼 표면 아래에 존재하고 있으며, 그중 극히 일부만을 생각할 수 있다. 따라서 빙산 모델의 핵심은 복잡한 조직 및 구성원 사이에 오해와 갈등이 종종 숨겨진 관계 수준에서 발생할 수 있다는 것이다. 그럼에도 불구하고 일반적으로 리더는 눈에 보이는 수준에서만 집중하고 더 깊은 의미와 감정 등을 고려하지 않을 수 있다. 그래서 빙산 모델에서 볼 수 있듯이 리더는 효과적인 의사소통은 하는 데 있어서 사실적 · 가시적인 관계에서 보이는 명확한 메시지뿐만 아니라 숨겨진 의미 혹은 보이지 않는 것을 예견하고 인식하여 문제해결을 하는 것이 중요하다(Hall, 1976: Watzlawick, Paul, Beavin, Janet, Jackson, & Don, 1967).

이러한 맥락에서 빙산 모델은 리더가 조직에서 개인적이든 집단이든 복잡한 커뮤니케이션 상황에서 중요한 오류와 갈등을 줄이고 더 깊은 수준의 이해와 커뮤니케이션의 질적 관리를 하는 데 유용하다.

3) 빙산 모델의 적용 분야

빙산 모델은 이미 언급했듯이 다양한 분야에 적용될 수 있으며,특히 조직관리, 위기관리 및 갈등관리, 변화관리, 그리고 의사소통 등의 분야에서 활용될 수 있다(Hall, 1976; Kotter, 1996).

첫째, 조직관리(organization management)는 리더들이 표면적으로 드러나는 문제(성과 저하, 직원 불만 등)와 근본적인 원인(조직의 문화, 신념, 태도 등)을 파악하고 조직관리를 해야 한다.

둘째, 위기관리 및 갈등관리는 조직에 예측할 수 없는 변수가 존재할 수 있고, 상호 간 내면적인 갈등이 존재하기 때문에 표면적으로 나타나지 않지만 영역이 중요하다.

셋째, 변화관리(change management)는 급변하는 환경변화 속에서 신속히 대응하기 위해서 구성원들의 표면적인 저항만이 아닌, 그 이면에 자리 잡은 구성원들의 심층적인 가치와 신념을 파악함으로써 적극적인 대응을 해야 한다.

넷째, 효과적인 커뮤니케이션(effective communication)은 상대방의 표면적인 인상, 얼굴, 말투뿐만 아니라 그 이면에 숨겨진 의도나 감정을 이해하는 것이 필요하다.

3. 빙산 모델의 구조와 핵심 내용

1) 빙산 모델의 구조

빙산 모델의 구조는 서로 관련된 2가지 수준인 사실 수준과 관계

수준에 대한 것을 세분화할 필요가 있다. 여기에서 이를 좀 더 구체적으로 설명하고자 한다(Rosner, 2012; Schein, 1992; www.personio.de).

(1) 사실 수준(가시적 수준): 빙산의 윗부분(sichtbare Teil)

그림 4-3 에서 보듯이 빙산 모델의 사실적 수준은 빙산의 윗부분에 해당되는 의사소통의 가시적이고 의식적인 부분인데, 명시된 모든 사실과 수치는 물론 단어, 제스처, 얼굴표정 및 목소리 톤과 억양 등 의사소통의 직접적인 측면까지 포함한다(Schein, 1992). 특히 사실 수준에는 대화상대에게 전달되는 객관적 사실과 정보 등이 중요하지만, 이는 결국 빙산의 일부이다. 사실 수준에서는 빙산의 윗부분(수면의 부분)에 드러나 있는 부분만이 보이므로, 외부에서 볼 수 있는 요소들만으로 평가된다. 이는 눈으로 쉽게 확인할 수 있지만, 전체 빙산을 파악하는 데는 한계가 있음을 의미한다(Watzlawick, Beavin, & Jackson, 1967).

① 사실 수준의 구성요소

- 행동 및 행위: 사람의 눈에 보이는 모든 행위, 말, 반응
- 업무성과: 일의 결과, 매출, 성취된 목표달성 등 명확하게 측정 가능한 부분
- 정책과 규정: 조직에서 제시한 공식적인 규칙과 절차
- 사건: 일어난 일, 상황, 외부에서 관찰 가능한 변화와 활동 등

② 사실 수준의 특징

사실 수준의 특징은 누구나 쉽게 식별할 수 있지만, 이를 통해 문제의 근본 원인까지 자세히 파악하기란 쉽지 않다는 것이다.

(2) 관계 수준(숨겨진 수준): 빙산의 아랫부분(unsichtbare Teil)

관계 수준은 빙산의 아랫부분, 즉 물 아래에 숨겨진 더 큰 부분을 뜻한다. 사실 빙산의 아랫부분은 겉으로 보이지 않는 더 많은 요소들이 모인 집합체이다. 이는 사람과 비교한다면 개인의 행동을 근본적으로 형성하는 요인들로, 빙산의 보이지 않는 무의식적인 부분과 전의식적인 부분이 관계 수준을 형성한다. 예를 들면, 관계 수준이란 대화상대가 표면 아래 직접적으로 표현되지 않고 의사전달에 대한 강력한 영향을 미칠 수 있는 암시적 메시지, 감정, 동기, 경험, 가치, 편견 요구 등을 포함한다. 이것은 주로 상대방의 목소리, 표정, 몸짓을 통해서 인지할 수 있으며, 관계 수준의 전체 80%는 무의식적이고 비가시적인 관계 수준에 의해 결정된다(Langmaack, B. & Braune-Krickau, 2000: 141; Hall, 1976).

① 관계 수준의 구성요소

빙산 모델에서 관계 수준의 구성요소는 리더십과 의사전달 및 대인관계에 있어서 매우 중요하다(Hofstede, 1991; Schein, 1992).

- 개인의 투철한 신념과 가치관
- 근본적인 사고와 태도 및 감정

- 무의식적인 신념
- 기대와 두려움
- 문화와 규범(비공식적인 규칙, 습관, 전통)

② 관계 수준의 특징

빙산 모델에서 관계 수준의 특징은 표면에 보이지 않더라도 리더는 조직운영과 조직관리를 위해 조직구성원의 행동이나 문제에 대한 근본 원인을 찾고, 보이지 않는 영역에 대한 이해와 문제점을 찾는 것이다(Argyris, 1990).

(3) 구조적 의미

빙산 모델의 또 다른 영역은 구조적인 의미로, 빙산의 수면 위(보이는 영역)와 수면 아래(보이지 않은 영역)에서 상호작용에 따른 영향을 받는다(Schein, 1992). 즉, 조직운영 및 조직관리에서 빙산의 수면 윗부분은 수면 아래 보이지 않는 부분에 영향을 받는다. 특히 리더는 구조적 의미에서 겉으로 드러난 행동이나 결과가 숨겨진 가치관, 신념, 감정 등에 영향을 준다는 것을 알아야 한다.

그리고 구조적 의미에서의 문제 해결 접근법은 단순히 수면 위의 부분만을 개선하려고 하면 근본적인 변화가 쉽지 않기 때문에 수면 아래의 숨겨진 요인들을 탐구하고 분석하며 이해함으로써 문제해결에 대한 최적의 대안을 찾을 수 있다.

그림 4-3 **사실적 수준과 관계적 수준의 관계**

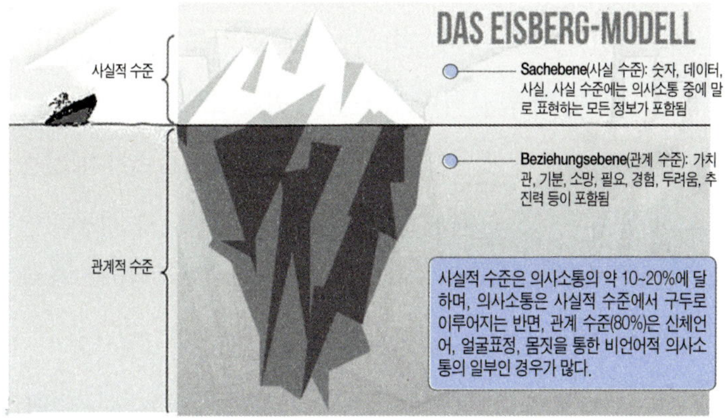

출처: https://studyflix.de/biologie/eisbergmodell-2693

(4) 빙산 모델의 중요성

빙산 모델의 중요성에 관해서는 연구하는 학자에 따라 주장하는 내용이 다양하다(Kotter, 1996; Schein, 1992). 그럼에도 불구하고 리더십의 관점에서 본다면 다음과 같이 문제해결을 위한 원인분석, 합리적인 의사결정 및 판단력 제고, 효과적인 커뮤니케이션, 다양성의 이해 등에서 찾을 수 있다.

첫째, 모든 사건 사고에서 중요한 것은 원인분석이다. 먼저, 리더는 문제해결을 위해서 표면에 보이는 영역에 그치지 않고, 근본적인 원인을 분석해 최적의 해결책을 찾아야 한다.

둘째, 리더는 합리적인 의사결정 및 판단력이 필요하다. 특히, 리더는 예측할 수 없는 상황과 새로운 변화에 대응하기 위하여 보이지 않는 요소들을 고려하고 더 균형 잡힌 현명한 결정을 내려야 한다.

셋째, 사회과학 분야에서 빙산 모델은 효과적인 커뮤니케이션을 하는 데 긍정적인 영향을 준다. 리더는 상대방의 숨겨진 감정이나 신념을 이해함으로써, 더 공감적이고 진정성 있는 소통을 할 수 있다.

이와 같이 의사소통에서 빙산 모델은 주로 눈에 보이지 않는 비언어적 의사소통까지 고려해야 한다. 왜냐하면, 리더가 성공적인 의사소통을 하기 위하여 표면적인 내용에만 집중하는 것만으로는 충분하지 않기 때문이다. 결국 빙산 모델에서 보이는 부분(가시적 · 사실적 수준)은 약 20%에 불과하므로(진술, 수치, 데이터, 정보 및 사실의 형태), 보이지 않는 부분(관계 수준)에 숨겨져 있는 것(동기, 감정, 가치관, 신념, 기대, 경험 또는 본능, 충동, 신뢰, 기분 및 트라우마와 같은 다양한 전의식 및 무의식적 측면)을 중요한 영역으로 생각해야 한다.

4. 리더십과 빙산 모델의 관계 및 영향

1) 리더십과 빙산 모델의 관계

(1) 조직구성원의 행동 이해

리더는 조직구성원의 행동, 언어, 성과 등 표면적인 요소만 보고 판단해서는 안 된다. 특히, 조직구성원의 행동 뒤에 숨겨진 감정, 동기, 가치관, 신념 등을 반드시 이해하는 것이 중요하다. 예를 들면, 리더는 조직구성원이 성과를 내지 못할 때 단순히 능력부족으로 판단하지 않고 동기부족, 스트레스, 개인적 문제, 업무부적응 등의 숨겨진 요인들을 자세히 파악하려고 노력해야 한다.

(2) 효과적인 의사전달

리더는 조직구성원들과의 커뮤니케이션에서 겉으로 드러난 언어뿐만 아니라, 비언어적 신호, 숨겨진 의도 등을 읽어내는 능력이 필요하다. 즉, 조직구성원들이 표현하지 않은 감정이나 불만을 감지하고 이를 해결하는 능력이 뛰어난 리더는 더 신뢰받고 존경받는 리더십을 발휘하고 효과적인 의사전달을 할 수 있다.

(3) 조직구성원의 다양성과 조직문화의 이해

리더는 빙산 모델을 활용해 조직문화나 팀원의 암묵적인 규범을 이해하고, 이를 변화시키는 데 문화적 이해와 긍정적인 비판 및 사고를 지녀야 한다. 또한 조직 내 갈등, 팀워크, 성과저하 등의 문제는 대부분 표면적 증상에 불과하며, 그 이면에는 문화적 갈등, 신뢰 부족, 소통의 부재 등 숨겨진 문제가 존재하는 것을 알아야 한다(Kotter, 1996).

(4) 동기부여 및 참여촉진

리더는 표면적으로 나타난 성과와 보상만을 통해 동기부여를 하는 것이 아니라, 조직구성원의 내적동기, 근무환경의 변화, 직무만족도 등에 집중해야 한다. 이를 위해 리더는 구성원의 개인적 가치관, 목표, 강점 등을 이해하고 그에 맞는 동기부여 및 참여전략을 세워야 한다.

(5) 변화관리

리더는 조직변화나 혁신을 추진할 때 표면적인 프로세스 변화보다 구성원들의 태도, 감정, 저항 등을 먼저 이해하고 관리해야 한다. 또한 리더는 변화 과정에서 조직구성원이 두려움이나 불안을 느끼지 않도록 심리적 지원과 명확한 비전을 제시하고, 새로운 변화에 대한 적극적인 대응과 관리능력을 갖춰야 한다.

2) 빙산 모델이 리더십에 미치는 영향

(1) 리더의 통찰력 향상

리더는 조직 내의 문제나 구성원의 행동을 표면적으로만 보지 않고, 숨겨진 요인까지 탐색하는 능력을 갖춘다. 따라서 리더가 빙산 모델을 잘 활용하면 보이지 않는 구성원의 동기, 가치관, 신념 등을 파악하여 문제의 원인을 근본적으로 분석하고 해결할 수 있는 통찰력을 높일 수 있다.

(2) 신뢰 구축과 관계 형성

리더는 빙산 모델을 통해 구성원들의 감정과 보이지 않은 요구를 관찰하고 이해하며, 이를 기반으로 상호 간 신뢰를 쌓아 갈 수 있다. 리더와 구성원들이 진심으로 마음을 열고 상호 간 신뢰를 느끼면 더욱 적극적으로 협력하는 관계를 형성할 수 있다.

(3) 환경변화와 대응력 강화

급격한 조직변화를 이끌 때 리더는 구성원들이 왜 변화를 두려워하는지, 또한 그들이 변화에 저항하는 이면에는 어떠한 이유와 원인, 개인의 가치관과 신념이 있는지 이해할 필요가 있다. 이러한 경우에 리더는 겉으로 드러난 저항의 표면적 이유뿐만 아니라, 보이지 않는 심리적 요인까지 고려해 환경변화를 설계함으로써 대응력을 높일 수 있다.

(4) 갈등 해결

리더는 조직 내 갈등 상황에서 빙산의 아랫부분, 즉 보이지 않는 감정과 신념을 이해함으로써 갈등의 근원적 원인을 파악할 수 있다. 리더는 갈등 해결을 위해서 표면적인 해결책이 아닌, 근본적인 대책을 제시하여 갈등을 해소하고 조직의 협력적 문화를 도출해야 한다.

(5) 의사소통의 질 향상

리더는 조직구성원과 소통할 때 단순히 말로 전달하는 내용뿐만 아니라, 그 이면의 감정이나 공감, 개성, 성격 등 숨겨진 면을 이해함으로써 의사소통의 질을 높일 수 있다. 이것은 리더가 구성원들과 더 공감하고 효과적인 소통을 할 수 있게 하고, 조직구성원들이 리더와의 의사소통을 더욱 진정성 있게 받아들이게 한다.

5. 빙산 모델의 한계 및 평가

1) 빙산 모델의 한계

① 근본적인 원인분석의 어려움

리더가 모든 문제의 근본적인 원인을 정확히 파악하기는 쉽지 않다. 왜냐하면, 리더가 추구하는 목표달성과 조직 내 갈등은 복잡한 상황에서 여러 요인이 얽혀 있어 어느 부분이 실제 원인인지 판단하기 어렵고, 복합적으로 작용하기 때문이다(Argyris, 1990).

② 복잡성의 과도한 증가

리더는 표면적인 문제를 깊이 분석하는 과정에서 너무 많은 요소를 고려하게 되어 복잡성이 과도하게 평가될 수 있다. 이는 오히려 문제해결에 방해가 될 수 있으며, 주요 핵심을 놓치게 될 위험성이 있다. 따라서 복잡성의 증가는 단순히 빠른 문제해결을 지향하는 경우에 오히려 비효율적일 수 있다(Kotter, 1996).

③ 주관적 해석의 위험성

빙산 모델의 하부 요소(감정, 가치관, 신념 등)는 관찰이 어렵고 해석이 주관적일 수 있다. 이는 해석하는 사람의 관점이나 경험에 따라 다르게 분석될 위험성을 갖는다.

④ 실제 적용의 제한성

빙산 모델은 실제 조직이나 개인 문제에 적용할 때 여러 현실적인 제약이 따른다. 특히 조직에서 시간이 촉박하거나 자원이 부족한 상황에서 빙산 모델을 적용하기는 쉽지 않아 리더는 제한된 적용 범위에서 사용할 수 있다(Langmaack & Braune-Krickau, 2000).

⑤ 데이터 부족의 위험성

리더가 조직 운영 및 관리에서 빙산 모델을 효과적으로 사용하려면 충분한 데이터와 정보가 필요하지만, 숨겨진 원인을 분석하기 위한 구체적인 데이터가 부족하다면 결과적으로 잘못된 결론과 의사결정을 내릴 위험성이 따른다(Hofstede, 1991).

2) 빙산 모델의 긍정적 평가

지금까지 빙산 모델은 보는 시각 및 관점에 따라 긍정적인 측면과 부정적인 측면이 있고, 이에 따라 많은 한계를 지닌다고 평가되었다(Schein, 1992). 그럼에도 불구하고 또한 빙산 모델에 대한 평가는 다음과 같은 측면에서 긍정적 평가를 할 수 있다(Argyris, 1990; Kotter, 1996).

① 조직의 심층적 이해 촉진

빙산 모델은 표면적인 증상 이외에 근본적인 원인의 이해와 문제해결의 질을 높이는 데 도움을 준다. 특히 조직 내 갈등이나 개인의 심리적 문제를 분석할 때 유용하다.

② 교육적 도구로서의 유용성

빙산 모델은 교육 및 훈련에서 간단히 시각적으로 이해하기 쉽고 효과적으로 사용될 수 있다. 이를 통해 학습자들이 문제해결에 필요한 심층적 사고를 훈련할 수 있다.

③ 리더의 전략적 의사결정에 유용

조직의 리더들이 문제를 단순히 해결하는 것을 넘어 근본 원인을 파악하고 전략적 의사결정을 내릴 수 있도록 지원한다. 이는 리더가 장기적인 해결책을 찾는 데 도움이 된다.

④ 의사전달과 관리변화의 필요성

리더는 조직 내에서 조직구성원에게 의사전달 또는 변화관리에 대한 문제의 원인을 식별하여 문제의 해결방안과 성공적인 전략을 개발하는데 유익하다(Hofstede, 1991).

이와 같이 빙산 모델은 다양한 분야에서 연구되면서 리더의 의사소통 또는 조직 운영 및 관리를 위한 복잡한 문제 및 갈등 해결에 많은 영향을 미친다. 특히, 빙산 모델은 문제의 원인을 찾고 상황분석을 하는 데 긍정적인 효과를 얻을 수 있으며, 보이지 않는 측면에서 심층적인 분석과 이해를 높일 수 있다. 결국, 빙산 모델은 조직 내에서 발생하는 복잡한 문제를 더 깊이 이해하고 해결책을 찾는 데 유익하지만, 상황에 맞는 해결책은 찾는 것이 더욱 중요하다.

제6절 _ 창조적 리더십과 조직변화

창조적 리더십(Creative Leadership)과 조직변화는 조직 내에서 새로운 아이디어와 혁신적인 사고를 통해서 변화를 이끌어내고, 조직구성원들의 창의성과 잠재력을 최대한 발휘할 수 있도록 하는 것이다(Amabile, 1998). 특히, 창조적 리더십은 전통적인 리더십과 달리 고정관념에 얽매이지 않고 새로운 접근 방식과 창의적 방법을 추구하고, 이를 통해 조직변화에 영향을 줄 수 있다. 오늘날 "인간은 항상 새로운 도전과 목표를 갖고 살아간다. 이러한 도전과 목표를 향한 노력이 없이는 아무것도 얻을 수 없다".[3] 이러한 맥락에서 창조적 리더십과 혁신적 조직변화의 관계는 지식정보화시대에서 매우 중요한 논제로 등장하고 있다.

1. 창조적 리더십과 조직변화의 개념

창조적 리더십의 개념은 리더가 조직 내 주요 현안 해결과 과업 수행을 위해 다양한 아이디어와 솔루션을 창출하며, 조직 내 각 구성원의 창의성을 기반으로 변화를 주도하는 중요한 역할을 수행하는 것을 의미한다(Bass & Avolio, 1994). 특히, 창조적 리더는 조직의 복잡한

3) 이것은 필자의 삶의 모토(Motto)이며, 지금까지 겪어왔던 삶의 체험과 노력에서 얻은 소중한 가치이다.

환경 속에서 새로운 접근법, 창의적 사고, 그리고 혁신적인 방법을 통해 문제를 해결해야 한다(Amabile, 1996). 이러한 맥락에서 조직변화는 과학기술 발전 및 정보통신기술(ICT)을 활용하여 조직의 지속가능한 경쟁력과 대응력을 강화하는 데 핵심적이다.

멈포드와 헌터(Mumford & Hunter, 2005)에 의하면 창조적 리더가 고려해야 할 주요 영역은 다음과 같다.

① 혁신적 변화 주도와 아이디어 지원: 창조적 리더는 조직 내 혁신적 변화를 이끌며, 구성원들이 자유롭게 아이디어를 제안할 수 있도록 환경을 조성해야 한다. 이를 통해 조직구성원들은 자발적으로 성장하고, 다양한 창의적 아이디어를 발휘할 수 있다.

② 개방적 사고와 다양성 존중: 리더는 개방적 사고를 바탕으로 다양성을 수용하며 자유로운 소통을 촉진해야 한다. 이는 조직 내에서 구성원들이 복잡한 문제 해결을 위한 새로운 아이디어를 제시하고 참여하는 데 필수적이다.

③ 실패를 학습기회로 전환: 리더는 조직의 변화와 혁신 과정에서 실패를 두려워하지 않고, 실패를 학습의 기회로 삼아 성공적인 전략과 결과를 도출하는 기회를 찾아야 한다.

④ 명확한 비전과 목표 제시: 리더는 조직의 미래 비전과 목표를 명확히 설정하고, 이를 구성원들과 공유하여 공감대를 형성해야 한다. 이를 통해 조직은 단기적인 성과에 머무르지 않고, 장기적 성장과 발전을 위해 경쟁력을 높일 수 있다.

반면, 혁신적 조직변화는 기존 방식과 시스템을 탈피하여 새로운 변화와 경쟁을 통해 조직 구조와 운영 방식을 재정비하는 과정을 의미한다. 이러한 변화를 성공적으로 이끄는 것은 리더에게 큰 도전으로, 기존 조직 형태를 혁신적으로 전환하는 데 상당한 노력이 요구된다. 독일의 정치학자 칼 뵈레트(Carl Böhret)는 급진적 조직변화와 정부혁신을 혁명보다 더 어려운 과제로 보았다(Böhret & Konzendorf, 1997; Böhret & Junkers, 1976). 이는 조직 내에서 변화가 단순한 수정이 아닌, 근본적인 혁신과 개혁을 성공적으로 실천하기 위해 지속적인 노력과 변화를 해야 한다는 것을 의미한다.

경제학자 조지프 슘페터(Joseph Schumpeter)는 자본주의 경제 체제의 발전과 혁신 과정을 설명하면서 "창조적 파괴(creative destruction)" 개념을 도입하였다(이종인, 2016. 재인용). 그는 기술혁신을 자본주의의 핵심 동력으로 보며, 기존 경제구조를 파괴하고 새로운 구조를 창출하는 과정을 강조했다. 즉, 조직 내 창조적 파괴는 업무의 생산성과 효율성을 높이고, 경쟁력을 강화하며, 새로운 업무설계와 협력적 시스템을 구축한다. 슘페터는 창조적 파괴가 새로운 기술과 아이디어를 기존 산업구조에 접목하여 새로운 산업 발전과 기업 성장을 가능하게 한다고 보았다.

궁극적으로 창조적 리더십과 혁신적 조직변화는 조직구성원들이 창의적인 아이디어를 자유롭게 논의할 수 있는 환경을 조성하고, 기존 구조와 프로세스를 혁신적으로 재설계하여 조직의 효율성과 경쟁력을 높이는 데 의의가 있다.

2. 창조적 리더십과 조직변화의 특징

1) 창조적 리더십의 특징

창조적 리더십(creative leadership)의 특징은 리더가 새로운 아이디어와 혁신적인 사고를 통해 조직의 문제를 해결하고, 구성원들의 창의성을 존중하며, 조직의 변화를 주도하는 것이다. 특히, 조직이 급변하는 환경에서 대외적으로 경쟁 우위를 유지하고, 지속 가능한 성장과 발전을 할 수 있도록 돕는 것이다(박영진, 2021).

(1) 혁신적 사고

혁신적 사고를 갖춘 리더는 기존의 관행과 고정된 업무방식을 탈피하고, 새로운 접근법과 창의적 해결책을 탐구하며 조직의 경쟁력을 강화한다. 더불어 기존 문제에 대한 창의적인 접근을 통해 해결방안을 찾는 것뿐만 아니라, 구성원들에게도 미래지향적인 사고와 도전적인 태도를 심어주는 것이 중요하다. 이를 위해 리더는 구성원의 잠재력을 발휘할 수 있도록 동기부여와 유연성 및 창의성 등을 조직의 핵심 가치로 여긴다. 이러한 리더십은 구성원들이 변화와 도전에 능동적으로 참여하도록 격려하며, 조직이 지속 가능하고 장기적인 성장을 이룰 수 있도록 방향을 제시한다. 결과적으로 혁신적 사고를 통해 리더는 조직 내 변화의 촉매제가 되어 미래지향적인 사고방식과 도전적인 문화를 정착시키는 데 노력해야 한다.

(2) 개방적 사고와 다양성 존중

리더는 조직 내에서 구성원들이 자유롭게 토론과 의견교환을 할 수 있는 개방적이고 포용적인 소환경을 조성해야 한다. 이를 통해 다양한 배경과 관점을 가진 구성원들의 아이디어를 수용함으로써 조직의 창의성과 문제해결능력을 향상시킬 수 있다. 개방적인 소통 문화는 구성원들이 자신의 독창적인 의견을 제시하고, 서로의 관점을 존중하며 협력하는 환경을 만든다. 특히, 리더는 구성원들이 혁신적이고 협력적인 방식으로 문제를 해결하도록 격려하며, 개방성과 다양성을 존중하여 조직 내 신뢰를 구축해야 한다. 이는 구성원들이 각자의 강점을 최대한 발휘하고, 조직 전체의 역량을 결집함으로써 보다 나은 성과를 도출하는 데 긍정적인 영향을 미친다. 결과적으로 리더는 단순한 의사소통의 조정자가 아니라, 다양한 의견을 조화롭게 이끌어 혁신과 성장을 이끄는 촉매제의 역할을 해야 한다.

(3) 실패의 학습과 교훈

리더는 조직의 정책결정 과정에서 실패를 단순한 실수로 간주하기보다, 이를 학습과 성장의 기회로 삼는 자세를 가져야 한다. 실패는 새로운 방향을 모색하고, 이는 전략적 개선을 이루는 중요한 발판이 될 수 있다. 특히, 리더는 구성원들이 실패에 대한 두려움을 극복할 수 있도록 적극적으로 지원하고, 도전에 대한 긍정적 태도를 고취해야 한다. 이를 위해 실패를 학습의 도구로 활용하는 조직문화를 조성하고, 과거 실패를 통해 얻은 통찰과 교훈을 조직 내에서 체계적으로 공유하는 것이 중요하다. 이러한 노력을 통해 조직은 지속적인 변화와 혁신을 추구하며, 더 높은 목표를 달성할 수 있는 역량을 강화할 수 있다.

(4) 도전적 사고와 자세

리더는 도전적 사고와 태도를 통해 기존의 한계나 관습에 구속되지 않고, 새로운 혁신과 변화를 주도하는 적극적인 자세를 가져야 한다. 이는 어려운 과제나 미래의 불확실성에 직면했을 때도 문제해결을 위한 강력한 의지와 창의적 사고방식을 포함한다. 도전적 사고는 새로운 가능성을 탐구하고 기존의 사고방식을 재구성하며, 다양한 관점에서 문제를 분석하여 해결책을 찾는 것이다. 또한, 리더는 실패를 두려워하지 않고 이를 학습과 성장의 기회로 활용하여 더 나은 결과를 도출하기 위해 지속적으로 노력해야 한다. 이러한 태도는 리더 개인의 성과를 넘어 조직 전반에 긍정적인 영향을 미치며, 조직의 지속적인 혁신과 성장을 가능하게 한다.

(5) 미래지향적 비전 제시

리더가 제시하는 비전은 조직의 장기적인 성공을 위한 핵심적인 나침반이 될 수 있다. 명확한 비전은 단순한 목표설정을 넘어, 조직이 지향해야 할 구체적인 방향을 제시함으로써 구성원들이 공동의 목표를 효과적으로 달성할 수 있도록 한다. 또한, 리더는 조직구성원들과 비전을 공유하여 각자의 역할과 기여도를 명확히 인식하게 함으로써 조직발전에 대한 책임감을 강화할 수 있다. 이러한 비전

제시는 구성원들의 동기부여를 촉진하고, 조직이 보다 혁신적이고, 미래지향적인 방향으로 발전할 수 있도록 한다. 결과적으로 리더의 비전은 조직 전체의 일체감을 높이고 지속 가능한 발전과 성장을 가능하게 하는 중요한 요소로 작용한다.

2) 조직변화의 특징

조직변화는 지속적인 성장과 경쟁력을 높이기 위한 중요한 요소이다. 특히 조직에서의 혁신적 변화는 조직구성원들이 긍정적인 사고를 갖고 수용하는 것이 필요하다. 혁신적 조직변화는 기존의 틀을 넘어 새로운 전략과 방식을 도입하며, 조직의 유연성과 적응력을 강화하는 것이 특징이다.

(1) 변화지향적인 조직문화

변화지향적인 조직문화는 조직이 지속적인 성장과 혁신을 추구하는 데 필수적인 기반을 제공한다. 이러한 문화는 구성원들이 변화하는 환경과 복잡한 문제에 적극적으로 대응할 수 있도록 장려하며, 새로운 아이디어와 업무방식을 일상적인 활동으로 자연스럽게 수용하게 한다. 이로 인해 조직은 내부적 · 외부적 변화에 유연하게 적응하며, 기존의 관행에 얽매이지 않고 지속적인 개선과 혁신을 추구할 수 있다. 결과적으로 조직변화는 조직구성원의 저항을 최소화하고 조직의 경쟁력을 강화하는 데 긍정적인 영향을 줄 수 있다.

(2) 조직의 유연성

조직구조가 경직되어 있다면 혁신과 변화를 효과적으로 수용하기란 쉽지 않다. 반면, 유연한 조직구조는 변화와 혁신에 신속히 대응할 수 있는 환경을 제공한다. 경직된 구조에서는 새로운 아이디어와 창의성을 수용하기 어려워 변화에 대한 저항이 강해질 가능성이 크지만, 유연한 구조를 가진 조직은 신속한 의사결정을 통해 변화하는 환경에 적응하고 변화를 주도하는 데 유리하다. 오늘날 조직구조의 유연성은 업무의 생산성과 효율성을 높이며, 지속적인 성장과 경쟁력을 높일 수 있다.

(3) 조직 간 협업과 팀워크의 강화

리더는 조직 간 협업과 팀워크를 강화하기 위해 부서 간 원활한 소통과 정보 공유를 촉진하는 핵심적인 역할을 한다. 여기서 리더는 조직 내에서 각 부서가 독립적으로 고립되지 않도록 협업의 기회를 제공하고, 다양한 부서의 지식과 역량이 결합될 수 있는 환경을 조성하는 것이 중요하다. 조직 내에서 이러한 협업 문화가 잘 균형 잡힌 조직은 목표 달성을 위한 시너지를 극대화할 뿐만 아니라, 문제 해결의 속도와 효율성을 높여 경쟁력을 강화할 수 있다. 결국, 리더의 역할은 조직 내에서 협력의 기반을 마련하고, 모든 구성원이 함께 성장할 수 있는 초석이 되어야 한다.

(4) 조직구성원의 욕구과 만족도 향상

리더가 구성원의 요구를 수용하고 욕구를 충족시키는 것은 조직

변화의 핵심 요소로 작용한다. 특히, 구성원의 욕구와 만족도에 대한 피드백을 적극적으로 반영하는 과정은 조직 내 문제를 명확히 파악하고 효과적인 개선안을 제시하는 데 필수적이다. 리더는 구성원들의 목소리를 경청하고 그들의 욕구를 이해함으로써 문제 해결을 위한 적절한 자원과 지원을 제공할 수 있다. 이러한 접근은 조직 전체의 만족도를 높이는 데 기여하며, 구성원들이 느끼는 소속감과 책임감을 증진시킨다. 또한, 조직구성원의 만족도가 증대되면 이는 조직의 경쟁력을 강화하는 중요한 요소로 작용한다. 결국, 리더십의 본질은 조직구성원들을 이해하고 그들의 잠재력을 최대한 발휘할 수 있도록 유도하며, 이러한 과정을 통해서 조직의 혁신과 성장을 이끄는 원동력이 된다.

(5) 조직의 성과 측정

조직 내에서 변화의 성과 측정은 표준화된 성과 측정과 평가 기준이 중요하다. 리더는 이러한 평가 결과를 통해 성과와 개선할 점을 명확히 파악할 수 있으며, 이를 바탕으로 지속 가능한 발전 가능성과 취약한 영역을 선별하여 선제적 대응과 예방적 조치를 취할 수 있다. 따라서 성과 측정은 단순한 업무평가를 넘어, 조직의 미래 혁신과 변화의 방향성을 제시하는 중요한 기준이 된다. 이러한 과정은 리더가 조직의 전략적 목표를 달성하는 데 필수적이며, 변화에 대한 적응력을 높일 수 있다. 궁극적으로 효과적인 성과 측정은 조직의 지속 가능한 성장과 경쟁력 강화를 위한 핵심 요소로 작용한다.

3. 창조적 리더십과 조직변화의 유형

창조적 리더십은 조직의 혁신과 변화를 주도하기 위해 다양한 방식으로 접근할 수 있으며, 리더의 성향과 조직의 상황에 따라 다양한 형태로 설명할 수 있다. 이러한 각 유형은 특정한 상황과 여건에 따라 적용될 수 있으며, 리더가 조직의 목표를 달성하고 구성원들이 갖는 능력과 자질에 따라 창의성을 촉진하는 데 사용될 수 있다. 다음에서는 창조적 리더십과 혁신적 조직변화의 유형에 대해서 알아보기로 한다(김정민, 2021).

1) 창조적 리더십의 유형

창조적 리더십의 다양한 유형은 학자와 연구자에 따라 다양하게 논의될 수 있으며, 하나로 통일된 유형과 정의는 없다. 여기서는 조직의 혁신과 변화를 이끄는 방식에 따라 논의될 수 있으며, 이에 대한 몇 가지 리더십의 유형을 다음과 같이 설명할 수 있다.

(1) 목표지향적 리더십

목표지향적 리더십은 리더가 조직의 장기적인 방향성을 명확히 제시하고 이를 바탕으로 구성원들에게 구체적이고 명확한 목표를 제공하는 리더십 유형이다(Bass, 1985). 이 유형의 리더는 미래지향적인 비전을 제시하며, 구성원들이 목표달성을 위해 필요한 동기를 부여하는 핵심적인 역할을 한다. 목표지향적 리더십의 본질은 조직변화에 유연하게 대응하면서 경직된 구조를 혁신적이고 창의적인 방향으로 전환하는 데 있다. 이는 리더가 단기적인 성과만을 강조하기보다는, 구성원들에게 조직의 장기적 목표와 비전을 분명히 전달하고 이를 실현할 수 있는 동력을 제공해야 한다(Yukl, 2013; House, 1996).

이러한 리더십은 조직의 지속 가능한 성과를 이루는 기반을 마련하며, 구성원들이 스스로 비전을 실현할 수 있는 환경을 조성하는 데 초점을 둔다. 결론적으로 목표지향적 리더는 조직의 장기적 방향성을 명확히 설정하고, 구성원들이 비전을 실행하는 과정에서 창의성과 혁신을 발휘할 수 있도록 지원하는 데 중요한 역할을 해야 한다.

(2) 도전적 리더십

도전적 리더십은 기존의 사고방식과 관행을 넘어 조직의 잠재력을 극대화하려는 리더십 접근 방식으로 조직의 변화와 혁신을 주도하는 데 핵심적인 역할을 한다. 도전적 리더는 전통적인 문제해결 방식에 안주하지 않고 새로운 시각과 방법론을 모색하며, 구성원들이 창의적이고 혁신적인 아이디어를 자유롭게 제시할 수 있는 환경을 조성한다(Kouzes & Posner, 2017; Amabile, 1998). 이러한 리더는 구성원들에게 도전적인 목표를 제시함으로써 개인과 조직이 모두 발전할 수 있는 동기를 부여한다. 동시에, 조직구성원들이 목표를 달성하는 과정에서 실패를 성장과 발전의 토대로 삼는 조직문화를 만들고, 구성원들이 두려움 없이 새로운 도전을 할 수 있도록 조직문화를 만들어야 한다. 예를 들어, 도전적 리더는 구성원들이 직면한 문제를 학습기회로 인식하게 하며, 이를 통해 조직 전반에 혁신적인 변화를 준다.

그리고 도전적 리더십의 또 다른 중요한 부분은 단기적인 성과보다 장기적인 발전 가능성에 집중해야 한다는 것이다. 리더는 조직구성원이 업무를 추진하는 과정에서 위험성을 감수하더라도 조직의 경쟁력을 강화하고 지속 가능성을 높이기 위해 필요한 전략적 결정을 내려야 한다. 이는 구성원들의 역량 개발을 촉진하고, 조직 전체가 끊임없이 변화하는 환경 속에서도 성장할 수 있는 기반이 된다. 결과적으로, 도전적 리더는 조직의 기존 틀을 깨고 새로운 가능성을 열어가는 변혁적 역할을 하며, 구성원들이 혁신과 성장을 통해 조직의 목표를 실현할 수 있도록 돕는다.

(3) 참여적 리더십

참여적 리더십은 리더가 구성원의 의견을 적극적으로 수렴하고 의사결정 과정에 참여시키는 리더십 스타일이며, 수평적 소통과 협력을 중시한다. 이 리더십 유형에서는 리더 혼자 모든 결정을 하기보다는 조직구성원들과 논의하고 협력하여 최선의 결정을 도출하는 데 집중해야 한다. 따라서 참여적 리더는 구성원들에게 스스로 책임감을 부여하며, 다양한 아이디어와 의견을 존중함으로써 문제해결 과정에 구성원들의 적극적인 참여를 유도할 수 있다(Likert, 1967; Yukl, G. 2013). 이러한 리더십은 특히 복잡한 문제와 갈등 상황에서 효과적이며, 구성원들의 의견을 경청하고, 조직 내 문제를 더 창의적이고 협력적으로 해결할 수 있다. 동시에 구성원들은 자신의 의견이 조직의 의사결정에 반영된다는 점에서 높은 성취 의욕과 만족감을 느끼게 된다.

이러한 맥락에서 참여적 리더십은 조직 내 신뢰와 팀워크를 강화시키며, 리더와 팀원 간의 열린 소통과 협력은 조직문화를 변화시키고 구성원들이 더욱 주체적으로 조직의 목표 달성에 기여하도록 동기부여를 하게 된다. 또한, 구성원들의 역량을 최대한 발휘하도록 지원하며 조직의 장기적인 발전에 중요한 역할을 한다.

(4) 성과지향적 리더십

성과지향적 리더십은 조직의 명확한 목표와 기대치를 설정하고, 이를 달성하기 위해 체계적으로 노력하는 리더십 유형이다. 이 리더십은 조직의 성과와 목표 달성에 중점을 두며, 효율성과 생산성을 극대화하는 데 초점을 맞춘다. 여기서 리더는 구체적이고 측정 가능한 목표를 수립해 구성원들에게 목표와 방향성을 제시하며, 그 목표를 중심으로 행동하도록 한다(Drucker, 1954). 그리고 리더는 성과달성 과정에서 구성원들의 노력을 정확히 평가하고, 이를 기반으로 적절한 보상을 제공하여 성과달성에 초점을 두며, 정기적인 피드백을 통해 구성원들의 역량을 발전시키고, 성과개선을 위한 환경을 조성해야 한다. 이러한 방식은 명확한 목표와 책임감을 중심으로 한 조직문화를 구축하며, 구성원들이 성취감과 동기를 느낄 수 있도록 한다. 특히, 성과지향적 리더십은 결과 중심적인 환경에서 높은 효과를 발휘하며, 성취 욕구가 강한 구성원들에게 긍정적인 영향을 미친다. 이는 조직의 성공뿐만 아니라 개인의 성장과 발전에도 긍정적인 영향을 줄 수 있으며, 조직과 구성원이 함께 발전할 수 있는 기반을 제공하는 중요한 리더십의 유형이다.

(5) 감성적 리더십

감성적 리더십은 리더가 자신의 감정을 인식하고 조절하며, 동시에 팀원들의 감정을 이해하고 공감하는 능력을 강조하는 리더십 유형이다. 이러한 리더십은 구성원들과의 신뢰를 바탕으로 긍정적인 조직문화를 형성하며, 협력과 동기부여를 통해 조직의 성과를 향상시키는 데 기여한다. 감성적 리더는 구성원들과의 관계를 우선시하며, 그들의 감정을 존중하고 이해하는 노력을 기울인다(George, 2000: 35).

특히, 갈등 상황에서 감성적 리더십의 가치는 더욱 두드러진다. 리더는 구성원들의 감정을 효과적으로 관리하고 조정함으로써 갈등을 완화하고 문제를 해결한다. 동시에 구성원들이 자신의 감정을 자유롭게 표현할 수 있는 안전한 환경을 조성하여 조직 내 소통을 원활히 한다. 이는 구성원들의 심리적 안정감을 높이고, 팀워크를 강화하는 데 중요한 역할을 한다.

결과적으로 감성적 리더십은 구성원 개개인의 만족도를 증대시키고, 조직의 전반적인 성과를 향상시키는 데 기여한다. 감정의 중요성을 인식하고 이를 리더십에 통합하는 접근은 현대 조직에서 필수적인 리더십 역량으로 평가받고 있다(Goleman, 1995: 43-44).

2) 조직변화의 유형

혁신적 조직변화는 조직의 생존과 지속적인 변화를 위해 다양한 방식으로 나타난다. 각 유형은 조직의 특성이나 목표에 따라 선택되며, 조직의 경쟁력을 강화하는 데 중요한 역할을 한다. 여기서 혁신적 조직변화는 다음과 같이 몇 가지 주요 형태로 설명될 수 있다(박영진, 2020).

(1) 조직의 구조적 변화

조직의 구조적 변화는 효율성과 유연성을 강화하기 위한 핵심 전략이다. 리더는 의사결정 과정을 단축하고 부서 간 협업을 촉진하기 위해 수직적 계층을 간소화하거나 팀 기반 구조로 전환해야 한다. 이러한 변화는 신속하고 유연한 대응을 가능하게 하며, 혁신적 사고와 창의적인 아이디어를 촉진하는 환경을 조성한다. 또한, 리더는 개방적이고 참여적인 조직 문화를 구축하여 구성원들의 몰입과 책임감을 강화하고, 다양한 전문지식을 결합해 시너지를 창출해야 한다(Burton, Obel & DeSanctis, 2011). 이러한 이유에서 리더가 조직의 구조를 효율적으로 재편성하는 것이 필수적이다. 따라서 구조적 변화는 조직이 긴급한 조직변화에 적극적으로 대응하고 지속적인 경쟁력을 유지하는 데 많은 영향을 줄 수 있다.

(2) 업무 프로세스의 혁신

업무 프로세스의 혁신은 기존의 비효율적인 절차를 재설계해 조직의 효율성과 효과성을 극대화하는 과정이다. 이를 위해 불필요한 낭비를 제거하고, 조직구성원과 고객을 위해 최적화된 업무 프로세스를 구축해야 한다. 예를 들어, 린 생산 시스템(lean production system)[4]은 작업공정을 혁신해 불필요한 낭비요소를 제거하고 비용을 절감하며, 생산성을 높여 고객가치에 집중하도록 설계된 방식이다. 또한, 업무 프로세스 자동화(Robotic Process Automation: RPA)[5]는 반복적이고 시간이 소요되는 작업을 소프트웨어로 자동화하여 업무 시간을 단축하고 비용을 절감하며 속도를 향상시키는 것이다. 이러한 혁신을 통해서 리더는 조직의 모든 영역에서 의사결정, 정책결정, 업무처리를 하는 데 있어서 경쟁력 강화할 뿐만 아니라 환경변화에 대응력을 높일 수 있다.

(3) 문화적 변화

문화적 변화는 조직의 가치관과 행동방식을 근본적으로 혁신하여 구성원들이 새로운 아이디어를 실현할 수 있는 토대를 마련한다. 리더는 조직을 관리하는 과정에서 학습과 성장을 추구하는 환경을 조성함으로써 구성원들이 새로운 업무에 대해서 자유롭게 도전하고

4) 린 생산방식은 조직에서 작업공정 혁신을 통해 비용은 최대한 줄이고 생산성은 높이는 것을 뜻한다.

5) 인간이 컴퓨터로 하는 반복적인 업무를 로봇 소프트웨어로 자동화하는 기술이며, 업무 과정에서 발생하는 데이터를 수집·입력하고, 이를 정형화해 업무 시간을 단축하고 비용을 절감한다.

실천할 수 있는 기회를 제공해야 한다. 이러한 문화는 개인의 창의성을 극대화하고, 다양한 의견과 토론이 존중받는 분위기를 만들어 상호 간 협업과 자율성을 촉진한다. 더불어, 구성원들이 경험과 지식을 공유하며 문제를 해결하는 과정에서 조직의 집단적 역량이 강화되고 혁신적인 솔루션을 도출할 수 있다. 결국, 이러한 문화적 변화는 조직이 지속 가능한 성장을 이루고 변화하는 환경 속에서도 경쟁력을 유지하는 데 핵심적인 역할을 한다(Schein, 2010).

(4) 전략적 변화

전략적 변화는 조직의 비전과 목표를 재정립하여 새로운 방향성을 제시하는 핵심 과정이다. 이는 조직구성원의 경쟁력을 강화하고 지속 가능한 성장을 추구하는 데 필수적이다. 리더의 구체적인 목표 설정은 구성원들이 조직의 비전과 변화의 필요성을 이해하고, 목표 달성을 위한 구체적인 방향을 찾는 데 큰 도움을 준다(Porter, 1985). 이 과정에서 리더의 리더십은 효과적인 커뮤니케이션과 실행계획을 통해 구성원의 참여와 공감대를 형성하고 변화를 성공적으로 이끄는 데 핵심적인 역할을 한다. 결과적으로, 전략적 변화는 조직이 도전적인 환경 속에서도 경쟁력을 높이고 목표를 달성할 수 있는 기반을 마련한다.

(5) 인재 역량 개발

인재 역량 개발은 조직의 핵심 자원인 직원들의 역량을 체계적으로 향상시키기 위한 전략적 접근이다. 특히 리더는 채용, 교육, 개발

방식을 혁신하여 조직의 경쟁력을 높이고, 구성원이 각자의 잠재력을 최대한 발휘할 수 있도록 지원해야 한다. 이를 위해 맞춤형 교육 프로그램을 설계하거나, 현업 중심의 멘토링 시스템을 도입해 실제 업무에 필요한 기술과 지식을 효과적으로 습득하도록 돕는 것이 중요하다. 이러한 인재 개발은 개인의 역량강화와 조직의 목표달성 및 성과의 극대화에 직접적인 영향을 준다. 결국, 인재 역량 개발은 지속 가능한 성장과 발전을 이루는 데 필수적인 요소이며, 조직의 미래를 결정짓는 핵심적인 영역이다.

(6) 정보통신기술의 혁신

정보통신기술(IT)의 혁신은 조직운영 방식을 근본적으로 변화시키는 핵심 동력이다. 특히 클라우드 컴퓨팅 기술의 발전은 데이터 저장과 접근성을 높여 효율적인 협업을 가능하게 한다. 이를 통해 조직은 업무 프로세스를 자동화하고, 실시간 의사결정을 지원하며, 물리적 한계를 넘어 글로벌 협업 환경을 조성할 수 있다. 리더가 이러한 첨단기술을 효과적으로 활용하면 조직은 새로운 환경변화에 민첩하게 대응하며 경쟁력을 높일 수 있다. 따라서 기술혁신은 조직의 지속 가능한 성장과 발전을 위한 필수 요건이라 할 수 있다(Brynjolfsson & McAfee, 2014; Reinermann, 2015).

4. 창조적 리더가 조직변화에 미치는 영향

1) 새로운 아이디어와 솔루션 제공

창조적 리더는 조직 내에서 새로운 아이디어를 제시하여 조직의 복잡한 문제를 해결하거나 새로운 솔루션을 찾는 데 중요한 역할을 한다. 이러한 리더십은 기존의 낡은 사고에서 벗어나 다양한 의견을 수용하고, 창의적인 해결책을 모색하는 데 중점을 둔다. 또한, 창조적 리더는 조직구성원들에게 창의적 사고를 적극적으로 받아들이고, 이를 통해 솔루션을 찾기 위해 노력한다. 아울러 조직 내에 자유로운 분위기를 조성하고, 변화에 대한 새로운 아이디어와 솔루션을 제공한다. 창조적 리더가 제시하는 혁신적인 아이디어는 조직변화의 촉매제가 되어 지속 가능한 발전과 조직변화에 긍정적인 영향을 준다(Mumford & Hunter, 2005a: 374).

2) 긍정적인 조직문화

창조적 리더는 구성원들이 자유롭게 의견을 교환하고 서로의 아이디어를 수용할 수 있는 개방적이고 긍정적인 조직문화를 만들어야 한다. 이러한 환경은 심리적 안전감을 형성하여 구성원들이 긍정적인 조직문화와 상호 간 협력적 사고 및 창의성을 바탕으로 새로운 도전에 적극적으로 나설 수 있도록 한다(Edmondson, 1999: 354). 이처럼 긍정적인 조직문화는 구성원들이 변화에 대한 저항감을 줄이고,

조직의 목표를 달성하기 위해 더욱 주도적으로 협력하게 만드는 원동력이 된다. 따라서 리더의 역할은 단순히 지시를 내리는 것을 넘어 구성원들의 참여를 격려하고, 서로의 창의적 아이디어를 존중하며 이를 실행 가능한 계획으로 발전시키는 것이다. 결과적으로 이러한 조직문화는 혁신적인 변화를 촉진하고, 지속 가능한 성장과 발전을 위한 기반을 제공한다.

3) 새로운 도전과 환경 구축

창조적 리더는 구성원들이 새로운 도전을 자유롭게 시도할 수 있는 환경을 조성하는 데 중점을 둔다. 이런 리더는 실험적인 접근과 창의적 사고를 적극적으로 장려하며, 구성원들이 일상적인 업무에 매몰되지 않고 더 나은 해결책을 탐색하도록 독려한다. 이를 통해 조직구성원들은 실패에 대한 두려움을 감소시키고, 좀 더 대담한 아이디어를 제안하여 새롭게 도전하는 환경을 구축하게 된다. 이러한 도전의 문화는 조직이 정체되지 않고 성장할 수 있는 원동력이 된다. 또한, 창조적 리더가 조성한 환경은 구성원들이 더 높은 목표를 설정하고 이를 달성하기 위해 혁신적인 방법을 시도하는 데 동기부여가 된다. 결국, 창조적인 리더십은 조직변화를 주도하고, 끊임없이 변화하는 환경 속에서 경쟁력을 유지하는 데 중요한 역할을 한다.

4) 문제해결능력 강화

창조적 리더는 복잡한 문제를 새로운 관점에서 바라보는 능력을 길러야 하며, 기존의 틀에 얽매이지 않고 독창적인 해결책을 찾는 데 노력해야 한다. 즉, 리더는 단순히 주어진 문제에 기존의 해결방식을 답습하지 않고, 다양한 접근방식을 탐구하여 혁신적인 솔루션을 찾아야 한다. 이러한 사고방식은 문제해결 과정에서 창의성을 발휘하게 하여, 예상치 못한 방법으로 더 나은 결과를 도출할 수 있다(Amabile, 1996). 특히, 창조적 리더는 조직이 변화 과정에서 복잡한 문제를 해결할 때 다양한 접근방법을 통해서 해결책을 찾는 데 긍정적인 대안을 도출할 수 있다. 따라서 리더가 고정관념을 깨는 해결책을 제시하면, 조직은 변화와 불확실성에 보다 유연하게 대응할 수 있다. 또한, 문제해결능력은 창조적 리더십과 결합된 독창적 솔루션을 통해 조직의 변화와 혁신을 지속적으로 추진하는 기반이 된다.

5) 구성원의 몰입과 동기부여

창조적인 리더는 구성원의 몰입과 동기부여를 강화하는 데 핵심적인 역할을 한다. 즉, 조직구성원들이 아이디어에 대해 자유롭게 토론하고 참여할 수 있는 환경을 조성한다. 이를 통해 구성원들은 자신의 의견과 아이디어가 조직에 기여할 수 있다는 자부심을 느끼며, 업무에 더 깊이 몰입하게 된다. 또한, 창조적인 리더는 도전적이고 혁신적인 환경을 만들어 구성원들에게 새로운 열정과 자기발전의 기회를 제공한다. 이러한 환경은 구성원들의 잠재력을 최대한 발휘하도록 격려하며, 개인적 성취감을 통해 동기부여를 제공한다. 궁극적으로 창조적인 리더는 조직의 목표와 자신의 비전을 제시하고, 구성원의 몰입과 동기부여를 하는 데 많은 영향을 미친다(Amabile, 1998).

6) 위기상황과 유연한 대응

창의적인 리더는 위기상황에서 유연한 대응능력을 발휘해야 한다. 특히, 리더는 위기상황에서 기존의 고정된 사고에서 얽매이지 않고, 다양한 관점에서 문제를 분석하며 최적의 해결책을 모색해야 한다. 위기상황에서 기존의 규칙이나 절차가 반드시 효과적이지 않을 수 있기 때문에 창의적인 리더는 기존 방식을 유연하게 조정하거나 새로운 전략을 신속히 도입하는 역량이 필요하다. 이 과정에서 리더는 구성원들의 다양한 의견을 경청하고, 협력적인 문제해결을 유도하며, 여러 가능성을 시도해볼 수 있는 개방적인 환경을 조성해야 한다. 이러한 유연성은 조직이 급변하는 환경에 효과적으로 적응하고 생존할 뿐만 아니라, 위기를 성장과 발전의 기회로 전환함으로써 좋은 결과를 얻을 수 있다. 결과적으로 창의적 리더십은 조직의 회복력을 강화하고 지속적인 혁신을 촉진한다(Goleman, 2013; Kotter, 2012).

LEADERSHIP

제 5 장

셀프 리더십과 슈퍼 리더십, 그리고 감성 리더십

제5장 셀프 리더십과 슈퍼 리더십, 그리고 감성 리더십

제1절 _ 셀프 리더십

1. 셀프 리더십의 개념

현대사회의 조직은 조직구성원들이 질 높은 지식과 기술개발뿐만 아니라 높은 수준의 독립성, 자기의존성, 자아신뢰와 주도권 등을 행사할 수 있는 능력, 즉 자존감을 갖추기를 원한다. 이러한 이유에서 조직구성원은 자존감이 강한 새로운 형태의 리더십을 찾고 있다. 셀프 리더십(Self Leadership)의 개념은 조직성과를 강화하는 데 없어서는 안 될 역할로 리더십 학자들의 지속적인 관심을 받았다.

이러한 연구는 셀프 리더십의 중심성과 리더에 대한 적용을 지속적으로 강조하고 있다. 따라서 리더십에 대한 관점도 시대에 맞는 새로운 패러다임이 필요하다(Daud, 2021). 그 결과 조직에서 자기 자신으로부터 리더십을 발휘할 수 있도록 하는 새로운 관점의 셀프 리더십이 등장하게 되었다. 즉, 리더십은 셀프 리더십에서 시작한 학습된 예술이다. 특히 셀프 리더십은 자신이 누구인지, 무엇을 할 수 있는지, 어디로 가고 있는지, 의사소통, 감정 및 행동 등에 영향을 미치는 능력과 결합하여 발전된 감각을 갖는다(Browning, 2018: 15).

셀프 리더십은 타고난 것이 아니라 학습을 통해서 얻어질 수 있고, 모든 사람이 탁월한 셀프 리더는 아닐지라도 어느 정도는 셀프 리더십을 발휘할 수 있다. 셀프 리더십은 조직에서 과업이나 직무를 수행하기 위해 필요한 자기주도 및 동기부여를 성취하기 위해 스스로 자신에게 영향력을 행사하는 과정이다. 또한 개인은 개인적인 목적을 달성하는 데 스스로 동기를 부여할 수 있도록 자신의 틀을 개발하는 것이 중요하다(변상우, 2018).

예를 들면, 구성원에게 영향을 미치는 리더십과 달리 리더가 자기 자신에게 영향력을 미치는 과정이 셀프 리더십이다. 결국, 셀프 리더십은 다른 사람들을 보다 효과적으로 유도하기 위한 방향과 지름길이 된다. 특히, 조직에서 구성원들은 협력적이고 분산된 작업환경에서 우선순위를 결정하고, 주도권을 바탕으로 문제를 해결하기 위한 셀프 리더의 훈련과 자기개발에 집중해야 한다.

2. 셀프 리더십의 이론적 근거

셀프 리더십의 이론적 근거는 사회적 학습이론과 사회적 인지이론을 기초로 하고 있다. 사회적 학습이론은 타인을 관찰하고 학습하는 것이다. 반면에, 사회적 인지이론은 내부 정신적 과정과 함께 하는 것으로 보고 있다(Daud, 2021). 반면, 퍼트너와 발데거(Furtner & Baldegger, 2016)에 의하면 셀프 리더십의 기본적인 이론을 자기조절이론, 자기결정이론, 사회적 인지이론 등에서 찾고 있다(Furtner & Baldegger, 2016: 63).

1) 자기조절이론(Selbstregulationstheorie)

자기조절이론은 사이버네틱스(Kybernetik)[1)]에서 그 기초적인 개념을 도출하는데, 파워스(Powers, 1978)의 통제이론과 밀접한 연관성을 보여주고 있다. 사이버네틱스의 의미는 피드백 프로세스의 과학으로 설명하고 있으며, 시스템의 다양한 가치에 대한 제어 또는 규제를 포함하고 있다(Furtner & Baldegger, 2016).

캐나다 심리학자 앨버트 반두라(Albert Bandura)에 의하면 자기조절이론은 개인 내 행동통제의 과정을 설명한다. 즉, 자기조절이론은 행동중심의 전략, 특히 자기의 목표설정 및 자기관찰에 대한 것이며, 자기관찰, 자기평가 및 자기반응의 3가지 연속적인 구성요소가 서로 영향을 미치는 자기조절 과정에서 발생한다(https://lexikon.stangl.eu).

1) 노버트 위너(Norbert Wiener)에 의하면 사이버네틱스는 기계의 제어 및 규제에 대한 과학이며 살아있는 유기체(감각기관을 통한 피드백으로 인한) 및 사회조직(소통 및 관찰을 통한 피드백)의 행동에 대한 비유이다. 사이버네틱스 과학의 뿌리는 1940년대 뇌와 컴퓨터 사이의 유사성을 조사하고 인간행동에 영향을 미치는 다른 개별 분야 간의 인터페이스가 인식되면서 시작되었다(https://de.wikipedia. org/wiki/Kybernetik.검색일 2021.06.30.).

첫째, 자기관찰은 자신에 대한 지식, 행동과 감정의 상태에 대한 관계이다. 즉, 자기관찰의 과정에는 상황 외에 자신의 행동과 일어나는 감정도 기록된다. 이 '진단' 과정에서 사람은 자신과 그것이 다른 사람에게 미치는 영향에 대한 중요한 통찰력을 얻게 되며, 동시에 자기관찰은 동기부여로 연결된다.

둘째, 자기평가는 자기관찰을 통해 알게 된 사실을 어떻게 평가할지에 대한 것이다. 여기에서 관찰된 것 또는 달성한 것을 자신의 내부기준(기대수준, 목표수준)에 따라 측정한다. 이러한 표준은 절대적으로 개별적이며, 개인의 고유한 내부 특성에만 포함된다.

셋째, 자기반응으로 정서적 자기반응과 인지적 자기반응은 모두 자기평가에서 나타난다. 정서적 및 인지적 반응에서 긍정적이거나 부정적인 자기효능감은 설정된 목표의 기대수준과 난이도에 따라 조정된다는 점에서 자기관찰 및 자기평가에 영향을 준다. 반두라(Bandura)에 따르면 인지 및 정서적 반응은 모두 자기관찰과 자기평가에 영향을 미치며, 이는 미래 목표가 얻은 경험에 따라 조정되는 것을 의미한다.

2) 자기결정이론(Sebstbestimmungstheorie)

데시와 라이언(Deci & Ryan, 1987)의 자기결정이론은 내재적 동기를 설명하는 가장 영향력 있는 이론으로 간주되고 있다. 이 이론의 발전 과정은 여러 단계와 확장을 걸치면서 다양한 경험을 하게 된다. 이론적 개발의 첫 번째 단계에서는 추가보상 없이 과제를 완료하면 누군가 본질적인 동기부여가 된 것으로 간주한다. 이는 작업뿐만 아니라 본인 스스로에게도 적용된다. 내부적인 동기부여가 된 행동의 원천은 자신에게 있으며, 그 중심기반은 인지된 자율성(자기결정)과 능력을 경험할 필요성이 있다.

라이언과 데시(Ryan & Deci, 2000: 61)는 외부동기와 관련된 4가지 유형의 규제를 제시하고 있다. 규제의 정도는 외부화된 분명하고 통합된 규제에서 가장 높은 수준의 규정이라 볼 수 있다. 즉 그 대표적인 규제의 유형은 외부규제, 도입규제, 규제식별, 통합규제 등으로 분류하고, 그 규제의 정도에 따라 세분화하고 있다(Furtner & Baldegger, 2016: 67-69).

3) 사회적 인지이론(Sozial-kognitive Theorie)

반두라(Bandura)가 주장한 사회적 인지이론은 셀프 리더십의 중심적 기본이론으로 볼 수 있다. 현재 인간의 동기를 설명할 수 있는 가장 중요한 심리이론 중 하나로 간주되고 있다. 반두라는 자신의 이론에서 자기영향 과정의 중요성을 다음과 같이 설명하고 있다. "사회인지이론에서 인간 행동은 지속적인 자아에 영향을 행사함으로써 광범위한 동기부여가 조절된다(Bandura, 1991: 248)." 따라서 인간은 환경적 힘에 의해 조성 혹은 통제되거나 내부의 숨겨진 충동에 의해서 동기화되는 반응적 존재가 아니라 자기조직, 자기반성, 자기조절 행동에 대한 적극적 존재이다(이동형, 2011: 114). 여기서는 핵심적인 이론적 개념에 대해서 몇 가지 설명하고자 한다(김혜원, 2020: 69-71 재인용).

(1) 인간의 기본 능력

반두라(Bandura)는 인간은 기본적인 능력을 지닌다고 정의하였고, 인간의 다양한 능력은 인간의 학습과 기능의 토대를 이루는 것이라고 보았다. 여기서 인간의 기본 능력은 상징화능력, 선견능력, 대리(학습)능력, 자기조절능력, 자기성찰능력 등으로 구성되어 있다.

① 상징화능력(symbolizing capability)

상징화능력은 정신적 심상이나 언어와 같은 상징을 사용해 경험을 내면화하고, 미래의 행동을 결정하는 데 활용할 수 있는 능력을 의미한다. 새로운 문제에 직면하면 사람들은 해결책을 찾는 대신 이러한 능력을 통해 가능한 대안을 상징적으로 적용해 볼 수 있다.

② 선견능력(forethought capability)

선견능력은 행동의 결과를 예측하고 달성 가능한 목표와 일련의 행동양식을 계획함으로써 희망하는 결과를 얻을 가능성을 의미한다. 사람들은 기대되는 미래의 결과를 가능한 지침으로 생각하며 현재의 행동에 동기부여를 할 수 있게 해준다.

③ 대리(학습)능력(vicarious capability)

다른 사람의 행동과 결과를 관찰함으로써 새로운 내용의 학습 및 현재의 학습을 촉진할 수 있는 능력을 뜻한다. 인간이 직접적인 행위와 경험을 통해서만 학습할 수 있다면 비효율적이지만, 관찰을 통해 대리학습할 수 있는 능력이 있기 때문에 방법에 따라 그 학습 과

정의 단축이 가능하며, 또 시행착오를 줄일 수 있다.

④ 자기조절능력(self-regulatory capability)

개인의 내적기준 및 자신의 행동에 대한 자기평가를 통해 행동을 조절하고 동기부여할 수 있는 능력을 의미한다. 사람들은 자신의 내적기준과 실제 수행에 괴리가 있다면 자기평가를 실행하게 되며, 이 과정을 통해 이후의 행동에 영향을 받게 된다. 이러한 과정은 자신의 동기와 행동에 영향을 줄 수 있다.

⑤ 자기성찰능력(self-reflective capability)

자기성찰능력은 스스로 자기 경험을 분석하고 자신의 사고 과정에 대해 생각할 수 있는 능력을 뜻한다. 인지주의이론의 관점에서 본다면 자기성찰능력은 '생각에 대한 생각' 또는 '인지에 대한 인지'를 뜻하는 메타인지적 능력이라고도 할 수 있다. 사람들은 이러한 자기성찰을 통해서 자신과 세상에 대해 깊이 이해할 수 있게 된다.

(2) 관찰학습(observational learning)

관찰학습이란 직접 경험하지 않고 다른 사람의 행동과 결과를 관찰함으로써 새로운 행동양식을 학습하는 것을 의미한다. 반두라에 따르면 관찰학습은 주의집중, 기억, 생산, 동기부여라는 4개의 과정으로 구성된다.

① 주의집중 과정(attentional process)

관찰하는 대상의 행동, 사건에 선택적으로 주의를 집중하고 관련된 특성을 정확하게 인지하는 과정이다. 주의집중 과정에 영향을 주는 요인에는 모델링이 되는 사건의 중요성, 복잡성 등과 관찰자의 인지능력, 각성정도, 선호, 사전지식 등이 있다.

② 기억 과정(retention process)

기억 과정은 관찰한 행동과 결과에 대한 내용을 상징으로 전환해 향후 모델링되는 실제 행동이나 사건이 없을 때에도 그 정보를 활용할 수 있도록 한다. 여기서 상징적 전환이란 관찰된 사건의 본질적 특성과 구조를 간결한 상징으로 전환해 기억하기 좋게 한다는 의미이다.

③ 생산 과정(production process)

생산 과정은 상징적 표상을 실제 행위로 전환하는 과정으로, 주어진 시간과 공간의 맥락에 적합한 방식으로 관찰된 행동을 재현하는 것을 의미한다. 이 과정은 행동양상을 인지적으로 조직해서 시도하고, 실제 수행을 관찰하며, 피드백을 통해서 인지적 표상 및 수행을 교정하는 하위과정을 포함한다.

④ 동기부여 과정(motivational process)

관찰을 통해 학습된 행동이 수행으로 이어지면 행동의 결과 또는 보상의 영향을 받는다. 이때 보상은 자신에게 직접적으로 주어지는 것뿐만 아니라 다른 사람이 받는 보상을 관찰하는 것도 해당된다.

(3) 자기효능감(self–efficacy)

자기효능감이란 "자신이 성과를 달성하기 위해 필요한 행동을 조직하고 실행할 수 있는 능력을 가지고 있다는 믿음"을 의미한다. 자기효능감은 자신의 의사결정, 행동양식, 목표설정 및 목표달성을 위해 헌신하는 정도, 장애물을 만났을 때 노력하고 인내하는 정도, 역경을 극복하는 능력, 그리고 성취의 정도에 영향을 미친다. 반두라는 자기효능감 형성에 영향을 주는 원천으로 다음의 4가지 요인을 제시하였다.

① 실제 수행경험(enactive attainments)

구체적 상황에서 실제로 목표를 달성하고 성취한 경험은 자기효능감 형성에 가장 큰 영향을 미치는 요인이다. 사람들은 자신의 행동결과를 해석하고 그 해석을 바탕으로 향후의 과제수행능력에 대한 인식을 발달시키게 된다. 따라서 성공의 경험은 자기효능감을 높이고, 실패의 경험은 자기효능감을 저하시킨다.

② 대리경험(vicarious experience)

다른 사람들의 성공적인 경험을 자세히 관찰함으로써 자신도 유사한 과제를 수행할 수 있다는 인식을 가질 수 있다. 대리경험에 의한 효능감 형성은 직접적인 수행에 기반한 경우보다 약할 수 있지만 성취경험이 적거나 자신의 능력에 대한 확신이 부족한 경우 자기효능감의 중요한 원천이 될 수 있다.

③ 사회적 설득(social persuasion)

다른 사람들로부터 자신이 주어진 과제를 수행할 수 있는 능력이 있다는 말을 듣게 되면 자기효능감의 원천이 된다. 그 평가의 내용이 현실적일수록 사람들은 주어진 과제를 성취하기 위해 더 많은 노력을 하며, 학생들의 경우 피드백을 주는 상대가 지식이 풍부하고 신뢰할 수 있다고 인식할수록 효과적이다.

④ 생리적, 정서적 상태(physiological and emotional states)

개인의 생리적, 정서적 상태는 사람들이 자신의 능력에 관해 판단할 때 부분적으로 영향을 미친다. 사람들은 긴장되는 상황에서 생리적인 심각성을 느끼면 자신이 부족하거나 취약하다는 징후로 생각하는 경향이 있으며, 편안하고 안정된 상태에서는 성공을 기대하는 경우가 많다.

3. 셀프 리더십의 SOAR 모델과 다양성

1) 자기 리더십의 SOAR 모델

리더에게는 자기인식, 감성지능, 포용, 마음가짐, 공감, 사회적 지능 및 학습, 민첩성 등이 중시되고 있다. 이에 감빌과 카르보나라(Gambill & Carbonara, 2021)는 셀프 리더십의 SOAR 모델을 주장하였다. 이 모델은 중요한 개념에서 가장 핵심이 되는 지식과 기술을 가져와 어려운 상황을 효과적으로 탐색할 수 있도록 하는 것이다. 즉 이 셀프 리더십의 SOAR 모델은 4가지, 즉 셀프, 전망, 행동 및 성찰로 분류된다.

셀프 리더십의 SOAR 모델은 효과적으로 자신을 관리하고, 전망을 통해 기회에 대한 인식과 명확성을 제공하며, 최상의 작업에 대한 통찰력을 실행하고, 성찰을 통해 결과를 이해하고 학습하기 위한 필수적 지식과 도구를 개발하는 프레임을 제고하고 있다(Gambill & Carbonara, 2021).

(1) 셀프(Self)

성격, 신체적 특성, 지능, 습관, 신념, 강점 및 약점의 유일한 조합을 기반으로 진화한 고유한 자신을 이해하는 것이다. 이와 관련하여 다음과 같은 주요 사항을 고려해야 한다.

- 내 목표와 야망을 쉽게 표현
- 최고를 이끌어내는 환경
- 자신의 장점과 목표달성을 위해 사용하는 방법
- 자신의 약점과 목표달성에 영향을 주는 것
- 자신이 가장 믿는 개인적 가치
- 자신이 행동을 취할 때 갖는 개인적 가치
- 자신의 가장 기본적인 요구사항을 해결하기 위한 자기관리

(2) 전망(Outlook)

일반적으로 세상을 보는 방식과 감정이 세계관에 미치는 영향에 대해 인식하는 것이 중요하다. 여기서 전망에 대한 주요 사항은 다음과 같다.

- 내 인식 편향이 상황과 사람을 보는 방식을 왜곡할 수 있다는 것
- 다양한 세계관을 적극적으로 이해하려고 노력
- 다른 사람에 대해 평가하기 전에 그 사람의 독특한 상황을 이해
- 부정적인 감정을 유발하는 요인이 무엇인지 인지
- 부정적인 감정이 내 행동에 어떤 영향을 미치는지 인지
- 감정을 진정시키기 위해 규칙적으로 호흡을 사용
- 자신의 감정을 알고 그 감정을 정확하게 설명

(3) 행동(Action)

리더가 가장 중요하고 복잡한 관계적인 상황을 성공적으로 발전시킬 수 있는 것이 실천적 행동이다. 이때 다음과 같은 것을 주의해야 한다.

- 대화에 대한 자신의 의도(결과 및 관계)가 최선인지 명확해야 함
- 핵심문제에 대해서 명확하게 하고 올바르게 하려는 노력
- 다른 사람들의 관점을 이해하기 위한 개방형 질문
- 이해를 높이기 위해 후속 질문을 하는 데 시간을 할애

- 질문 후 편안한 여유와 침묵하는 행위
- 문제에 대한 자신의 관점을 공유할 준비
- 미래지향적 솔루션을 생성하는 질문 방법
- 공동행동에 대한 명확한 합의를 개발할 시간을 가심

(4) 성찰(Reflection)

미래의 도전에 적응할 수 있는 통찰력을 얻기 위해 이전의 행동, 관점, 습관 및 의사소통을 비판적으로 평가하는 프로세스이다.

- 자신의 경험으로부터 학습하기 위해 반성하는 방법
- 지속적인 학습을 위해 적극적으로 피드백을 함
- 방어하지 않고 건설적인 피드백 경청
- 지속적인 개선을 위해 적극적인 개발목표 설정
- 자신의 신뢰와 발전을 지원할 사람들과 자신의 목표 공유
- 중요한 기술의 지속적인 개발과 새로운 기술 및 접근방식 학습
- 자신의 학습과 성장을 지원하는 지원 소셜 네트워크
- 반복되는 도전을 극복하기 위한 명확한 계획

이와 같이 일반적인 습관, 행동 및 사고만으로는 충분하지 않고, 끊임없이 변화하는 환경 속에서 SOAR 모델은 리더가 가장 어려운 상황을 탐색할 때 자기인식, 감성지능, 사회적 지능 및 학습민첩성 등을 적용하는 데 도움이 될 수 있다.

2) 셀프 리더십의 다양한 관점

셀프 리더십은 다양한 관점에서 자기 자신에 대해 나타날 수 있다. 그 대표적인 경우는 다음과 같다.

- 자기인식: 자신의 가치, 관점, 강점, 약점, 리더십 성향 및 정서적 필요를 인식하고 이해하며 의식하는 능력
- 자기관리: 의사결정에 있어 자신의 열정, 능력, 감정 및 리더십 능력 등을 키우고 활용하는 능력
- 기타인식: 타인의 열정, 강점, 약점, 잠재력 및 필요를 인정하고 인식하는 능력
- 기타관리: 다른 사람들이 자신의 잠재력을 개발하거나 조직의 목표를 달성할 수 있도록 성장시키고 동기부여를 하는 능력

4. 셀프 리더십의 전략

셀프 리더십은 개인이 스스로 자신에게 영향을 행사하는 방법에 대한 행동적 · 인지적 부분 모두를 포괄하는 보다 광범위한 개념으로, 개인 유효성에 긍정적인 영향을 줄 수 있도록 설계된 구체적인 행위적 · 인지적 전략으로 분류된다.

셀프 리더십의 전략은 **표 5-1** 에서 보듯이 실천적 행동전략, 내적 보상전략, 그리고 인지적 전략 등으로 분류되고 있으며, 이에 대한 세부 내용을 다음과 같이 설명할 수 있다.

표 5-1 셀프 리더십의 전략

유 형		구성요소
실천적 행동 전략	자기목표 설정	자신의 작업노력을 위해 직접 목표 설정
	자기존중	자신에 대해 갖고 있는 개인적 가치관과 긍정적인 평가로 스스로 가치 있는 존재로 인식
	자기연습	어떤 작업활동을 실제로 수행하기 전에 그 작업 등을 사전에 신체적·정신적으로 연습
	자기보상	바람직한 행동을 해냈을 때 그에 대한 가치 있는 보상을 스스로에게 제공
	자기비판	바람직하지 못한 방법으로 행동했을 때 그에 대해 스스로 비판
내적 보상전략	자율적 과업 재설계	직무에서의 내적 보상수준을 높이기 위해 무슨 일을 어떻게 할 것인지를 스스로 재설계, 내적 보상은 과업 자체와 분리된 것이 아닌 그 일부
	직업환경여건 재설계	인접한 작업환경에서 오는 내적 보상을 증진시키기 위해 인접한 작업환경을 재설계, 작업시간 및 장소 변경
인지적 전략	건설적 사고패턴	스스로 건설적이고 효과적인 습관이나 패턴 확립, 건설적인 사고패턴 관리방법 • 신념과 가정(假定)에 대한 관리 • 정신적 이미지(상상적 경험) • 자신과의 대화

출처: Manz, C. C. & Sims, H. P. (1987), Leading Workers to Lead Themselves: The External Leadership of Self Managing Work Teams, *Administrative Science Quarterly*, 32(1); 변상우(2018), 리더십, p. 295 재인용.

1) 실천적 행동전략

만츠와 심스(Manz & Sims, 1987)에 의하면 셀프 리더십의 실천적 행동전략은 다음과 같이 몇 가지 형태로 설명되고 있다(변상우, 2018: 296-299 재인용).

(1) 자기목표 설정

콕스(Cox, 1993)에 의하면 자기목표 설정은 처리해야 할 일들의 목표와 장기적으로 달성하고자 하는 목표를 설정한 후, 이들의 우선순위를 정하고 자기 스스로 실행을 지시하는 행동을 의미한다. 자신의 일에 대해서 새롭고 구체적인 목표와 지속 가능한 개발을 해야 하며, 이때 최상의 효과를 얻기 위해서는 목표의 도전성과 달성도 및 구체적인 목표를 설정해야 한다.

(2) 자기학습

자기학습은 효과적인 셀프 리더십 전략으로 행위 또는 과업의 체계적인 학습을 뜻한다. 어떤 일을 실행하기에 앞서 깊이 생각하고 중요한 부분을 미리 학습하는 태도로 감독이 코치들을 격려하기 전에 무슨 말을 어떻게 할 것인지를 미리 생각해야 한다. 또, 코치가 선수들의 체력증진을 위해 웨이트 트레이닝을 실시하기 전에 효과적인 훈련을 위해 핵심단계를 사전에 실행하는 것이 중요하다. 따라서 자기학습은 철저한 리허설 전략과 사전준비 및 반복된 학습을 통해서 최고의 결과를 얻을 수 있다.

(3) 자기존중

자기존중은 자신에 대해 갖고 있는 개인적 가치관이나 긍정적인 평가에 의한 외적 존중감과 내적 존중감 등으로 분류된다.

첫째, 외적 존중감은 다른 사람이 자기를 소중히 인정해서 얻는 명성, 존중, 지위, 평가, 위신, 그리고 사회적인 성공에 기초를 두게 된다.

둘째, 내적 존중감은 자기 자신이 가치 있는 존재라고 인식하고 내적으로 자기를 높게 평가함으로써 자신감과 안정감을 갖게 된다. 자신에 대한 긍정적인 인정과 자신감을 나타내는 내적 존중감은 조직 및 타인과의 관계에서 호의적이며, 충성 및 타인지향적 행동을 만들어내는 인지영역의 중요한 단서가 될 수 있다.

(4) 자기보상

자신이 수행했던 노력의 대가로 무엇을 받든지 간에 그것은 구성원의 동기유발과 미래활동의 선택에 큰 영향을 준다. 자기보상은 구성원의 성향과 환경에 따라 차이가 있다. 그러나 자기보상에 있어 가장 중요한 것은 금전적인 보상이 아니라 인정, 참가기회 부여, 도전 등의 기회와 스스로에 대한 인정이 중요하다.

한편, 높은 업적에 대한 대가로 의도적으로 자신에게 육체적 · 정신적 보상을 제공하는 것은 동기유발과 업무의 유지에 도움이 될 수 있다. 바람직한 행동으로 직무를 완수했을 때 개인적인 가치보상을 받게 되면 일할 의욕과 자긍심을 고취시키고 업무를 실행하는 데 긍정적인 영향을 줄 수 있다.

(5) 자기평가

자기 행동의 결과에 대한 자극의 다른 형태로 자기평가가 있어야 한다. 실제로 자기평가는 정신적이거나 의식적인 것이 상당한 부분을 차지한다. 자기평가는 자기보상과 반대 개념으로 자신의 바람직하지 못한 행동에 대해서 정확히 스스로를 평가하는 것이다. 즉, 스스로 바람직하지 못한 행동을 했을 때, 냉정한 평가를 함으로써 실수를 반복하거나 습관적인 실패에 빠지지 않도록 할 수 있다. 하지만 자신에 대한 지나친 비판은 업무의욕 저하 등의 부작용을 일으킨다는 것을 유의해야 한다. 따라서 실패의 원인을 분석하고, 이에 대한 학습을 통해서 교훈을 얻어 앞으로의 새로운 발전을 지향하는 것이 바람직하다.

2) 내적 보상전략

지금까지 셀프 리더십은 다른 리더십과 구별되는 주요 업무를 통해서 자연적 보상과 만족에 활용되었다. 특히, 셀프 리더들은 맥그리거(D. McGregor)의 Y이론적 내용과 성격을 갖는 조직구성원에서 찾을 수 있다(Carson, 2005). 여기에서는 셀프 리더십의 내적 보상전략으로서 자율적 과업 재설계와 환경여건 재설계 등의 구체적인 내용을 살펴보고자 한다.

(1) 자율적 과업 재설계

자신이 하고 있는 과업을 재설계함으로써 내적인 보상수준을 향상시킬 수 있다. 한 개인의 내적 보상은 유능한 자기통제감, 목적의식, 의무감 등에서 찾을 수 있다. 우선 자율적 과업 자체에 만족하기 위해서는 과업에 자신이 스스로 즐길 수 있는 요소들을 투입하여 새로운 방법을 구축하는 것이다. 이렇듯 계속된 과업의 내용에 좋아하는 방식들을 투입함으로써 자신의 방법을 변경할 수도 있고, 일 자체의 성격을 변화시킬 수 있다.

(2) 환경여건 재설계

자신의 주변 환경을 변화시키면 일의 능률을 향상시킬 수 있다. 반복되는 일상 업무에서 벗어나기 위해 환경적인 요인을 변화시키고, 작업시간이나 장소를 변경하여 새로운 사고와 방법으로 업무에 접근하려는 것이다. 오랫동안 진행해왔던 것을 새로운 장소와 분위기에서 진행함으로써 기존 방법으로 얻을 수 없었던 다양한 방법과 새로운 아이디어를 창출해 낼 수 있다.

3) 인지적 전략

인지적 전략은 자신의 기본적인 사고패턴을 변화시키고 셀프 리더십의 건설적 사고패턴을 관리하는 것이다. 이러한 인지적 전략은 어려운 과제수행에 있어서 자신감을 갖고 문제해결을 추진하는 데 많은 도움을 준다. 건설적인 사고패턴을 소유한 사람은 성공과 실패라는 이분법적인 사고에서 벗어나 업무수행 과정에서 더 큰 의미를 찾는다. 또한 실패의 과정에 대한 고찰 후에 긍정적인 피드백을 수용할 수 있다.

셀프 리더십에서 가장 중요한 것은 스스로에 대한 믿음과 확신이다. 자신에 대한 믿음과 확신은 성공의 가능성을 높여줄 수 있는 중요한 요인이다. 그리고 다양한 환경에서 여러 가지 과제를 수행할 때 중요한 것으로는 정신적 건강을 들 수 있다. 즉, 인지적 전략에는 정신적인 건강과 성숙함이 기본적인 전제가 된다.

예컨대 주어진 과제를 수행하기 전에 사전에 긍정적인 결과를 도출해 내는 한편, 상상적 경험에 의해 일어날 수 있는 실패의 가능성과 실망감을 줄이고, 성공적인 과업을 수행했을 때의 만족감을 사전에 경험해야 한다. 따라서 본인 내부에는 긍정적 사고와 비판적 사고가 서로 공존할 수 있다. 즉, 긍정적인 자기성찰은 어려운 환경을 충분히 극복할 수 있는 기회를 만들 수 있고, 업무의 전체적인 과정에 긍정적인 영향을 줄 수 있다. 반면에, 실패한 과업은 신중한 검토와 처리가 필요하며, 부정적 언어보다는 긍정적 언어를 자주 사용하는 것이 좋다.

5. 성공적인 셀프 리더십

존 맥스웰(John Maxwell)은 성공을 '인생의 목적을 깨닫고 그것을 이루어가는 과정이다'라고 정의하였다. 즉, 진정한 의미의 성공은 인생의 뚜렷한 비전을 세우고 이를 성취하기 위한 목표를 설계하고 달성해 나가는 일련의 행동 과정이라 정의할 수 있다. 이장로(2012)는 〈성공을 위한 셀프 리더십의 사례〉를 통해 셀프 리더십과 셀프 리더를 위한 목표설정의 원칙을 중심으로 다음과 같이 설명하고 있다.

1) 목적달성을 위한 셀프 리더십

셀프 리더십은 자신을 이끌어 가는 능력과 명확한 목표가 있어야 한다. 사전에는 '의식적으로 자기의 행동을 어떤 원칙에 따라 방향 짓는 것'으로 명시되어 있다. 목표는 자신이 궁극적으로 추구하는 삶의 방향을 결정한다는 점에서 의미가 크다. 목표가 모호한 사람은 삶의 방향도 모호하여 자신이 무엇을 해야 하고 자신의 노력과 시간을 어떻게 관리해야 할지 모른다. 그러나 목표를 세우면 현재 생활의 혼돈을 딛고, 자신이 꿈꾸는 미래를 설계하고 계획할 수 있게 된다. 즉, 목표는 자기 스스로 삶의 변화를 결정하고 통제하며, 결과적으로는 꿈을 이루는 데 자신의 모든 능력을 집중시키도록 도와주는 것이 중요한 성공의 요인이다.

1979년 하버드 대학교 경영대학원 졸업생을 대상으로 "명확한 장래 목표와 그것을 성취할 계획이 있는가?"라는 설문조사를 한 적이 있다. 이 질문에 졸업생의 3%만이 목표와 계획을 세웠으며, 그것을 기록해 두었다고 응답했다. 13%는 목표는 있으나 그것을 종이에 직접 기록하지는 않았다고 했다. 나머지 84%는 여름휴가 계획 이외에는 아무런 계획이 없다고 대답했다. 그로부터 10년 후인 1989년, 연구자들은 10년 전의 졸업생을 대상으로 다시 한번 조사를 했다. 그 결과 놀라운 사실을 발견했다. 목표는 있었지만 기록하지 않았던 13%는 목표가 전혀 없었던 84%의 학생들에 비해 평균수입이 두 배 이상이었다. 그리고 명확한 목표와 계획을 세우고 그것을 구체적으로 기록했던 3%의 졸업생들은 84%의 졸업생보다 소득이 평균 열 배 정도 많았다. 이들 집단 간에는 학력이나 능력의 차이는 거의 없었다. 다만, 목표를 세웠느냐 그렇지 않았느냐의 차이가 있었을 뿐이다. 이처럼 목표를 설정하고 그에 따라 자신을 이끌어가는 셀프 리더십이 성공한 삶을 사는 데 중요하다(이장로, 2012).

2) 셀프 리더와 목표설정의 원칙

전략적 목표를 설정하는 데 고려해야 하는 4가지 원칙과 설정된 목표를 효과적으로 달성하기 위한 전략적 방법은 다음과 같다.

(1) 목표에 대한 자아의 근거

진정한 자아는 가시적이거나 타인의 기대에 부응하는 목표가 아닌 자신의 고유가치에 근거한 목표를 설정할 때 강력한 동기부여가 수반될 수 있다. 자신의 사명은 무엇인지, 추구하고자 하는 핵심가치가 무엇인지, 좋아하는 일이 어떤 것인지, 자신이 가진 강점과 약점이 무엇인지 등을 끊임없이 자문하고 성찰함으로써 진정으로 원하는 삶의 모습을 찾고자 노력해야 한다. 이를 바탕으로 구체적인 목표를 설정해야 한다.

(2) 목표의 자원과 역량

목표는 최선의 노력을 통하여 성취할 수 있는 표준에 근거해야 한다. 주어진 자원과 자신의 역량을 고려하지 않고 터무니없이 높은 목표를 설정한다면 결코 목표를 성취할 수 없으며, 좌절감을 경험하게 된다. 하지만 일정한 기간 내에 필요한 역량을 함양하여 비전과 연계된 목표를 수립했을 경우, 그 목표는 달성 가능한 것으로 보인다.

(3) 목표의 문서화

계획한 목표는 사명선언문과 같이 구체적이고 명료하게 글로 작성하는 것이 중요하다. 사명선언문이란 개인이나 기업의 존재 이유를 글로 표현하는 것이다. 그것은 인생의 항로를 발견하고, 항해를 개시하고, 그것을 평가하고, 수정하고, 다시 항해하는 데 불변의 기본적인 역할을 한다. 또한 그것은 진정 우리가 원하는 것이 무엇인지, 그 원하는 것을 이루기 위해서 어떻게 살아야 하는지, 종국에 어떤 사람이 되는지 등과 같은 삶의 현안들을 구체적으로 조정하고 감독하기도 한다. 따라서 명료하게 작성된 사명선언문은 구성원들이 사회를 살아가는 데 가장 유익한 동반자가 될 수 있다.

(4) 목표의 수치화와 계량화

정성적 목표는 포괄적이며 전체적인 삶의 방향을 제시해 주지만 구체적인 방향은 제시해 주지 못한다. 따라서 목표달성에 대한 평가가 불가능하기 때문에 수치화, 계량화된 정량적 목표로 구체화해야 한다. 예를 들면, 올해 영어 실력을 높이기 위한 정성적인 목표를 세우는 것보다는 토익점수를 언제까지 800점을 달성하고, 그 후에는 언제까지 900점 이상을 달성하겠다는 정량적 목표를 세우는 것이 중요하다.

(5) 목표달성과 시간설정

목표란 마감시한이 있는 제한적 시간을 갖는다. 단지 계획을 세워 놓고 기다리기만 한다면 그것은 말 그대로 계획이지 목표가 아니다. 초기에 생각으로만 머물던 목표와 계획에 '언제까지'라는 목표달성 기간을 설정하고 문서로 작성하게 되면, 절박함 때문에 실천적인 행동을 하게 된다. 즉, 목표달성을 위한 기간을 구체화시키고, 구체화된 생각은 행동으로 실천하는 것이 중요하다.

(6) 목표에 대한 긍정적인 언행

영국 최초의 여성 수상인 대처(Margaret Thatcher)는 "생각을 조심해라. 이는 곧 말이 된다. 말을 조심해라. 이는 곧 행동이 된다. 행동을 조심해라. 이는 곧 습관이 된다. 습관을 조심해라. 이는 곧 성격이 된다. 성격을 조심해라. 이는 곧 운명이 된다"라고 했다. 즉, 우리의 긍정적인 말과 생각이 목표를 달성해 나가고 성공적인 인생을 성취하는 데 영향을 미치는 주요 요인이라는 것을 알 수 있다.

6. 셀프 리더십의 실천을 위한 핵심요소

최고의 리더는 자신의 삶의 목표에 맞춰서 성과를 올릴 수 있도록 유도하는 자기 자신이다. 셀프 리더십은 자신에게 영향을 주는 지속적인 과정으로 셀프 리더십이 되기 위한 핵심내용을 다음과 같이 살펴보고자 한다(변상우, 2018; 박보식, 2019).

1) 자신감

자신의 행동과 생각, 감정 등을 객관적으로 판단하고 평가하며 개선점을 찾는 것이다. 자신에 대한 성찰과 평가는 스스로에 대한 이해와 신중하게 행동하는 자세, 더 좋은 선택과 행동을 통해서 좋은 결과를 도출하는 데 긍정적인 역할을 한다.

2) 자기관찰 및 평가

자기성찰 및 평가는 자신의 행동, 생각, 감정 등을 객관적으로 되돌아보고 평가하며, 이에 대한 문제점을 찾아 개선점을 찾는 과정이다. 이는 스스로에 대한 장단점을 인식하고 자신을 위한 성장의 기회로 모색하는 것이다. 이와 같은 성찰과 평가는 스스로에 대한 이해, 더 좋은 선택과 행동을 하는 데 필요하다,

3) 비전과 목표설정

비전과 목표설정은 개인이나 조직에서 장기적인 방향성과 목적을 달성하기 위하여 구체적인 계획을 수립하는 과정이다. 비전은 리더가 미래에 달성하고자 하는 계획과 희망을 나타내며, 목표설정은 그 비전을 실천하기 위해 구체적이고 달성 가능해야 한다. 여기서 명확한 비전은 구성원들의 동기부여와 방향성을 제공하며, 이를 위한 자신의 행동관리 및 목표달성을 위해 철저히 실천하는 것이 중요하다. 성공적인 비전 실현을 위해서는 계획의 구체화뿐만 아니라 꾸준한

실행력과 열정이 동반되어야 한다.

4) 긍정적 사고와 셀프 토크

셀프 리더십의 긍정적인 사고와 셀프토크는 스스로에게 건설적인 생각과 격려의 말을 건네며, 자신감과 성과를 높이는 효과적인 심리 전략이다. 특히, 긍정적인 사고는 복잡하고 어려운 환경에서도 문제를 해결하고 새로운 기회를 모색하는 데 도움을 주며, 낙관적인 전망을 통해 도전적인 상황에서도 지속적으로 발전할 수 있는 기반을 제공한다.

셀프토크는 내면에서 이루어지는 자기 대화를 통해 부정적인 감정을 조절하고, 행동을 긍정적인 방향으로 이끌며, 자신에 대한 신뢰감을 강화하는 데 중요한 역할을 한다. 이러한 과정은 목표달성의 가능성을 높이고, 자신에 대한 만족감을 높인다.

5) 자기보상

자기보상은 자신의 가치를 스스로 인정하고 자신에 대한 확신을 가지는 태도를 의미한다. 이는 내면의 동기를 강화하고 자신감과 자기효능감을 높이며, 어려운 상황에서도 긍정적인 태도를 유지할 수 있도록 돕는다. 결국, 자기보상은 목표달성을 위해 꾸준히 노력하도록 이끄는 원동력이자, 자신에 대한 신뢰를 바탕으로 성장과 성공을 이루는 핵심 요소로 볼 수 있다.

6) 전문성

전문성은 자신의 분야에서 높은 수준의 지식과 기술을 갖추는 것으로 이를 지속적으로 개발하는 노력이 중요하다. 특히, 리더의 전문성은 목표를 효과적으로 달성하기 위한 기반이 되며, 자신에 대한 신뢰를 높이고 타인으로부터 신뢰와 존경을 얻는 중요한 요소이다. 리더의 전문성은 문제해결능력의 중요한 요소이다. 이는 셀프 리더십을 실천하는 데 필수적인 역량 중 하나로, 개인의 성장과 성공을 위해 절대적이다.

7) 자신만의 브랜드화

자기 브랜드화는 개인의 강점, 전문성, 가치관을 기반으로 독창적인 이미지를 구축하고, 이를 통해 타인에게 신뢰와 호감을 얻는 것이다. 자기 브랜드를 강화하기 위해서는 꾸준한 자기 계발, 명확한 목표 설정, 일관된 메시지 전달, 그리고 긍정적인 평판 관리가 필수적이다. 이를 통해 개인은 자신만의 차별성을 부각시키고, 자신이 원하는 기회와 성취를 이끌어낼 수 있다. 결국, 자기 브랜드화는 현대 사회에서 자신의 가능성을 극대화하고 전문성을 효과적으로 전달하는 강력한 도구이다.

'셀프리더십' 네이버 vs '집단리더십' 카카오의 사례에서 학습하자

국내 인터넷 업계 양대 산맥인 네이버와 카카오의 서로 다른 조직문화 실험이 화제가 되고 있다. 여기서 네이버는 '셀프리더십'을, 카카오는 '집단리더십'을 각각 표방하고 있다.

리더십의 유형은 다르지만 두 업체는 공통적으로 '모바일 퍼스트(우선주의)'를 외치며 스타트업(창업초기기업)처럼 작은 단위로 조직을 세분화시키고 있다. 오늘날 무한경쟁의 시대에서 모바일 서비스 분야에서는 신속한 의사결정과 혁신적인 아이디어가 생명으로 간주되고 있다. 이 두 업체는 같은 목표지점을 향해 달리고 있지만 서로 다른 리더십 실험을 하고 있으며, 두 업체의 경쟁력이 어떤 차이를 갖는지 세간의 많은 관심과 이목이 집중되고 있다.

'셀프리더십' 네이버 VS. '집단리더십' 카카오

업체	주요 조직 변화
네이버	• 본부제 폐지 후 '셀(cell)' 제도 • 책임근무제(출·퇴근 자율 등) • 사내독립기업 및 책임예산제
카카오	• 최고경영진협의체 신설(CXO팀) • CEO직속 경영자문협의체 구성 • 단체 미팅 'T500' 통해 비전 공유

■ 네이버, 서비스 단위 '셀 조직'으로 의사결정 속도↑

네이버는 직원 개개인이 더 많은 자율성과 책임성을 가지고 역량을 쌓을 수 있도록 '책임근무제'를 실시하고 있다. 출·퇴근 시간을 정하지 않고 임직원이 업무시간을 탄력적으로 사용토록 한다. 또 인사, 총무, 복리후생 관련 결재의 70%는 직원 본인 전결로 이뤄지도록 했다. 일례로 연차휴가 등이 필요할 경우, 조직 수장의 결재 없이 자율적으로 신청해 사용하면 된다.

네이버 관계자는 "아이돌 스타를 앞세운 글로벌 라이브 스트리밍 서비스 'V'처럼 아시아는 물론 유럽과 중동 지역까지 서비스 대상 국가가 확대되면서 해외 현지와 시간을 맞춰 일해야 하는 사례가 늘고 있어 출·퇴근 시간 자율제를 도입했다"고 배경을 설명했다.

특히 최근 이해진 네이버 이사회 의장은 조직이 관료화되는 것을 막겠다며, 서비스 단위 조직인 '셀(Cell) 제도'와 '사내 독립기업(CIC·Company-In-Company)'을 활성화시키고 있는 것으로 전해졌다. 서비스 특성에 따라 젊고 감각적인 실무형 인재들이 독립적으로 조직을 구성토록 한 것이다.

이때 직급에 제한 없이 선정된 각 셀 조직의 리더는 연봉, 보상체계, 승진기준 등 인사권은 물론 '책임예산제'를 바탕으로 각각의 서비스 프로젝트에 맞게 예산을 운영할 수 있다. 이 과정에서 역량이 입증된 셀 조직은 '웹툰&웹소설 셀'처럼 CIC로 선정, 사내 독립기업으로서 리더가 실질적인 경영권을 얻게 된다.

네이버 관계자는 "급변하는 모바일 시대 속에 개별 서비스의 빠른 의사결정과 과감한 실행력을 이끌어내기 위해 다양한 제도를 시행하고 있다"며 "특히 셀 제도를 도입하면서 신규 서비스 개발 기간 등이 크게 줄어들고 있다"고 전했다.

■ 카카오, 뉴리더 임지훈 체제 조기안정화 위해 집단경영 도입

카카오는 기존의 공동대표 체제를 단독대표 체제로 전환하며 새롭게 선임된 임지훈 대표에게 힘을 실어주고자 최고경영진 협의체를 신설했다. 이른바 'CXO팀'으로, 과거 경영정책과 광고사업 등 목적별로 세분화되어 있던 조직을 서비스, 비즈니스, 기술, 재무, 지원 등 5개 부문으로 재정비하면서 최고운영책임자(COO), 최고재무책임자(CFO), 최고비즈니스책임자(CBO), 최고상품책임자(CPO), 최고기술책임자(CTO) 등으로 구성된 집단경영 체제를 만들었다.

또 최고경영자(CEO) 직속으로 경영자문협의체를 신설하는 등 35세 젊은 CEO인 임 대표 체제를 조기에 안정화시키기 위해 총력을 기울였다. 카카오 관계자는 "임 대표를 중심으로 조직 간 유기적 협업을 이끌어 내기 위해 마련된 의사결정체계"라며 "모바일 라이프 플랫폼 리더라는 공동의 목표를 달성할 수 있는 기업문화 조성에도 앞장서고 있다"고 밝혔다.

특히 카카오는 매주 화요일, 임직원 전체가 함께하는 단체 미팅 성격의 'T500'을 진행한다. 김범수 카카오 이사회 의장 등이 직접 나서 회사와 관련된 주요 내용들을 구성원들에게 투명하게 공개함으로써 상호신뢰를 구축하고 있는 것이다. 이때 단순히 공지사항을 띄우는 형태가 아니라, 임직원 전체가 자유롭게 질문을 주고받으며 다양한 의견을 나누는 '토론의 장'으로 전개된다. 카카오 관계자는 "임직원들이 새로운 모바일 생태계를 구축하는 데 필요한 창의적인 생각과 틀에 얽매이지 않는 유연한 사고를 할 수 있도록 각자의 취향대로 업무환경을 변화시킬 수 있도록 하고 있다"며 "실리콘밸리 내 기업들을 벤치마킹한 스탠딩 전용 책상에서 서서 일하는 사람들도 있고, 사내 이동수단으로 킥보드를 이용하기도 한다"고 전했다.

출처: 파이낸셜뉴스(2015.09.29.)에서 일부 수정.

7. 셀프 리더십의 효과

셀프 리더십의 효과는 구성원들의 논리적 사고와 자기행동의 개선 및 업무성과에 상당한 영향을 미칠 수 있다. 스스로 하는 업무에 대한 자기진단과 자기성찰을 통해서 자신의 강점과 약점을 파악하고 개선할 수 있다. 또한 자기 자신이 미래 행동의 개선과 업무성과를 위해 노력해야 한다. 그럼에도 불구하고 스스로 자기진단과 성찰이 없다면 자기행동과 업무개선의 문제점을 극복할 수 없다.

셀프 리더는 스스로 설정한 목표와 업무방식을 통해 자신의 업무를 추진해 자기책임의식을 높여 좋은 결과를 얻을 수 있다. 리더는 스스로 자기칭찬과 자기인정 및 성취감 등을 자기보상으로 인정하고 더 높은 업무성과를 높이기 위하여 열정적으로 노력하게 된다(하승미, 2018: 186).

발레리나 강수진의 '셀프 리더십'을 벤치마킹하라

1. 주요 이력 및 수상경력

그녀는 리틀엔젤스예술단 출신으로, 언니를 따라갔다가 뽑혔다고 한다. 선화예술중학교를 지원했을 당시에는 한국무용을 배웠고 한국무용을 전공하기로 했지만, 중학교 1학년 때부터 발레과에 사람이 없어서 지원자를 받는 것을 보고 발레과에 지원했고, 그렇게 골격 테스트를 통과한 후 발레를 전공하게 되었다고 한다.

선화예술고등학교 재학 시절인 1981년 12월에 그녀는 모나코의 왕립발레학교 교장 마리카 베소브라소바의 눈에 띄어 모나코로 떠나 3년간 유학 생활을 했다. 1986년에는 아시아인 중 최초로 독일 슈투트가르트 발레단에 입단하여 2015년까지 활동했고, 2016년 발레단에서 매년 있는 단원평가와 승진심사에서 면제되어 원할 때까지 수석 무용수 자격으로 무대에 오를 수 있는 아시아 최초의 종신 단원 자격으로서 은퇴했다. 슈투트가르트 발레단에서 1994년에 솔리스트, 1997년에 수석 발레리나가 되었다.

1985년에는 아시아인으로서는 2번째로 로잔 콩쿨 (Prix de Lausanne)에서 공동우승하였으며, 1999년에는 《춘희》라는 소설을 바탕으로 한 까멜리아 레이디의 마르그리트 역으로 무용계의 아카데미상이라 불리는 브누아 드 라 당스(Benois de la Danse) 상을 받았다. 이것은 한국인 최초이며, 1918년 현재 이 상을 받은 한국인은 강수진과 김주원, 박세은, 그리고 발레리노 김기민까지 4명뿐이다.

2007년에는 독일 바덴뷔르템베르크 주정부로부터 궁중무용가에 해당하는 캄머탠처린(Kammertanzerin)이라는 상을 받았다. 우리나라로 따지자면 인간문화재이고, 이 역시 아시아 최초이다. 이와 같이 아시아인 최초라는 수식어와 함께 면책특권이 있다고 한다. 이러한 그녀의 기록은 당시 한국 출신 발레리나 중에서 거의 최초였다.

특이사항은 발레의 대명사이자 각 발레단의 프리마 발레리나가 의무적으로 맡는 프티파-이바노프 버전의 걸작 발레 블랑인 백조의 호수의 오데트 역으로 무대에 선 적이 한 번도 없다. 대신 차이코프스키 3대 클래식 발레이자, 클래식 발레리나로서 최고 난이도를 자랑하며 무용수의 자질을 평가받는 작품이라는 〈잠자는 숲속의 미녀〉에는 출연했다. 이렇듯 강수진은 드라마티컬 발레에 최적화된 동양 무용수로서, 오네긴, 말

괄량이 길들이기, 지젤, 카멜리아 레이디처럼 연극적인 요소가 많은 발레를 대표 레퍼토리로 갖고 있다.

[수상내역]

2015년 제34회 세종문화상 예술 부문

2015년 세종문화상 예술부문

2014년 제25회 고운문화상 고운문예인상

2014년 바덴뷔르템베르크 공로훈장

2007년 존 크랭코상

[주요 경력]

(前) 국립발레단

(現) 슈투트가르트 발레단 (수석 발레리나)

(現) 대한민국 국립발레단 단장

(現) 2013년 2018 평창동계올림픽 홍보대사

(前) 2011년 로잔국제콩쿠르 대회 심사위원

(前) 2007년 독일 캄머 탠처린

(前) 2006년 제3회 서울국제무용콩쿠르 발레부문 심사위원

출처: https://namu.wiki/나무위키

2. 강수진 셀프 리더십의 벤치마킹

그녀는 스스로 셀프 리더십과 노력을 통해 세계적인 명성을 얻고 유명한 발레리나가 되었다. 강수진의 셀프 리더십은 만츠(1998)가 제시한 실천전략을 접목해 벤치마킹할 수 있다(한은미 외, 2019).

1) 목표설정

강수진은 '나는 세계 최고의 발레리나가 되겠다'는 목표를 가진 적이 없었다. 그저 '최선을 다해 오늘을 산다'고 생각하며 하루하루 최선을 다하는 것을 목표로 하였다.

2) 목적의식

그녀는 모든 공연에서 관객들을 위해 좋은 공연을 보여줘야 한다는 것과 어제보다 나은 내가 되자는 목적의식을 갖고 있다.

3) 자기관찰

그녀는 화가 나면 제3자의 눈으로 자신과 상황을 객관적으로 보려고 노력하였다.

4) 예행연습

그녀는 20만 시간이 넘게 발레 연습을 했다. 그의 피나는 노력이 오늘의 명성과 유명인을 만들었다.

5) 자기보상

그녀는 자신에게 부여된 한계를 넘어선 뒤 마시는 와인 한 잔, 영혼을 위로하는 음악, 열심히 훈련한 뒤 흘리는 땀으로 자기에게 보상해 주었다.

6) 신념관리

발레리나에게 부상이나 슬럼프는 자주 있는 일상과도 같아 그녀는 대수롭지 않게 생각했다. 부정적인 생각이 들면 과감히 잊고 그 자리에서 일어나 다시 자신의 일을 시작했다. 경쟁자는 언제나 자기 자신이라고 생각했다.

7) 자신과의 대화

그녀는 마음이 약해질 때 스스로 '나는 할 수 있다'라고 외치면서 마음을 다잡았다.

8) 자기비판

그녀는 항상 작품에 몰입하고 집중했으며, 이에 대한 냉철한 자기비판을 게을리하지 않았다.

제2절 _ 슈퍼 리더십

1. 슈퍼 리더십의 개념

1) 슈퍼 리더십의 정의

슈퍼 리더십(Super Leadership)은 만츠와 심즈(C. Manz & H. Sims)가 고안한 리더십 스타일로 개인의 셀프 리더십을 기반으로 한다. 즉, 다른 사람들이 자기 자신을 리드할 수 있는 역량과 기술을 갖도록 한다. "자기 리더십"이라고도 하는 슈퍼 리더십은 자신을 이끌면서 다른 사람을 이끌기 위한 전략으로 정의할 수 있다(Manz & Sims, 2001). 슈퍼 리더십은 전통적인 리더십에 비해 효과적인 리더를 유도한 추종자의 능력을 향상시키는 것에 중점을 두어 추종자들이 스스로 이끌도록 한다(Shah & Ali, 2011: 389). 여기서 슈퍼 리더의 임무는 추종자가 스스로 자기 리더십 기술과 개발을 통해 조직에 더 많이 기여할 수 있도록 하는 것이다.

슈퍼 리더십의 핵심내용은 자기주도성, 자기책임, 자신감, 자기목표설정, 긍정적 기회와 사고, 그리고 자기문제해결 등이 중요하다. 또한 슈퍼 리더는 직접적인 명령을 내리는 대신에 다른 사람들이 책임을 지도록 권장한다. 요즈음, 슈퍼 리더십의 중요한 부분 중 하나는 추종자들이 자기 리더십을 행사하는 데 필요한 정보와 지식을 갖도록 하는 것이다. 반면, 추종자들은 자신의 업무에 대한 탁월한 헌신과 소유권을 경험하는 경향이 있다(Manz & Sims, 2001).

슈퍼 리더에 대해서 사람들은 카리스마가 있고 영향력을 행사하는 것, 즉 다른 사람에게 영향을 미칠 수 있는 능력을 "카리스마" 및 "영웅"과 같은 단어로 설명하고 있다. 결국 슈퍼 리더십은 다른 사람에게 영향력을 행사하면서 추종자가 스스로 책임과 권한을 갖고 주도적으로 이끌어가는 것이다. 예를 들면, 세계적인 역사적 인물, 즉 알렉산더, 시저, 나폴레옹, 워싱턴, 처칠 등이 높이 평가받고 있는 이유도 강력한 카리스마와 함께 추종자가 따를 수 있는 탁월한 능력을 소유하고 있기 때문이다.

2) 슈퍼 리더십의 등장배경

1980년 이후 미국 기업들은 국제경쟁력이 취약하였다. 대부분의 기업들은 국제경쟁력 강화와 경영혁신을 위한 방안으로 1989년 만츠와 심즈가 주장한 신세대 노동자를 관리하는 대안에 관심을 가졌다. 슈퍼 리더십의 관점은 오늘날 미국 기업이 직면하고 있는 최근 동향 때문에 매우 중요하게 간주되고 있다. 먼저, 세계경쟁에서의 미국 기업에 대한 도전은 기업이 인적자원을 더 많이 활용하도록 압력을 받는다. 그리고 최근 미국의 인적자원 자체가 크게 변화되었다. 예를 들어, '베이비 붐 세대'가 조직에서 중요한 역할을 맡아 업무에 대한 기대치가 높아지고 더 큰 의미를 갖게 되었다. 이러한 세대와 자원의 활용은 새로운 변화를 추구하면서 슈퍼 리더십의 등장을 가져왔으며, 최근 이에 대한 연구가 활발히 진행되고 있다.

3) 슈퍼 리더십의 기능

슈퍼 리더는 구성원의 성과에 대한 지시와 보상을 직접 제공하는 것이 아니라 직원의 셀프 리더십 실천을 격려, 안내 및 보상하는 역할을 한다. 일부 관리자는 급격한 환경변화와 새로운 도전을 받고, 이에 대한 적절한 대응과 극복을 위해 노력해야 한다. 이와 같은 어려운 상황과 결정이 셀프 리더십으로 전환하는 이유이다. 리더가 자신 있게 행동함으로써 부하들에게 자신감을 심어주면 궁극적으로 직원의 자기성취감으로 연결될 수 있다. 결국, 슈퍼 리더는 추종자들이 성장할 수 있는 기회를 제공하고 위험한 요인을 줄이며 일할 시간이 주어지면 좋은 결과를 얻을 수 있도록 도와주는 기능을 한다.

4) 슈퍼 리더십과 전통적 리더십의 비교

슈퍼 리더십과 전통적 리더십의 차이점을 비교하면 표 5-2 와 같이 간략히 요약할 수 있다.

표 5-2 슈퍼 리더와 전통적 리더의 비교

슈퍼 리더의 행동	전통적 리더의 행동
• 자기주도성과 책임감을 격려한다. • 자기관찰 및 평가, 자기목표설정을 격려한다. • 자기반성을 칭찬한다.	• 목표를 강조한다. • 팀원들을 관리·감독하고 정보제공 및 해결방법을 제시한다. • 영향력을 행사한다. • 자주 대화한다.

2. 슈퍼 리더십의 발전단계

만츠와 심즈(Manz & Sims, 1991)는 슈퍼 리더십의 7단계를 제시하고 있다. 즉, 셀프 리더가 되고, 셀프 리더십의 모델이 될 것, 자신의 목표설정, 긍정적 사고방식, 보상과 건설적인 질책을 통한 셀프 리더십 개발, 팀워크를 통한 셀프 리더십 증진, 그리고 셀프 리더십 문화 촉진 등 7단계를 제시하였다. 그리고 여기서 7단계를 또다시 3단계로 분류하였다.

1) 슈퍼 리더십의 7단계 과정

(1) 제1단계: 셀프 리더가 되는 것

다른 사람을 이끄는 방법을 배우기 전에 먼저 자신을 이끄는 방법을 배우는 것이 중요하다. 슈퍼 리더가 되기 위한 첫 번째 단계는 효과적인 셀프 리더가 되는 것이다. 리더가 자신의 문제를 스스로 해결하는 모습을 보이지 않으면 조직구성원들에게 믿음과 신뢰를 얻을 수 없다. 그래서 리더는 스스로 높은 수준의 셀프 리더로 성장해야 한다.

(2) 제2단계: 셀프 모델이 되는 것

스스로 자기주도권을 습득했다면, 다음 단계는 이러한 기술을 부하직원에게 보여주는 것이다. 즉, 자기주도적 행동이 다른 사람들로부터 교훈이 될 수 있는 모델이 되어야 한다. 이때 모델링은 두 가지 방법으로 하위 자기리더십을 개발하는 데 사용할 수 있다. 첫 번째 용도는 새로운 행동, 특히 자기리더십 행동을 확립하는 것이다. 그 요점은 직원이 실제로 수행하지 않고도 완전히 새로운 행동, 특히 자기리더십을 배울 수 있어야 한다.

예를 들면, 스스로 주도하고 잘 조직된 관리자에게는 스스로 주도하고 잘 조직된 부하직원이 따를 가능성이 높다. 특히 임원은 부하직원이 모방하기를 바라는 셀프 리더십의 모범이 될 특별한 책임이 있다.

두 번째로는 이전에 배운 자기리더십에 대한 행동의 확률을 강화하는 것이다. 그리고 자기리더십 행동은 스스로 관찰을 통해 향상시킬 수 있다.

(3) 제3단계: 스스로 자기목표를 설정하는 장려단계

일반적으로 목표설정은 직원의 행동과 성과에 대해 가장 적극적으로 조사된 측면 중 하나이다. 이 연구에서 몇 가지 일반적인 원칙이 도출되었다. 첫째, 어떤 목표가 됐든 아예 없는 것보다 낫다. 아무리 단순한 목표이더라도 직원들의 관심과 에너지를 집중시키는 역할을 할 수 있다. 이는 조직심리학 연구에서 매우 널리 알려져 있다. 또한 구체적인 목표가 모호한 목표보다 낫다. 일반적으로 주어진 목표를 직원이 수락하면 어려운 목표일지라도 더 높은 성과를 기대할 수 있다. 마지막으로 누구든 목표설정에 참여하는 것이 성과를 향상시킬 수 있다. 직원이 해당 목표를 자신의 목표로 간주한다면 목표달성을 위해 더 많은 노력을 하게 된다.

(4) 제4단계: 긍정적인 사고방식을 만들어가는 단계

건설적인 사고방식은 성공적인 자기리더십의 중요한 요소이다. 슈퍼 리더는 부하직원에게 긍정적인 사고를 전달하는 역할이다. 특히, 중요한 것은 부하직원의 긍정적인 자아기대를 촉진하는 과정이다. 슈퍼 리더는 직원이 자신을 확장할 수 있는 능력에 대한 자신감을 신중하게 표현하게 하여 생산적인 사고를 전수한다. 이에 따른 현재 능력수준과 지원 및 격려가 필요하다. 이러한 자신감의 표현은 슈퍼 리더가 각 직원들에게 자신을 이끌도록 가르치는 "가이드 참여" 단계의 핵심이다.

(5) 제5단계: 내재적 보상과 건설적인 질책을 통한 셀프 리더십 개발

보상과 질책을 할 때 가능한 신속히, 그리고 양과 강도를 적절히 조절하는 것이 필요하다. 또한, 질책이 필요한 경우에 문제점의 수정에 국한시키고 본인에 대한 자존심과 자신감을 잃지 않도록 유의해야 한다. 그리고 자신이 잘못한 실수를 바로잡는 데 초점을 두고 스스로 통제할 수 있도록 유도해야 한다.

(6) 제6단계: 팀워크를 통한 자기리더십의 증진

슈퍼 리더는 조직의 경쟁력과 효율성을 높이기 위한 수단으로 팀워크를 사용한다. 이를 위해 슈퍼 리더는 구성원의 능력과 전문지식, 경험 등을 총체적으로 분석해 개인의 재능과 노력을 발전적인 방향으로 조합함으로써 팀의 성과를 높인다. 그 대표적인 예로는 볼보(Volvo)의 팀 중심 시스템을 들 수 있다. 볼보는 칼마르(Kalmar) 공장에서 도입한 팀 단위의 조립에 접목하였다.

(7) 제7단계: 셀프 리더십의 문화창달

셀프 리더십이 조직문화로 발전하는 단계이다. 이 단계는 조직의 전 분야에 걸쳐서 자율적 분위기를 촉진하고 자율업무 시스템을 구축한다. 셀프 리더십은 끊임없이 교육하고 운영체계를 발전시킴으로써 전 구성원의 몸과 마음을 통합적 조직문화로 설계해야 한다. **그림 5-1** 에서 보듯이 슈퍼 리더와 직원 간의 일대일 관계에 초점을 맞추고 최고경영진이 셀프 리더십의 문화를 만드는 과정이다.

그림 5-1 **슈퍼 리더십의 7단계 과정**

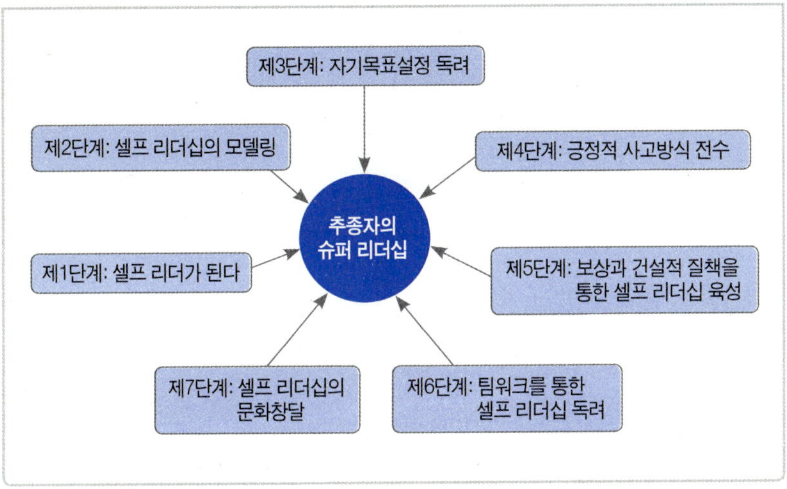

출처: Manz, C. C. & Sims, H. P. (1991), Super Leadership: Beyond the myth of heroic leadership, *Organizational Dynamics*, 19(4), p. 33.

이와 같이 슈퍼 리더십의 7단계는 개별적 구성요소와 연결된 과정이다. 이러한 과정을 통해 슈퍼 리더십의 구성요소가 각 직원 간 셀프 리더십 시스템을 개발하는 것이다.

2) 슈퍼 리더에 따른 3단계

슈퍼 리더십은 다음과 같이 3단계로 간략히 요약할 수 있다. 그 핵심적인 내용은 상사가 스스로 셀프 리더가 된 다음, 부하를 셀프 리더로 만들고, 리더가 조직을 자율적 경영 시스템으로 전환하는 것이다.

(1) 상사 자신이 먼저 셀프 리더가 되어라

상사는 먼저 끊임없는 자기개발로 전문적인 지식과 권한을 확보함으로써 스스로 셀프 리더가 되어 구성원들의 '롤 모델'이 될 수 있도록 노력해야 한다. 특히, 리더는 구성원에게 모범이 될 수 있는 행동과 셀프 리더십을 실천해야 한다.

(2) 부하를 셀프 리더로 만들어라

리더는 구성원 스스로 목표설정을 하도록 장려하고 긍정적인 사고와 아이디어를 만들 수 있도록 도와야 한다. 또한 업무성과에 따른 보상과 건설적인 조건 및 비판은 구성원 스스로 목표달성을 하는데 도움이 될 수 있다. 그러나 상사에게 지나치게 의존하는 직원은 좋지 않은 셀프 리더십 모델로 평가받을 수 있다. 그래서 이 단계에서는 리더가 언어적 행동에 주의해야 한다.

(3) 조직을 자율적 경영 시스템으로 전환해라

리더는 팀워크를 통해 셀프 리더십을 촉진시키고, 이를 구체화시켜 조직 전반에 셀프 리더십 문화를 정착시킨다. 직원들은 조직의 목표달성을 위해 자신의 셀프 리더십 행동에 대해 생각하고 실행하는 연습을 해야 한다. 셀프 리더십의 점진적인 개발에서 중요한 부분은 추종자가 스스로 셀프 리더십을 발휘할 수 있도록 개인적 보상패턴으로 전환하는 것이다. 처음에 리더는 추종자의 특정 성과와 관련해 행동에 대한 보상을 해야 한다. 그리고 시간이 지남에 따라 보상은 과제와 관련된 성과에서 셀프 리더십 과정 자체 및 경영 시스템으로 전환해야 한다.

3. 슈퍼 리더십의 성공요인

슈퍼 리더십의 성공요인은 상황에 따라 다양한 조건을 제시할 수 있다. 시몬(Simon)은 슈퍼 리더십의 성공요인은 인간으로서 자신을 개발하고 필요한 프레임워크 조건을 만들어 자신의 기술을 최적으로 보여줄 수 있는 능력이라고 보았다. 이러한 능력은 핵심 리더십의 능력으로 간주되며, 자신을 이끌고 통제하는 능력 및 통찰력이 강조되고 있다. 먼저, 다른 사람을 이끌고 싶은 사람은 자신의 행동을 최적화할 수 있어야 한다. 이것은 특정 행동전략(예: 자기관찰, 자기반성 및 자기보상)과 특정 인지전략(예: 보상으로서의 목표달성, 장애물 대신 가능성의 관점에서 생각)의 숙달을 전제로 한다. 그리고 다른 사람의 생각과 감정에 공감하고 자신의 감정적 균형을 조절하는 정서적 능력 또는 지능으로 알려진 능력도 매우 중요하다(Simon, 2019). 이와 같이 슈퍼 리더십이 성공하려면 자기개발과 자기기술을 기본으로 자신을 통제하는 통제력과 통찰력을 중요시해야 한다.

제3절 _ 감성 리더십

1. 감성지능의 개념과 특징

1) 감성지능의 개념

감성지능이란 사람이 자신의 감정을 관리하고 통제할 수 있는 능력과 타인의 감정도 통제 및 조절할 수 있는 것을 의미한다. 즉, 다른 사람의 감정을 잘 이해하고 이성적으로 관리할 수 있는 능력과 영향력을 미치는 지능이 감성지능이다. 감성지수에 대한 초기 연구는 살로비와 메이어(Salovey & Mayer, 1990)에 의해 연구되었으며(Freshman & Rubino, 2002: 2), "자신과 타인의 감정을 모니터링하고, 그것을 구별하여, 해당 정보를 통해 사고와 행동을 안내하는 능력"으로 정의하고 있다(O'Connor et al., 2019). 살로비와 메이어는 자신과 타인의 정서를 적절히 평가하고, 표현할 줄 아는 능력, 자신과 타인의 정서를 효과적으로 조절할 줄 아는 능력, 그리고 자신의 삶을 계획하고 성취하기 위해서 그런 정서를 활용할 줄 아는 능력이라 정의하고, 크게는 감성의 평가와 표현, 조절, 활용 등으로 구분하였다. 그리고 이렇게 구분된 3대 요소 아래 각각의 하위요인을 제시하였다(임재강, 2008: 79 재인용). 그리고 감성지능 연구의 선구자인 골먼(Goleman, 1995)은 감성지능을 "자신의 감정상태에 대한 인식과 조절을 통해 자신에게 동기부여하고, 타인의 감정에 대한 공감을 바탕으로 상대방과 인간관계를 맺고 관리하는 능력"이라고 정의했다. 쿠퍼와 사와프(Cooper & Sawaf, 1997)는 "인간의 에너지, 정보, 연결 및 영향력의 근원으로서 감성의 힘과 날카로운 통찰력을 감지하고 이해하며 효과적으로 응용할 수 있는 능력"이라고 하였다. 또 유클(Yukl, 2002)은 "감정이 개인의 인지적 과정을 촉진하는 데 사용되어 인지적으로 관리되는 감성과 이성을 통합하는 능력"이라고 정의하였다(한태천 · 임재강, 2011: 256 재인용).

이와 같이 감성지능의 개념은 학자에 따라 다양하게 정의되고 있으며, 리더십에 있어서 매우 중요한 요소로 간주되었다. 특히 감성지능의 주요 요인으로는 자기인식, 자기조절, 동기부여, 공감, 사회적 기술 등이 강조되었다(The Economic Times, 2021). 따라서 감성지능은 감정을 정확히 지각하는 능력, 인식 및 표현하는 능력, 사고를 촉진하는 능력, 감정을 이해하는 능력, 그리고 감정발달 등을 촉진하기 위해 감정을 조절하는 능력이라 할 수 있다.

2) 감성지수의 특징

미국의 심리학자 대니얼 골먼(Daniel Goleman)의 저서 《감성지능(*Emotional Intelligence*)》에서 유래된 감성지수(EQ: Emotional Quotient)란 정의하기 어려운 개념으로 보았다. EQ는 행동방식, 인간관계 등 다양한 영역에 영향을 주지만, 측정이 어렵다. 보통은 자신이 EQ가

낮다는 사실조차 알기 어렵다. 트래비스 브래드베리(Travis Bradberry)는 타임(Times)지에 자신의 EQ를 가늠해볼 수 있도록 EQ가 높은 사람들의 10가지 특징을 소개하였다. 요즈음 EQ는 직장에서 주요 이슈가 되고 있다. 감성지수가 높은 구성원은 직장에서 발생하는 규정과 스트레스를 더 잘 관리하는 경향이 있다. 여기서는 브래드베리가 제시한 감성지수의 특징 10가지(한동엽, 2016)와 함께 감성지수가 낮은 사람들의 특징을 살펴보도록 하겠다.

(1) 감성지수가 높은 사람의 특징

① 자기의 감정을 구체적으로 표현

감성지수(EQ)가 높은 사람은 감정을 정확히 이해하기 때문에 구체적으로 자신의 감정을 표현할 수 있다. 즉, 보통 사람들이 단순히 "기분이 나쁘다"라고 표현할 때, EQ가 높은 사람은 "절망적이다" "긴장된다" "분노가 치밀어 오른다" 등으로 다양하게 표현한다. 또 사용하는 단어가 구체적일수록 자신의 감정을 더 잘 알고 있는 것이다. 따라서 감성지수가 높은 사람은 자신에 대한 감정의 영역과 원인을 적절하게 파악할 수 있고, 상대방과의 갈등이나 어려움에 잘 대처할 수 있다.

② 주변 환경에 대한 호기심

감성지수가 높은 사람은 주변 사람들에 대해 호기심이 많다. EQ가 높은 사람들은 공감하는 능력이 뛰어난데, 공감은 그 사람에 대한 관심, 즉 호기심으로부터 시작되기 때문이다.

③ 탁월한 변화능력

감성지수가 높은 사람은 사고가 유연하고 변화능력이 뛰어나다. 감성지수가 높은 사람들은 새로운 변화와 도전을 기회로 생각하여 성공과 행복의 길을 찾는다. 그들은 항상 새로운 변화와 혁신의 가능성을 주시한다.

④ 자신의 강점과 약점에 대한 이해

감성지수가 높은 사람은 자신이 무엇을 잘하거나 잘못하는지 정확히 알고 있다. 그들은 어떤 환경이 자신의 성공에 도움이 되는지 정확히 파악하고 있다. 따라서 감성지수가 높다는 것은 장점을 최대한 활용하고, 단점은 보호하는 방법을 안다는 것이다.

⑤ 타인에 대한 공감능력

감성지수가 높은 사람은 눈치가 빠르고 다른 사람의 마음을 읽을 줄 안다. 그들은 다른 사람이 지금 무슨 생각을 하는지, 앞으로 무슨 생각을 할지를 예측한다. 깊이 숨겨진 마음이라도 충분히 짐작하는 공감능력이 있는 것이다.

⑥ 과거 실수에 대한 교훈

감성지수가 높은 사람은 과거 실수에 크게 연연하지 않는다. 과거 실수를 빨리 잊는 대신 새로운 교훈을 받아들이고 미래의 성공을 위한 교훈으로 삼는다. 과거 실수에 너무 오래 얽매여 있으면 자존감이 떨어진다. 가능하면 과거 실수에 연연하지 말고, 잘못된 점을 되새겨 중요한 교훈으로 삼아야 한다.

⑦ 상대방에게 적절히 대응하는 능력

까다로운 사람을 상대하기는 상당히 어렵다. 그러나 EQ가 높은 사람은 까다로운 사람을 상대할 때 적절히 대응하는 능력을 소유하고 있다. 그들은 까다로운 사람을 대하기 전에 이성적으로 냉철하게 생각하며, 자신의 감정이 분노와 좌절에 빠지지 않도록 냉정함과 이성을 찾는다.

⑧ 완벽한 것을 추구하지 않음

감성지수가 높은 사람은 완벽을 목표로 삼지 않는다. 인간은 완벽할 수 없다는 것을 알고 있기 때문이다. 인간이 실수하는 것은 자연스러운 일이다. 사람이 완벽한 목표를 추구한다면 자주 좌절감에 빠져 한탄하며 시간을 보낼 수 있다. 따라서 감성지수가 높은 사람은 과거 실수를 극복하고 미래지향적인 목표와 도전에 초점을 둔다.

⑨ 소유한 것에 감사

마음을 바로잡고 스트레스를 줄이기 위해서는 감사하는 시간을 갖는 것이 매우 중요하다. 잠시 감사하는 것만으로도 스트레스 호르몬인 코르티솔의 분비가 줄어든다. 캘리포니아 주립대에서 진행한 실험에 의하면 감사하는 마음을 갖는 사람들은 그렇지 않은 사람들에 비해 원기왕성했으며, 더 행복했고, 더 건강한 것으로 나타났다.

⑩ 충분한 수면

감성지수를 높이고 스트레스를 조절하는 데 있어 수면의 중요성은 아무리 강조해도 부족함이 없다. 수면시간은 뇌가 기억을 되새기며 재충전하는 시간이다. EQ가 높은 사람에게 잠이 부족하면 집중력, 절제력, 기억력 등이 떨어진다. 그들은 수면을 무엇보다도 중요하게 생각한다.

(2) 감성지수가 낮은 사람의 특징

감성지수가 낮은 사람들은 대인관계에 매우 심각한 영향을 미쳐 다양한 문제를 일으킬 수 있다.

① 타인의 기분에 대한 이해 부족

감성지수가 낮은 사람들은 타인의 감정을 이해하는 능력이 부족하며, 타인과 논쟁을 자주 한다. 또한 감성지수가 낮은 사람은 자신의 감정을 정확히 표현하는 방법을 잘 모르며, 타인에 대한 분노를 표출하여 사회성 부족으로 많은 문제를 일으킬 수 있다.

② 타인의 다양한 견해 수용에 한계

타인의 감정, 분노, 슬픔, 기타 다른 반응에 대해 매우 감성적이고 지나치다고 생각한다. 이러한 반응 때문에 갈등이 야기되거나 오해가 생겨나기 쉽다. 따라서 감성지수가 낮은 사람들은 다른 사람에 대한 반응을 제대로 받아들이지 못하고, 그 결과 부정적인 행동이 연결될 수 있다. 그리고 감성지수가 낮은 사람들은 자신의 관점만 필사적으로 내세우고 타인의 관점은 무조건 거부하는 모습을 보인다.

③ 감정조절 부족

감성지수가 낮은 사람들은 감정을 제대로 조율하지 못하고 타인에 대해 격렬한 폭발성을 갖고 있으며, 이를 스스로 제어하지 못한다. 이로써 타인에게 자신에 대한 오해와 갈등을 불러일으킬 수 있다.

④ 대인관계 부족

감성지수가 낮은 사람들은 어떤 대인관계에서든 도움이 필요하며, 사회성이 결여되어 있어 건전한 인간관계를 형성하기 어렵다. 이와 같은 상황을 받아들이지 못하고 스스로 피해자로 인식하여 자기합리화로 자신의 문제를 더욱 심각하게 만들 수 있다.

2. 감성 리더십의 개념 및 필요성

1) 감성 리더십의 개념

감성 리더십은 조직구성원을 강압적인 형태로 유도하는 것이 아니라 구성원의 마음을 이해하고 공감대를 형성함으로써 구성원의 호응을 얻는 리더십이다. 또한, 조직구성원의 감정을 이해하고 배려하며, 조직의 공동목표와 비전을 제시하여 구성원들을 포용하는 것이다(성재환 · 문재승 · 김수영, 2019). 특히, 리더는 조직구성원의 다양한 욕구와 가치관이 빠르게 변함에 따라 구성원들이 느끼는 감성을 이해하고 상호 간 우호적인 관계를 유지해야 한다. 즉, 리더는 자신의 내면을 파악한 뒤 조직구성원의 감성을 이해하고 배려하면서 좋은 관계를 형성하여 조직 전체의 감성을 높이는 능력을 갖춰야 한다. 이러한 리더십은 조직에서 야기되는 갈등에 대한 화합과 조절능력 및 인간적 감동을 만들어내며, 창조적인 조직성과 창출 및 목표달성에 기여한다(박일순, 2019). 따라서 리더는 자신의 감정표현이 조직 전체에 미치는 영향을 정확히 인지하고 감정을 적절히 조절할 수 있어야 한다. 또한 조직구성원과의 원활한 소통과 상호 간 신뢰 및 존중하는 마음이 형성되어야 한다.

2) 감성 리더십의 필요성

대중과의 교감은 기본적으로 문화적 행위이다. 정치지도자와 대중 간의 정치적 교감도 문화적 교감에서부터 시작될 때 이루어진다. 따라서 머리가 아니라 가슴과 몸으로 느끼는 정서적 · 감성적 교감이 필요하다. 그러나 정치지도자의 교감은 같은 경험, 같은 감성을 갖는 동세대 간 교감에 그쳐서는 안 된다. 사람들과 교감하지 못하는 정치지도자는 또래들의 아이콘은 될 수 있을지 모르나 국민적 지도자는 될 수 없다. 이런 점에서 같은 감성과 사고를 가진 또래세대와의 교감 못지않게 중요한 것이 다른 감성과 사고를 가진 이질적 세대와의 교감이다. 따라서 개방적 태도는 이질적 세력 · 세대와 교감을 시작하는 열쇠이다(고성국, 2008). 이러한 태도와 자세 및 사고를 통한 교감하는 리더십의 필요성이 제기되고 있다.

3. 감성지능의 3가지 모델

감성지능에 대한 연구는 학자들에 따라 다양하게 진행되고 있다. 감성지능은 자신과 타인의 감정을 모니터링하고, 서로 다른 감정을 구별하고 분류한다. 따라서 감성지능은 감성정보를 사용해 사고와 행동을 지도하는 능력으로 정의될 수 있다. 그러나 EI의 정의와 관련해 용어 및 운영은 상당한 차이가 있다. 그 대표적인 학자로 살로비와 메이어의 능력모델(Ability model), 골먼의 혼합모델(Mixed model), 그리고 특성모델(Trait model) 등 3가지 주요 모델이 제시되고 있다 (Dhani & Sharma, 2016: 192-193).

1) 능력모델(Ability model)

살로비와 메이어는 감성지능 개념을 새로운 지능을 위한 표준기준 내에서 논의하였다. 그의 연구에 따르면, 처음에는 감성지능의 사고를 높이기 위해 감정을 인식하고 통합하는 능력, 개인의 성장을 높이기 위해 감정을 이해하고 조절하는 능력이라 정의하였다. 그러나 후속 연구를 통해서 그는 감성지능에 대한 정의를 감정을 사유하는 능력, 감정을 통해 사고력을 강화하는 것으로 발전시켰다(Kanesan & Fauzan, 2019). 즉, 정확한 감정을 인식하는 능력, 생각을 돕기 위해 감정에 접근하고 감정을 만들어내는 능력, 감정 및 감정지식을 이해하는 능력, 감정적 · 지능적 성장을 촉진하기 위해 사색적 감정을 조절하는 능력을 포함시킨다. 이와 같이 능력모델은 감정을 사회적 환경의 이해를 돕는 유익한 정보자원으로 간주하고 있다. 따라서 이 모델은 개인별 감정적 본성에 대한 정보를 처리하는 능력의 다양성과 감정처리의 확대로 연계능력의 차이가 있다. 그리고 이 모델은 감성지능의 4가지 종류, 즉 감정수용, 감정사용, 감정이해, 감정관리 등으로 분류된다.

(1) 감정수용(Emotional perception)

감정수용은 자신의 감정을 확인하는 능력을 포함해 얼굴, 그림, 목소리, 문화유물 등에서 감정을 인지하고 해독하는 능력이다. 이것은 다른 모든 감정정보의 처리를 가능하게 만들기 때문에 감정을 받아들이는 감성지능의 기본적인 측면을 나타낸다. 즉, 감정적 인식, 표정, 몸짓, 그림, 음성 등을 통해 사람은 다른 사람의 감정을 인식할 수 있다. 여기에는 자신의 감정을 인식하고 식별하는 개인의 능력도 포함된다. 일반적으로 감정인식은 능력모델과 관련된 다른 프로세스를 완료하기 때문에 감성지능의 기본적인 측면으로 간주한다.

(2) 감정사용(Use of emotion)

감정사용은 사고나 문제해결과 같은 다양한 인지적 활동을 촉진하기 위해 감정을 활용하는 능력이다. 감정적으로 지적인 사람은 업무에 최대한 적응하기 위해 감정을 충분히 활용하여 자신을 변화시킨다. 즉, 이는 원하는 결과를 얻기 위해 자신의 감정이든 타인의 감정이든 감정을 사용하는 사람의 능력과 밀접한 관련이 있다. 문제를 해결할 때에는 종종 감정을 고려해야 하며 감정사용에 능숙한 사람은 일반적으로 자신과 타인의 감정과 기분에 따라 결정할 수 있다.

(3) 감정이해(Understanding emotions)

감정이해는 감정언어를 이해하는 능력과 감정 사이에서 복잡한 상호관계를 인식하는 능력이다. 예를 들어, 감정을 이해하는 것은 감정들 사이의 미묘한 변화에 민감한 능력과 시간이 흐름에 따라 감정이 어떻게 변해 왔는지 인식하고 묘사할 수 있는 능력을 포함한다.

이러한 능력은 감정의 복잡성에 대한 이해를 기반으로 하며, 사람들이 기본적인 얼굴표정을 인식하는 능력을 소유하고 있다. 그들 중 소수는 감정언어를 최대한 인식하고 이해하며 복잡한 감정관계의 뉘앙스를 인식할 수 있다. 여기서 감정의 이해는 매우 중요하다. 감정의 인지능력이 떨어지면 상호 간 갈등을 일으킬 수 있다.

(4) 감정관리(Managing emotions)

감정관리는 자신과 타인의 감정을 통제하는 능력이다. 감성이 있고 지적인 사람은 부정적인 감정까지도 활용할 수 있고, 의도한 목표를 성취하기 위해 감정을 관리할 수도 있다. 이는 능력모델에서 가장 높은 수준의 능력으로서 높은 감성지능을 가진 사람은 자신이나 타인의 기분을 조작할 수 있을 것으로 예상된다. 일반적으로 정서적 조작이라고 하면 부정적인 것으로 여겨지지만, 반드시 나쁜 방식으로 사용될 필요는 없으며 매우 중요한 목적에 기여할 수도 있다. 이러한 능력감정모델은 작업장에서 잘 드러나지 않고 예측 가능성이 낮아 일부 비판을 받아왔다. 그러나 타당도의 관점에서 감성지능 테스트는 개인의 최대성과를 표준성과와 비교해 개인 스스로에 대한 묘사적 서술에 의존하지 않기 때문에 자기기록 감성지능에 비해 큰 이점을 갖는다.

2) 혼합모델(Mixed model)

골먼(Goleman, 1998)에 의해 소개된 이 모델은 리더십 수행에 대한 다양한 능력과 기술로서 감성지능에 집중한다. 골먼의 모델은 5가지 주요 감성지능으로 자기인식, 자기조절, 동기부여, 공감이입, 그리고 사회적 기술 등이다(Heath, Martin, & Shahisaman, 2017:136-137; https://www.universalclass.com).

(1) 자기인식(Self-awareness)

자기인식은 감정, 강점, 약점, 충동, 가치관과 목표에 대한 인식뿐 아니라 직감을 통해 결정할 때 타인에게 미치는 영향까지도 인식하는 것이다. 즉 자기인식은 자신의 기분, 감정 및 추진력은 물론 다른 사람에게 미치는 영향을 인식하고 이해하는 능력이다. 철학자 아리스토텔레스는 "자신을 아는 것이 모든 지혜의 시작"이라고 했다. 자기인식을 가진 리더는 자신의 강점을 모두 설명할 수 있을 뿐만 아니라 사람들이 가지고 있는 단점을 인식할 수 있다. 그들은 주변의 모든 사람에게 유리한 사실적인 자기평가를 할 수 있다. 자기인식이 부족한 리더를 중심으로 팀을 구성하는 것은 자신을 보완하기 위한 강점을 인식하지 못하기 때문이며 그 반대의 경우도 마찬가지이다.

(2) 자기조절(Self-regulation)

자기조절은 파괴적 감정과 충동을 조절하고 가라앉히는 것과 변화하는 상황에 적응하는 것을 포함한다. 정서적으로 지적인 리더는 자기조절능력을 갖는다. 이러한 자기조절능력을 통해 리더는 파괴적인 충동과 기분을 제어하거나 방향을 변화시킬 수 있다. 감성지수가 높은 리더는 중요한 사건에 대한 판단을 할 때 사전에 신중히 생각한다. 이는 중요한 정보를 가지고 리더에게 접근하고 냉철한 반응을 기대할 수 있는 팀원들에게 매우 중요하다.

(3) 동기부여(Motivation)

동기부여는 조직의 목표달성을 위해 다양한 방법으로 성취동기를 유도하는 것이다. 감성지수가 높은 리더는 더 큰 동기부여를 할 수 있다. 즉, 리더는 조직구성원을 위해 강력한 에너지와 끈기로 목표를 추구하도록 동기부여를 한다. 또 리더는 다양한 경험을 통해 목표달성을 위한 창의력과 강력한 추진력을 갖고 조직에 동기부여를 해야 한다. 단지 직함이나 직책만을 위해 일하는 리더는 일반적으로 감성지수와 리더십에 많은 문제가 있다. 따라서 조직과 구성원에게는 리더가 갖고 있는 다양한 역량으로 동기부여를 하는 것이 매우 중요하다.

(4) 공감이입(Empathy)

리더는 중요한 결정을 할 때 타인의 감정을 고려해야 한다. 공감은 다른 사람들의 감정을 이해하는 능력이다. 이러한 공감을 통해 리더는 다른 사람의 입장을 고려하여 감정적 반응에 따라 사람들을 대할 수 있다. 이 감성지능을 통해 고객과의 강력한 유대관계와 교감은 물론 직원의 재능을 발휘하고 유지시킬 수 있다. 그리고 공감은 문화 간 민감성의 표시이기도 하다.

(5) 사회적 기술(Social skill)

감성지능에는 사회적 기술 또는 관계관리 및 네트워크 구축의 능력이 포함된다. 이것은 사람을 올바른 방향으로 이끌어 관계를 유지할 수 있는지를 의미한다. 사회적 기술은 개인과 조직 간의 사회적 관계에서 중요한 공통점을 찾고 관계를 구축하는 것이다. 여기서 사회적 기술은 팀을 구성하고 이끌어가는 데 탁월하고 변화를 구현하는 데 큰 효과를 얻을 수 있다. 골먼은 감성에 일련의 정서적 역량을 포함시켜 사람은 정서적 능력을 학습할 잠재력을 결정하는 일반적인 감성지능을 갖고 태어났다고 가정한다. 그러나 일부 학자들은 이러한 골먼의 모델에 대해 비판하고 있다(Mayer, J. D. et al., 2008).

3) 특성모델(Trait model)

페트라이즈와 펀햄(K. V. Petrides & A. Furnham)은 감성지능과 관련해, 능력모델과 특성모델 사이의 개념적 구분을 제안했다. 그는 여러 해 동안 많은 출간을 하면서 특성모델을 개발했다(Kanesan & Fauzan, 2019). 특성모델의 감성지능은 성격의 하위계층에 위치한 정서적 자기인지의 핵심이다. 일반적으로 특성모델의 감성지능은 정서적 능력의 자기인지를 나타낸다. 이러한 정의는 행동적 기질과 자기인지능력을 포함하며, 감성지능은 '자기보고'를 통해 측정된다. 따라서 감성지능은 성격이라는 틀 안에서 조사되어야 한다. 성격차원은 웰빙, 자제, 감성, 사교성 등 4가지 요소로 분류된다(Petrides, 2009). 여기서 웰빙은 더 나은 적응과 관련이 있으며, 자제는 충동과 욕망을 통제하는 것이다. 감성은 사회적 관계를 형성하고 유지하기 위한 인식 및 표현 감정을 나타낸다.

결국 감성의 개념화는 인간인지능력의 체계 밖에서 구성된다. 이것은 공식화된 이론과 가설에 직접적으로 영향을 미치는 만큼 중요한 차이로 볼 수 있다.

4. 감성 리더십의 구성요소

골먼(Goleman, 1995)에 의하면 감성 리더십은 조직성과에 중대한 영향을 미칠 수 있다. 감성지능은 자신을 인식하는 능력(자기인식), 자신의 감정을 조절하는 능력(자기조절), 타인의 감정을 이해하는 능력(사회적 인식), 대인과의 관계관리능력 등 4가지 구성요소로 분류할 수 있다(성재환 · 문재승 · 김수영, 2019: 156; 이소희 · 김은주 · 박혜숙, 2011: 131).

1) 자기인식(Self-Awareness)

자기인식은 자신의 감정과 그것이 자신의 생각과 행동에 어떤 영향을 미치는지 인식하는 것이다. 스스로 자신의 강점과 약점을 알고 있으며, 자신감을 갖는다. 스트레스 관리는 감성지능을 구축하는 첫 번째 단계에 해당된다. 애착의 경우 현재의 감성적 경험은 어린 시절의 경험을 반영할 가능성이 있다. 분노, 슬픔, 두려움 및 기쁨과 같은 핵심감정을 관리하는 능력은 종종 초기 생애의 감성적 경험의 질과 일관성에 달려 있다. 어렸을 때 사람들이 자신의 감정을 이해하고 소중히 여겼다면 그 감정은 성인이 된 후에도 소중한 자산이 될 가능성이 높다. 하지만 어린 시절의 감정적 경험이 혼란스럽거나 위협적이고 고통스러웠다면 감성과 거리를 두려고 했을 것이다.

2) 자기관리(Self-Management)

자기관리는 충동적인 감정과 행동을 통제하고, 건강한 방식으로 감정을 관리하며, 주도권을 갖고, 약속을 지키며, 변화하는 상황에 적응하는 것이다. 누구나 감성을 사용하려면 행동에 대한 건설적인 결정을 내릴 수 있어야 한다. 그러나 지나치게 스트레스를 받으면 감정에 대한 통제가 어려워 자신과 타인에 대한 감정을 명확하고 정확하게 평가하기 힘들어진다. 또한 신중하게 행동하여 처신하는 능력도 잃어버릴 수 있으므로 스트레스가 자신을 압도한 때를 고려해야 한다. 따라서 자기관리능력은 자신의 감성과 행동을 적절히 관리하는 능력이라고 할 수 있다.

3) 사회적 인식(Social-Awareness)

사회적 인식은 타인에 대한 공감으로서 다른 사람들의 감정, 필요사항 및 관심사를 이해하고, 정서적 단서를 포착하여 사회적으로 편안함을 느끼고, 그룹이나 조직의 힘에 대한 역학을 인식하는 것이다. 따라서 사회적 인식은 다른 사람들이 자신과 소통하기 위해 끊임없이 사용하는 비언어적 용어를 인식하고 해석할 수 있게 해준다. 이러한 신호를 통해 다른 사람이 실제로 어떻게 느끼는지, 감정상태가 어떻게 변화되는지, 진정으로 중요한 것이 무엇인지 알아야 한다.

4) 관계관리(Relationship-Management)

관계관리능력은 대인관계를 원만하게 유지하고, 원활하게 소통하면서 타인에게 영감을 주고 영향을 미친다. 또한 리더는 팀에서 중요한 일을 원만히 잘 수행하고 조직 내 갈등을 관리하는 방법을 알고 있다. 따라서 다른 사람들과 잘 협력하고 관리하는 능력은 다른 사람들이 경험하고 있는 것을 인식하고 이해하는 능력으로부터 시작되는 과정이다. 여기서 정서적 인식이 작용하면 대인관계를 더욱 효과적이고 만족스럽게 만드는 추가적인 사회적 · 정서적 기술을 효과적으로 개발할 수 있다. 따라서 골먼이 제시하고 있는 감성역량모델을 표 5-3 과 같이 간략히 요약할 수 있다.

표 5-3 골먼의 감성역량모델

구 분	개인적 능력(자신)	사회적 능력(타인)
인식	1. 자기인식능력 • 감성적 자기인식능력 • 정확한 자기평가능력 • 자기확신능력	3. 사회적 인식능력 • 감정이입능력 • 조직인식능력 • 서비스능력
관리	2. 자기관리능력 • 감성적 자기통제능력 • 진실성, 적응력, 주도성 • 성취력, 낙천성	4. 관계관리능력 • 리더십, 영향력 • 호혜적 관계, 변화 촉진 • 갈등관리, 협력유도능력

출처: 한은미·서영복·이용규(2017), 글로벌 리더십, p. 157 재인용.

5. 감성 리더십 구축의 4단계

감성 리더십은 선천적으로 타고난 성품에 의해 좌우되는 것이 아니라 개인의 노력과 지속 가능한 개발역량을 필요로 한다. 감성 리더십은 기본적으로 온화한 성품과 감성, 안정감뿐만 아니라 조직구성원과의 관계형성, 신뢰와 존중, 그리고 개인적 관심과 배려 등을 고려한 역량의 문제로 볼 수 있다. 따라서 감성 리더십은 일시적인 과정이 아니라 단계별로 이루어지는 끊임없는 노력의 결과로 얻을 수 있다. 삼성경제연구소는 감성 리더십에 관한 구축 4단계를 **그림 5-2** 와 같이 자기통제, 조직 내 신뢰구축, 개인별 관심과 배려, 긍정적 집단감성 형성 등으로 분류하고 있다(삼성경제연구소, 2010: 3-9).

그림 5-2 감성리더십 구축의 4단계

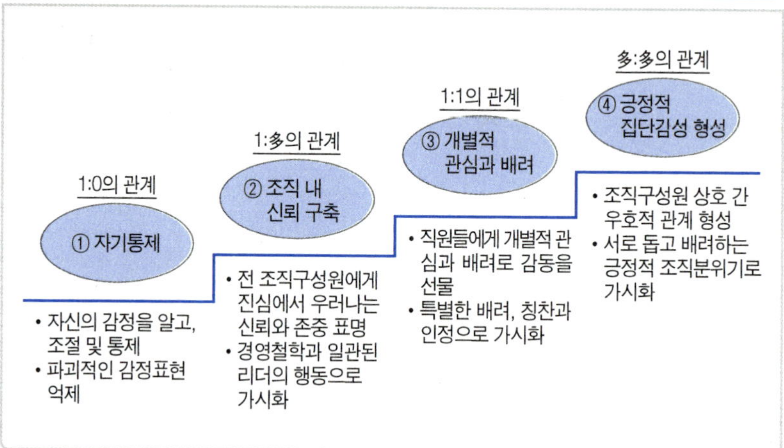

출처: 삼성경제연구소(2010), 긍정에너지를 이끌어내는 힘, 감성리더십, ERI 경영노트, 제57호, 3.

1) 1단계: 자기통제(1:0의 관계) - 자신의 감정을 잘 알고 통제하라

리더는 자신의 리더십을 제대로 발휘하기 위해서 스스로 자신의 감정상태를 정확히 알고 통제할 수 있어야 한다. 리더는 조직 내에서 함께 일하는 구성원들에게 감정이 상호전이(Emotional Contagion)되므로 리더의 분노, 증오 등은 부정적인 영향을 미칠 수 있다. 특히, 리더의 사소한 언행과 감정표현이 직원들의 감정과 조직분위기에 커다란 영향을 준다. 따라서 리더는 조직구성원과 공감대를 형성하고 조직의 안정성을 유지하는 것이 중요하다. 리더가 자신의 감정을 통제하지 못하면 직원들에게 분노를 표출하거나 비난하는 행위로 발전되어 조직성과에도 부정적인 영향을 미친다.

2) 2단계: 조직 내 신뢰 구축 - 진정한 신뢰와 존중을 표현하라

리더는 조직구성원을 진심으로 존중하고 대우하는 진정성을 표현함으로써 조직구성원과 신뢰관계를 구축해야 한다. 신뢰가 구축되지 않으면 리더십 발휘 효과가 반감될 수 있기 때문이다. 또한 리더는 직원들에 대한 신뢰와 존중을 경영철학으로 공표하고, 이를 실제 행동으로 실천하는 자세가 필요하다. 조직 내 신뢰는 단기간에 만들어지는 것이 아니라 지속적인 소통과 일관된 행동을 통해서 친밀한 관계가 유지되는 것이다.

3) 3단계: 개인별 관심과 배려 - 개인에 대한 관심과 배려로 감동을 줘라

리더는 조직구성원과 1:1의 개별적 관계를 맺고 긍정적인 조직분위기를 만들어야 한다. 조직구성원들은 리더의 개별적인 관심과 배려를 통해 특별한 대우를 받는 것처럼 느낀다. 특히 직원 개개인의 상황에 따라 일상적이지 않은 맞춤형 배려를 제공하는 것이 효과적이다. 이러한 맥락에서 볼 때 리더는 조직구성원들에게 칭찬과 격려를 통해서 구성원의 업무성과를 높일 수 있다.

4) 4단계: 긍정적 집단감성 형성 - 조직구성원 간 우호적 관계를 구축하라

리더는 조직구성원들이 우호적인 관계를 맺도록 긍정적인 조직분위기를 조성해야 한다. 감성 리더십은 조직 전체가 긍정적인 감성을 갖고 공유할 때 완성될 수 있다. 긍정적인 집단감성의 형성은 조직구성원 간의 불필요한 갈등을 줄이고 배려와 협력을 촉진하는 것이다. 즉, 리더 혼자 조직구성원의 감성을 이해하고 공감하는 것이 아니라 조직구성원들이 서로 관심을 갖고 배려할 수 있도록 만들어야 한다. 그리고 리더는 자신의 의사전달뿐만 아니라 조직구성원의 발전을 위해 새로운 제도와 교육과정을 상호 협력할 수 있도록 내부 시스템을 체계화해야 한다.

6. 감성 리더십의 효과적인 관리기법

1) 냉철한 자기성찰

리더는 조직구성원을 생산적으로 관리하기 위해서 냉정한 자기성찰이 필요하다. 자기성찰은 조직관리와 구성원을 위해 긍정적인 효과를 낼 수 있다. 특히 긴급한 외부 환경변화 시 상황대처능력과 변화에 적극적으로 적응하기 위해 냉철한 자기성찰이 필수적이다.

2) 자신의 감정 통제

리더는 복잡한 조직과 환경 속에서 적절히 대응하고 자신의 역량을 강화하기 위해 인내력, 판단력, 성실성, 정직성 등을 바탕으로 외부환경변화에 적응할 수 있도록 자기감정을 통제해야 한다.

3) 타인에 대한 배려와 이해

리더는 조직구성원의 발전과 효율적인 관리를 위해서 구성원에 대한 이해와 배려가 무엇보다도 중요하다. 조직구성원에 대한 배려와 이해 없이는 조직의 갈등과 협력을 이끌어낼 수 없다. 따라서 리더는 항상 조직구성원에 대한 배려와 이해를 통해서 조직의 화합과 개개인의 문제까지 관심을 갖고 대응해야 한다.

4) 친밀한 애정과 열정

리더는 조직구성원에 대한 애정과 열정을 갖고 그들이 추종할 수 있도록 노력해야 한다. 진솔한 애정과 열정을 통해 상호 간에 확실한 신뢰를 구축해야 한다.

5) 편안하게 소통하는 자세

오늘날 조직문화는 수직적 문화에서 수평적 문화로 변하고 있다. 이러한 변화는 곧 리더에게 직면한 조직 내의 소통 문제로 연결될 수 있다. 지금까지 대부분 성공한 리더는 구성원과 격의 없이 소통하는 자세를 최우선으로 했다. 특히, 리더의 권위적인 소통은 구성원의 창의적인 아이디어와 조직의 경직성을 유발할 수 있다. 따라서 리더는 누구나 편하게 접근하고 대화할 수 있는 소통의 채널을 만들어야 한다.

7. 감성 리더십의 사례

1) 사례 1: 도덕경(道德經)을 통해 배우는 감성 리더십

노자(老子)의 도덕경(道德經)을 보면 나라를 다스리는 지도자를 몇 가지 유형으로 분류하고 있다. 이는 현시대의 기업을 경영하는 경영자들에게도 큰 시사점을 준다. 리더로서 갖추어야 할 실력뿐만 아니라 감성지능을 조화롭게 겸비한 경영자의 모습이 어때야 하는지에 대해 이야기해 주고 있다.

그 첫 번째 유형은 사람들에게 비웃음을 사는 부류이다. 스스로 도덕을 상실하고 부패했기 때문에 아무리 사회정의를 외쳐도 백성들이 믿지 않는 지도자이다. 최근 회계 부정사건 및 품질결함을 속여 사회적 파장을 일으켰던 엔론, 월드컴과 유끼 지루시 유럽의 경영자들이 바로 대표적인 예라 하겠다. 이들의 공통된 특징은 리더로서 갖추어야 할 실력뿐만 아니라 기본적인 도덕성이나 윤리의식 등 감성지능이 낮은 경영자라는 점이다.

두 번째 유형은 사람들이 무서워하는 지도자이다. 법과 형벌로 백성이 꼼짝 못 하고 따라오게 하는 중국의 진시황제와 같은 독재형 지도자라 하겠다. 이러한 지도자는 기업경영 현장에서도 흔히 볼 수 있다. 예컨대 권위적, 강압적, 독선적, 경영자들이다. 이들은 급박한 위기상황에서 효과적인 리더십을 발휘할 수도 있다. 하지만 이들의 공통점을 살펴보면 구성원을 동반자라고 생각하기보다는 기업 목표달성의 수단 정도로 간주하고, 생산성 향상을 위해 지금보다 더 강력한 제도와 시스템을 찾기 위해 몰두하는 경향이 있다. 결국 이러한 경영자는 강한 카리스마와 실력은 갖추었을지는 모르나, 구성원들을 애정과 배려로 끌어안지는 못할 것이다. 결국 인재 킬러형 관리자로 전락할 수 있다.

세 번째 유형은 가장 훌륭한 지도자로 칭송받는 유형으로 백성들이 임금의 존재는 알지만 있는지 없는지 알 수 없을 정도로 나라를 다스리는 지도자이다. 흔히 말하는 덕(德)으로 백성을 다스리는 외유내강형 지도자라 하겠다. 이 점은 최근 경영 베스트셀러로 많은 사람들의 주목을 받고 있는 《*Good to Great*》의 저자 짐 콜린스(Jim Collins)가 제시한 Level 5 리더의 모습과도 유사하다. 즉, 일반적인 수준의 좋은 기업을 탁월한 기업으로 도약시킨 기업들에는 리더십에 대한 일반적인 통념과 달리 공통적으로 극도의 겸손함과 전문가적인 강한 신념과 의지를 소유한 리더가 묵묵히 버티고 있었다는 것이다. 이들의 행동특성은 다음과 같다. 하나, 상대가 저절로 느끼게 되는 겸손함으로 절대 과장하는 법이 없다. 둘, 고요한 가운데 침착하게 결정하고 이를 행동으로 옮긴다. 셋, 야망을 갖되 자신의 성공이 아닌 회사를 위한다. 넷, 잘못된 결과에 대해서는 거울을 보면서 기꺼이 책임을 다하려 하고, 결코 타인이나 외부요인 또는 악운에 대해 불평하려 하지 않는다. 다섯, 회사가 성공을 거두게 되면 그 공로를 타인, 외부요인 또는 행운이라 말하는 여유를 지니고 있다. 바로 진정한 리더가 갖추어야 할 겸손함과 실력, 그리고 강한 의지로 자신을 철저히 다스리고 타인을 충분히 이해하고 배려할 줄 아는 감성적 리더십의 소유자이다.

출처: LG 주간경제(2002.10.30.)

2) 사례 2: 경영자의 감성지능 함양

첫째, 미래 자신의 바람직한 상황을 구체적으로 파악하려는 노력을 시도하라. 이러한 시도를 통하여 바람직한 리더의 전형적인 일과와 생활의 모습을 상상하고 자신의 내면적 가치관과 이상적 희망을 분석하는 자세가 필요하다.

둘째, 자신의 리더십 스타일을 객관적으로 파악하라. 물론 자신에 대한 객관적 평가는 매우 어려운 작업이지만 이를 통하여 타인의 관점을 이해하고 자아인식능력을 향상시킬 수 있게 된다.

셋째, 미래의 희망과 현실의 객관적 상황 파악의 격차를 해소하고, 구체적인 피드백을 얻을 수 있도록 실제 상황에서의 행동학습(Action Learning)을 추구하라. 또한 이러한 행동학습이 효과를 발휘하기 위해서는 지속적으로 반복 실습하는 것도 중요하다. 앞에서 이루어진 변화가 지속적인 실습을 통하여 고착화될 수 있기 때문이다.

넷째, 자신의 주변에서 변화에 도움을 줄 수 있는 사람들의 집단을 구성하라. 감성역량의 향상은 다른 사람들의 도움 없이 자기 자신의 노력만으로는 이루어지기 힘들다. 실습을 하기 위해서도 대상으로서의 다른 사람이 필요하고, 또 이를 보다 안전한 환경 속에서 실행하기 위해서는 우호적인 동료집단이 필요하다. 경영자 스스로가 감성지능을 함양하기 위해서는 이러한 4가지를 순차적으로 반복적으로 실천하는 것이 바람직하다.

출처: LG 주간경제(2002.10.30.)

제4절 _ 제4차 산업혁명의 도래와 전망

1. 제4차 산업혁명의 도래

오늘날 세계는 정보화시대를 맞이하여 국경을 넘어 국가경쟁력 강화와 국가 간 생존을 위한 새로운 도전과 변화에 직면해 있다. 이제 인류는 제4차 산업혁명이라는 새로운 변화와 도전에 순응하면서 미래를 개척해 나가는 혁신적 사고로 대응해야 한다. 산업혁명이란 18세기 중반부터 19세기 초반까지, 대략 1760년에서 1820년 사이에 영국에서 시작된 기술의 혁신과 새로운 제조공정(manufacturing process)으로의 전환을 통한 산업사회와 경제활동 및 노동문화 등에서의 큰 변화를 일컫는다.

영국은 1760년대 스코틀랜드 출신인 제임스 와트(James Watt)가 증기엔진을 개발하면서 산업현장에서 증기기관과 방적기를 기계화함으로써 엄청난 변화를 가져왔다. 이것이 바로 제1차 산업혁명의 선도적 역할이다. 산업혁명은 크게 방적기, 증기혁명, 그리고 제철산업 등으로 분류할 수 있다. 제2차 산업혁명은 1936년 프리드만(G. Friedmann)에 의해 처음 공식화되었다. 그때는 산업현장에서의 광범위한 전기사용, 강화된 기계화 및 대량생산 등이 결정적으로 생산혁신을 가능케 했다. 제2차 산업혁명은 생산표준화 및 컨베이어벨트를 이용한 대량생산을 가능하게 했다. 제3차 산업혁명은 시대에는 컴퓨터, ICT 분야의 등장이라고 할 수 있다.

2016년 6월 스위스 다보스 포럼(Davos Forum)의 의장이었던 클라우스 슈밥(Klaus Schwab)에 의해 처음으로 사용된 제4차 산업혁명(The Fourth Industrial Revolution)이 이슈화되었다. 그림 5-3 에서 보듯이 제4차 산업혁명은 제3차 산업혁명을 주도한 ICT 또는 디지털 기술을 기반으로 물리학, 생물학 분야의 기술이 상호 교류 및 융합하면서 이전 산업혁명과는 비교할 수 없을 정도로 혁신적인 변화와 환경변화를 가져왔다. 즉, 제4차 산업혁명으로 예견된 사회적 변화는 모든 영역에서 속도(Velocity), 범위와 깊이(Breadth and Depth), 시스템 충격(System Impact) 측면에서 총체적인 변화가 될 것으로 전망했다(Schwab,

그림 5-3 산업혁명의 발달 과정

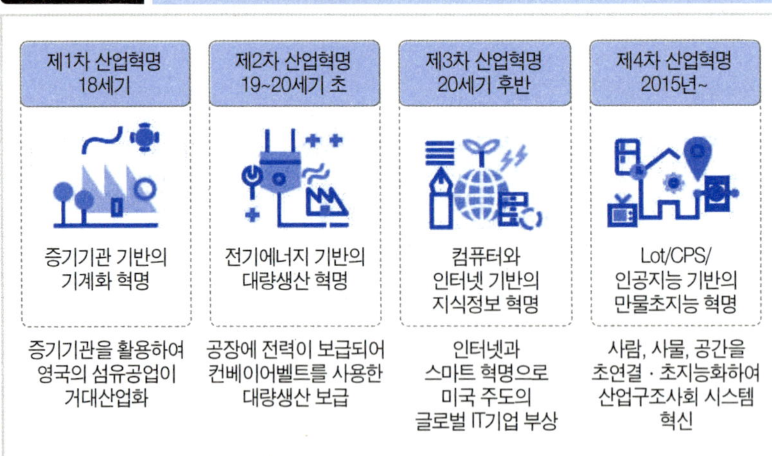

출처: 정보통신기술진흥원센터 홈페이지

2016: 8-9). 여기서 산업혁명의 역사적 개념과 특징은 표 5-4와 같이 간략히 정리할 수 있다.

표 5-4 산업혁명의 역사적 개념과 특징

구분	개념	특징
제1차 산업혁명 (1784년)	증기기관, 철도, 면사방적기와 같은 기계적 혁명을 의미	• 철도 건설과 증기기관의 발명을 바탕으로 기계에 의한 생산
제2차 산업혁명 (1870년)	전기와 조립 라인을 통한 대량생산체제 구축을 의미	• 전기와 생산 조립 라인의 출현 • 품질기준, 운송방법, 작업방식 등의 표준화는 국소적인 기능의 자동화를 기업/국가수준의 자동화된 대량생산으로 발전시킴
제3차 산업혁명 (1969년)	메인프레임 컴퓨터, 개인용 PC, 인터넷 등을 통한 정보기술 시대의 개막을 의미	• 반도체, 메인프레임 컴퓨팅, PC, 인터넷이 발달을 주도한 컴퓨터 및 디지털 혁명 • 보다 정교한 자동화를 가능하게 하고 사물 및 사람 간의 연결성을 증가시킴
제4차 산업혁명 (현재)	인공지능, 빅데이터와 같이 자동화와 연결성이 극대화되는 변화를 의미	• 유비쿼터스 모바일 인터넷, 인공지능과 기계학습, 더 저렴하면서 작고 강력해진 센서 • 인간의 업무를 로봇이 대체. 혜택과 함께 경제적 불평등 문제가 심화 • 국제적이면서도 즉각적인 연결을 통해 새로운 사업모델 창출(공유 경제, 온디맨드 경제 등)

출처: Park Ji eun·Kwon Hye Sun·Kim Seong-cheol(2017), "Telco Strategies for the Fourth Industrial Revolution-A Scenario-based Approach", *Korean Journal of Broadcasting & Telecommunications Research,* 97, 37-59.

2. 제4차 산업혁명의 발전 과정과 핵심기술

1) 산업혁명의 발전과 정의

인류의 삶의 본질적 형태와 과학기술은 산업사회에서 고도의 기술적 변화와 생산기술로 발달될 수 있다. 1차 산업혁명은 18세기 후반 제임스 와트의 증기기관에서 시작되어 1784년에 최초의 기계식 방직기가 개발되면서 생산성이 획기적으로 향상된 것이다. 또한 2차 산업혁명은 20세기 초반 미국의 헨리 포드(Henry Ford)가 신시네티 도축장의 컨베이어벨트 시스템을 자동차 모델 T 생산에 적용하면서 시작되어 전기에너지와 컨베이어벨트, 분업효과가 맞물리면서 대량생산이 본격화되었다. 그리고 3차 산업혁명은 1970년대 PLC(Programmable Logic Controller)가 개발되면서 시작되었다(김영훈, 2018).

21세기 과학기술의 비약적인 발전에 따른 새로운 산업혁명에 대한 논의를 처음 시작한 것은 제레미 리프킨(Jeremy Rifkin)이 2008년에 《3차 산업혁명(*third industrial revolution*)》이라는 책을 통해 새로운 산업 및 경제체계가 등장하는 미래를 설명하면서부터이다. 즉, 1차 산업혁명은 기계혁명, 2차 산업혁명은 전기혁명, 3차 산업혁명은 정보화혁명, 그리고 4차 산업혁명은 인공지능의 혁명 등으로 각각 기술적 진보를 특정하여 논의를 진행하였다. 지금 세계는 4차 산업혁명이라 불리는 지능정보사회로 급속히 발전하고 있다(이성우 · 정성희, 2019: 14 재인용).

제4차 산업혁명에 대해 전문가들은 다양한 정의를 내리고 있어 통일된 정의를 내리기 어렵다. 대부분의 연구자들이 제4차 산업혁명에 대해서 논의하고는 있지만 하나의 정의로서는 의견의 일치를 보지 못하고 있다.[2] 앞서 언급했듯이 세계경제포럼의 주창자 슈밥은 제4차 산업혁명을 정보통신기술의 융합을 바탕으로 새로운 시대의 변화를 예견하였다(김진숙, 2017; 윤영득, 2020: 24). 이와 같이 4차 산업혁명의 기술적인 변화를 논의하는 학자들은 예외 없이 생산방식과 그에 따른 변화를 기대하고 있다. 이러한 기술적인 변화는 가족, 사회, 국가, 그리고 국제질서까지 새롭게 변화를 주도할 수 있다.

일반적으로 제4차 산업혁명은 디지털 기기와 인간 간의 융합이나, 다양한 산업과 기술이 정보화와 인공지능을 결합해 발전되는 것으로 설명되고 있다. 제4차 산업혁명은 그 상태 또는 제4차 산업혁명을 선도하는 주요 기술 그 자체를 의미하는 것이다. 즉, 인공지능(AI), 로봇공학, 자율주행자동차(autonomous vehicles), 사물인터넷(Internet of Things: IoT), 3D 프린트, 나노기술, 바이오기술 등 제3차 산업혁명 시대에는 존재하지 않던 기술들이 융합한 것으로 볼 수 있다(성혜정, 2016: 39; Schwab, 2016: 7).

2) 4차 산업혁명이라는 용어는 다보스 포럼으로 알려진 세계경제포럼(World Economic Forum)에서 이 포럼의 설립자인 슈밥이 최초로 사용하면서 공식적으로 등장했다. 이는 컴퓨터와 로봇이 결합한 인공지능을 제조업의 생산과정에 결합하여 새로운 혁신을 추구한 독일 정부의 인더스트리 4.0(Industrie 4.0)이 그 출발점이라고 할 수 있다. 독일은 2011년 하노버 박람회에서 인더스트리 4.0을 논의하였다.

표 5-5에서 보듯이 한국은 제4차 산업혁명의 혁신기술과 관련해 통계청의 산업분류기준에 의하면 사물인터넷(IoT), 클라우드, 빅데이터, 모바일 5G, 인공지능, 블록체인, 3D 프린팅, 로봇공학,

표 5-5 한국의 4차 산업혁명 핵심기술의 정의

기술	정의
사물인터넷 (Iot)	• 인터넷을 기반으로 모든 사물을 연결하고 사물-사물 또는 사람-사물 간의 상호 정보교류 및 소통을 가능하게 하는 지능형 기술 및 서비스
클라우드 (Cloud)	• 네트워크를 통해 데이터센터 내에 구축된 대규모의 컴퓨팅 자원을 제공받은 후 해당 지원을 기반으로 애플리케이션 또는 서비스를 개발하는 것
빅데이터 (Big Data)	• 디지털 환경하에서 생성되며 방대한 규모와 짧은 생성주기를 가지는 대규모 데이터로 수치, 문자, 영상의 형태를 모두 포함
모바일 (5G Mobile)	• 전파를 통해 물리적 제약 없이 음성이나 영상 및 데이터 등의 송수신이 가능하게 하는 이동통신 기술 및 서비스
인공지능 (AI)	• 인간의 학습능력과 추론능력, 지각능력, 자연언어의 이해능력 등을 컴퓨터 프로그램으로 실현하는 기술
블록체인 (Blockchain)	• 가상화폐 거래 시 발생 가능한 해킹을 막는 기술로 공공거래장부라고도 불림
3D 프린팅 (3D Printing)	• 플라스틱 등의 경화성 소재를 활용해 3차원 모델링 파일을 출력하여 프린터로 물체를 제작하는 기술
로봇공학 (Robotics)	• 로봇 설계, 구조, 제어, 지능, 운용 등 로봇 관련 기술을 연구하는 공학분야로 전기전자공학, 기계공학, 컴퓨터공학 등 다양한 학문을 포함하는 종합적인 학문분야
가상·증강현실 (VR·AR)	• 가상현실(Virtual Reality)은 객체를 포함한 배경과 환경 모두 현실이 아닌 가상의 이미지를 사용하는 기술 • 증강현실(Augmented Reality)의 경우 현실 이미지 또는 배경을 기반으로 3차원 가상 이미지를 겹쳐 하나의 영상으로 보여주는 기술

출처: 통계청(2017); 윤유리 외(2020), 4차 산업혁명 기반 혁신기술 활용을 통한 개발협력사업 발전방안 연구, p. 10 재인용.

VR · AR 등으로 구분한다(통계청, 2017: 229-232).

2) 제4차 산업혁명의 특징

제4차 산업혁명의 주요 특징으로 초연결성(hyperconnectivity), 초지능(superintelligence), 가상화, 융합화, 공유화 등이 메가 트렌드로 설명되고 있다(김진숙, 2017: 18; 이호형, 2020: 24; 김의성, 2019).

(1) 초연결성(hyperconnectivity)

제4차 산업혁명의 중요한 특징 중의 하나가 초연결성이다. 초연결성은 디지털 네트워크와 모바일 정보기기의 확산으로 개인과 집단, 인간과 기계가 과도한 수준으로 연결되고 이로 인해 새로운 집단행동의 양태를 야기한다. 따라서 초연결성은 정보통신기술(ICT)을 기반으로 사물인터넷을 활용함으로써 인간과 인간, 사물과 사물, 인간과 사물을 대상으로 하는 연결횟수가 기하급수적으로 증가하게 된다. 따라서 모든 사물이 인터넷으로 연결되는 초연결 시대가 오고 있으며, 초연결 시대에는 다양한 정보가 형성되고 인터넷을 통해 소통하는 초연결성으로 진행된다(박수용, 2018: 5).

(2) 초지능(superintelligence)

초지능은 인공지능으로 대표되는 지능정보 시스템이 발전함에 따라 기존의 컴퓨터 이용과는 차원이 다른 의사결정이 이루어지는 현상을 뜻한다. 종전의 컴퓨터는 단순히 빅데이터를 분석하고 활용할 수 있을 뿐이었다. 그러나 인공지능은 인간을 대신해서 지능정보 시스템의 운영주체가 될 수 있다는 점에서 종전의 컴퓨터가 수행하지 못한 기능을 수행할 수 있게 되었다. 인공지능이 적용된 결과 인간만이 가능하다고 여겨졌던 업무 중 많은 것들이 자동화될 수 있게 된 것이다. 이렇듯 인공지능의 발전에 따른 초지능화는 전문가로부터 컴퓨터와 인공지능으로 대체하는 것이 가능케 되었다.

(3) 가상화

현실세계의 가상화는 최적의 시스템 설계를 돕기도 한다. 인터넷 상의 서비스와 기기들은 인간의 개입 없이 현재 상황에 대한 데이터를 실시간으로 주고받고, 이해하는 데 이용된다. 가상화 기술은 여러 하드웨어를 하나의 하드웨어처럼 동작하게 하거나, 반대로 하나의 하드웨어를 여러 개의 하드웨어인 것처럼 동작하게 할 수 있는 기술이다. 가상화는 시간과 공간을 초월해 사건이 일어나기 전의 현실세계를 만들어보기도 하고, 실시간으로 실제 일어나고 있는 현실 상황을 복제하기도 한다. 또 과거의 사건을 재현해 분석할 수 있는 유용한 기술이다(박형근, 2014).

(4) 융합화

융합화는 초지능화와 초연결화가 결합됨으로써 발생하는 제4차 산업혁명의 특성이라고 할 수 있다. 사람 간, 사물 간, 사람과 사물 간의 연결성이 극대화되고, 컴퓨터와 인공지능의 활용도가 극대화되면서 기술 간, 산업 간 경계가 불분명하게 변화되는 것이다. 융합의 시대는 기존에 전혀 다른 산업체계로 분류되어 상관관계가 없었던 산업들이 서로 경쟁하게 된다(김의성, 2019).

(5) 공유화

제4차 산업혁명의 또 하나의 특징은 공유화에 있다. 공유화의 개념은 생산방식과 사회지배의 질서에서도 찾아볼 수 있다. 과거에 제품을 판매하던 기업의 방식은 정보공유를 통한 사회적 생산형태로 변화하고 있다. 사회적 생산은 사회적 관계망으로 연결된 다양한 사람들의 자발적, 개방적, 수평적 협업을 통해 제품이나 서비스를 생산하는 방식이다. 제4차 산업혁명 시대에서는 물품, 용역이나 서비스의 사용자가 반드시 해당 물품과 용역 및 서비스를 소유하거나 독점적으로 사용할 권한을 가질 필요가 없다. 물품과 용역 및 서비스를 사용할 수요자에게 적절한 시간과 장소에서 제공할 수 있는 기회만 제공하면 된다.

3) 제4차 산업혁명의 핵심기술

제4차 산업혁명에서 핵심주도기술로는 인공지능(AI), 로봇공학, 자율주행자동차, 사물인터넷(IoT), 3D 프린팅, 나노기술, 생명공학, 재료공학, 에너지 저장기술, 유비쿼터스, 컴퓨팅, 모바일, 블록체인, 빅데이터(Big Data), 가상 · 증강현실(Virtual Reality · Augmented Reality: VR · AR) 등의 다양한 첨단기술들이 논의되고 있다(장석인, 2017: 23; 2021: 7; 윤유리 외, 2020: 7).

(1) 인공지능(AI: Artificial Intelligence)

인공지능이란 인간의 인식판단, 추론, 문제해결, 언어나 행동지령, 학습 기능과 같은 인간의 두뇌작용과 같이 스스로 추론 · 학습 · 판단하면서 작업하는 시스템을 가리킨다.

(2) 사물인터넷(IoT: Internet of things)

사물인터넷은 생활 속 사물들을 유무선 네트워크로 연결해 정보를 공유하는 환경을 말한다. 즉, 각종 사물들에 통신기능을 내장하여 인터넷에 연결되도록 해서 사람과 사물, 사물과 사물 간의 인터넷 기반 상호 소통을 이루는 것이다. 이를 통해 가전제품과 전자기기는 물론 헬스케어, 원격검침, 스마트홈, 스마트카 등 다양한 분야에서 사물을 네트워크로 연결해 정보를 공유할 수 있다.

(3) 자율주행차(Self-driving car)

운전자가 브레이크, 핸들, 가속페달 등을 제어하지 않아도 도로의 상황을 파악해 자동으로 주행하는 자동차를 말한다. 이러한 개념은 정확하게 말하면 무인자동차(driverless car, 운전자 없이 주행하는 차)와 다른 개념이지만 혼용하여 사용하고 있다.

(4) 가상현실(VR: Virtual Reality)

컴퓨터로 만들어 놓은 가상의 현실세계에서 사람이 실제와 같은 체험을 할 수 있도록 하는 최첨단 기술이다. 예를 들면, 머리에 장착하는 디스플레이 디바이스인 HMD를 활용해 체험하는 경우가 그 대표적이다. 이와 같은 가상현실은 의학분야의 수술 및 해부 연습, 항공·군사분야의 비행 및 조종훈련에 사용되며 점차 다른 분야에도 도입 및 확대될 것으로 기대된다.

(5) 드론(Drone)

드론은 조종사 없이 무선전파의 유도에 따라 비행 및 조종이 가능한 비행기나 헬리콥터 모양의 군사용 무인항공기의 총칭이다. 초연결 시대에는 실시간으로 드론의 위치를 파악하여 항공기 관제 시스템과 같이 바로 드론의 제어가 가능해 드론의 관제가 수월해지고, 섬세한 운영이 가능하다. 2010년 이후 군사적 용도 외 다양한 민간분야에서도 활용되고 있다. 그 대표적인 것이 화산 분화구 촬영처럼 사람이 직접 가서 촬영하기 어려운 장소를 촬영하거나, 인터넷 쇼핑몰의 무인(無人)택배 서비스 등으로 확대될 수 있다.

3. 산업사회와 리더의 신사고

1) 새로운 도전정신과 혁신적 사고

오늘날 산업사회에서 리더는 새로운 도전정신과 혁신적 사고를 기본적인 관리철학으로 세워야 한다. 기업의 운영과 관리에서 중요한 것은 기업인이 소유한 경영철학을 바탕으로 기업가치와 기업경쟁력을 확보하는 것이다. 산업사회의 신성장 엔진은 급변하는 사회변화와 국제적 환경변화를 고려해 새로운 도전정신과 혁신적 사고를 두려워하지 않아야 한다. 산업사회에서 도전정신은 인간의 창의성을 활용해 고부가가치를 창출할 수 있다는 점에서 매우 중요하다. 따라서 산업사회에서는 기업가적 정신과 함께 개인의 창의성에 따른 영감과 아이디어 등에 더욱 집중해야 한다.

또한, 리더의 혁신적 사고는 기업가적 특성과 기업의 성장에 대한 방향을 제시하고, 수익을 창출할 수 있는 다양한 리더의 역량을 포괄한다. 먼저, 리더는 기업의 비전과 전략을 기반으로 명확한 혁신적 사고전략을 수립하고, 이에 따른 실행계획을 도출해 내야 한다. 그리고 혁신적 전략과 계획이 수립되면, 이를 추진하기 위한 실천적 노력이 필요하다. 관리자와 구성원들이 타성에 빠져 있는 경우에는 실현이 어려울 수 있으므로 리더는 구성원들에게 명확한 의지를 갖고 추진하는 영향력과 실행력을 바탕으로 과감한 변화를 시도해야 한다. 성공적인 혁신이 이루어지기 위해 리더는 구성원들과의 지속적인 의사소통을 통한 공감대를 형성하고 실천하며 노력하는 자세를 지녀야 한다. 반면에, 구성원들에게는 능동적 자세와 적극적인 참여가 요구된다. 그리고 혁신적 리더가 성공적인 목표달성을 위한 수평적 문화를 만들어가야 한다. 최근 젠거와 포크맨(Zenger & Folkman, 2014)은 〈하버드 비즈니스 리뷰(*Harvard Business Review*)〉에 혁신적 리더들의 10가지 특징을 다음과 같이 소개하였다.

첫째, 훌륭한 전략적 비전을 제시한다. 대부분의 혁신적 지도자는 미래에 대한 자신의 비전을 명확하게 묘사한다.

둘째, 강력한 고객중심적 사고를 확보한다. 즉, 혁신적 리더는 고객에게 큰 관심이 있으며, 고객의 마음속으로 들어가는 방법을 찾고 노력한다. 혁신적 리더는 고객과 네트워크를 형성하고 고객이 필요한 것에 대해서 질문한다.

셋째, 상호 신뢰하는 분위기를 만든다. 혁신적인 사고는 종종 예측할 수 없는 위험이 따르기 때문에 매번 성공하는 것은 아니다. 혁신적 리더는 함께 일하는 구성원들과 따뜻한 협력적 관계를 형성한다. 또한 일하는 과정에서 문제가 생겨도 팀원들은 처벌받지 않고 보호받는다는 것을 믿게 한다.

넷째, 조직과 고객을 대상으로 옳은 일을 하는 것에 두려움 없는 충성심을 나타낸다. 혁신적 리더는 회사 혹은 업무를 위해 옳은 일을 하는 데 두려움 없이 행동하여 의사결정자를 만족하게 한다.

다섯째, 커뮤니케이션 문화를 확산시켜 신뢰를 만든다. 혁신적 리더는 좋은 아이디어가 직원에게서 나온다고 믿으며, 좋은 아이디어를 만들어내기 위해서 항상 소통하는 문화를 만든다.

여섯째, 혁신적 리더는 설득력을 지닌다. 혁신적 리더는 다른 사람들의 좋은 아이디어를 기꺼이 수용하며, 아이디어를 구성원과 팀원에게 일방적으로 적용하거나 강요하지 않는다.

일곱째, 도전적인 목표설정을 한다. 이러한 목표설정을 달성하기 위해서는 열심히 일해야 하고 좋은 아이디어가 필요하다. 구성원들은 효과적인 목표달성을 할 수 있도록 새로운 방법을 계속해서 찾아야 한다.

여덟째, 속도를 강조한다. 혁신적인 지도자들은 신속한 변화를 통해서 개혁할 수 있다고 믿는다. 또한 오랜 기간의 연구보다는 실제 실험과 시제품 제작을 더 선호한다.

아홉 번째, 의사소통에 솔직하다. 혁신적 리더는 의사소통에서 정직해야 하고, 구성원들은 리더와의 대화에서 솔직한 대답을 기대한다.

열 번째, 행동을 통해 영감을 얻고 동기를 부여한다. 혁신적 리더는 혁신을 위해 행동으로 구성원들이 하는 일의 목적과 의미를 명확하게 제시한다.

이와 같이 리더에게는 새로운 과제와 도전 및 환경변화에 대응할 수 있는 도전정신과 혁신적 사고가 필수적이다. 이러한 노력이 없다면 조직과 구성원들은 경직된 상태에서 수동적이고 현실에 안주하게 된다. 따라서 리더의 도전정신과 혁신적 사고는 조직 및 구성원에게도 새로운 변화와 발전을 기대할 수 있게 한다.

2) 전략적 사고와 자원관리

리더는 자신의 핵심역량을 통해서 조직관리와 조직의 목표달성을 위한 기회를 포착해야 한다. 새로운 사업의 지속 가능한 발전과 성장을 위해서는 전략적 사고와 자원관리를 철저히 준비해야 한다. 그러나 사업이 대내외적으로 성장하지 못하고 미래에 대한 불확실성이 증가하면 기업을 이끌어가는 리더에 대한 기대치가 변할 수 있다. 따라서 리더는 조직목표와 구성원의 관리를 위한 전략적 사고와 효율적인 자원관리를 위해 강력한 추진력과 자원배분이 필요하다.

전략적 사고(strategic thinking)란 고객, 시장, 그리고 기술에 대한 통찰력을 바탕으로 조직의 경쟁력 제고와 성공을 위해 무엇을 해야 할 것인지 고민하는 과정과 역량이라 할 수 있다. 한마디로 단기간에 필요한 목표달성을 위해 노력하면서 동시에 장기적인 미래의 성장을 위해 필요한 변화를 만들어가는 것이 리더의 역할이다. 그리고 전략적 사고의 중심에는 고객과 시장의 변화를 선제적으로 파악할 수 있는 통찰력이 자리 잡고 있다(Kazmi & Naaranoja, 2015).

전략적 사고 역량이 뛰어난 리더로는 애플의 창업자였던 스티브 잡스를 들 수 있다. 잡스는 애플의 인재들에게 통찰력을 바탕으로 고객과 시장보다 한 발짝 앞서가는 제품을 만들 것을 강조하였다. 이러한 스티브 잡스의 전략적 사고 덕분에 애플은 세상을 바꾸는 제품과 기술을 시장에 내놓을 수 있었다. 특히, 전략적 사고 역량이 뛰어난 리더는 지속적으로 노력하면서 전략을 생각한다. 통찰력을 기르기 위해서는 자신이 경험했던 것들을 차분히 되돌아보고 성찰하는 시간을 갖는다. 그리고 전략적 사고에서 리더는 체계적 사고와 역동성을 통해 다양한 팀과 협력하고 혁신문화를 만들어 잘 정의된 프레임을 통한 솔루션을 찾고 구체적인 청사진을 제시할 수 있어야 한다.

3) 개방된 조직문화와 수평적 소통

훌륭한 리더는 직장 내 개방된 조직문화와 수평적 소통을 얼마나 잘 하느냐에 따라 구성원의 만족도, 업무성과, 작업환경, 관계성, 새로운 변화에 대한 도전 등 조직의 분위기를 주도할 수 있다. 조직문화는 구성원 개인과 집단, 조직 전체의 태도, 행동, 그리고 공유된 가치와 규범에 많은 영향을 미친다. 과거에는 수직적 조직문화가 지배적인 사회였지만, 최근에는 수평적 조직문화로 급속도로 변화되었다. 페티그루(Pettigrew, 1979)에 의하면 조직문화는 상징, 언어, 이념, 신념, 의식, 전통 등의 개념을 총체적으로 포함한다. 호크 등(Hock et al., 2016)은 독일 엔지니어링 회사에 대한 연구를 통해 유연성, 내부소통 개방성 등을 가진 조직문화가 전략민감성, 집단몰입, 자원가변성 등에 긍정적인 영향을 주었다고 밝혔다(이응석 · 김병근, 2018: 46 재인용). 이와 같이 개방된 조직문화는 조직의 구조, 전략, 행동 등을 통해 경쟁적인 시장환경에서의 생존경쟁을 위한 다양한 혁신활동에 영향을 주고 있다. 따라서 개방된 조직문화를 통해 조직 및 구성원들의 행동이 총제적인 변화를 가져올 수 있다.

그리고 조직문화 속에는 기본적으로 수평적인 소통문화가 형성되어 있어야 한다. 그러나 조직의 의사결정 과정이나 업무수행 과정에는 반드시 조직 간 · 개인 간 수직적 관계가 존재한다. 따라서 리더가 관심을 가져야 할 수평성은 의사전달의 내용뿐만 아니라 형식에서의 수평성까지 의미한다. 예를 들면, 모든 조직에서 리더는 수직적 호칭을 없애고 수평적 호칭을 사용해야 한다. 즉, 구성원 이름 다음에 '-님'으로 호칭을 통일한 경우도 있고, 모든 직원의 호칭을 '매니저'로 바꾼 사례도 있다.

이러한 시도는 호칭을 통해 과거의 수직적 관계에서 수평적 관계로 탈바꿈하려는 노력으로 볼 수 있다. 그리고 리더는 수평적 소통의 형식과 함께 수평적 호칭과 수평적 언어표현을 사용해야 한다. 특히, 리더는 언어적 표현에서 최대한 수직적 느낌을 받지 않도록 정제된 언어를 사용하는 것이 기본이다.

4) 사회적 책임(Social Responsibility)

사회적 책임은 국가나 기업이 지켜야 할 (모든 조직체의) 사회적 책임을 의미하며, 책임감, 투명성, 윤리적 행동 등을 비롯하여 4가지 측면에서 이해관계자의 이해, 법의 지배, 국제행동규범, 인권 등의 7대 원칙을 제시하고 있다. 리더십의 실천은 다양한 부문에서 성공에 영향을 미치는 필수적인 요소로 볼 수 있다. 즉, 다양한 조직에서 큰 직책을 맡는 지도자들이 내린 결정은 행동 과정에서 직원들에게 많은 영향을 미친다. 또한, 사회적 책임은 리더십 프로세스에 많은 영향을 받는다(Giuliani & Kurson, 2002).

이와 같이 리더의 사회적 책임은 조직구성원들이 수행해야 할 최대한의 공헌 및 사회적 책임을 기본으로 한다. 사회적 책임은 조직과 개인에 대한 책임감과 소속감을 갖게 하는 것이 중요하다. 자신의 약속에는 지속 가능성과 책임감을 보장하기 위한 사회적 규범 및 내부 프로세스에 대한 원칙이 포함된다.

정주영의 도전·창조적 리더

강석진 전 GE코리아 회장은 우리나라 산업 근대화의 산증인이다. 그 시대 재계 거물들이 그랬던 것처럼 30대 초반 외국계 기업(제너럴일렉트릭·GE) CEO(최고경영자)에 오른 그에겐 '기업 이익'보다 앞선 게 있었다. 바로 한국 경제의 부흥이다. 삼성, 현대가 일찍부터 세계시장에서 두각을 나타낸 데는 강 전 회장과 그가 몸담았던 GE의 공이 컸다. 삼성그룹과 손잡고 항공기 엔진 제조 사업과 첨단의료기기 제조 합작회사를 세운 것이나 한국중공업(현 두산중공업)과 발전설비 제조 사업 및 장기공급 프로젝트를 추진한 것이 좋은 예다. 당시 GE 내부에서는 최첨단인 이들 사업이 해외 기업과 손잡는 것에 반발했지만 강 전 회장은 특유의 뚝심으로 밀어붙였다.

30대 때부터 그는 이병철 삼성그룹 창업주, 정주영 현대그룹 창업주 등 전설의 재계 거목들과 함께했다. 3월 31일 서울 태평로 그의 사무실에서 만난 강 전 회장은 "이병철 회장의 '인재 중심 경영', 정주영 회장의 '창조적 도전정신'이 한국 경제 성장의 원동력"이라고 평가했다. 강 전 회장은 "매년 10월 잭 웰치가 한국을 찾아와 이병철, 정주영 회장과 만나던 때가 생각난다"며 이같이 말했다. 그는 "정주영 회장이 대학을 나오지 않았다는 것에 전혀 열등감을 갖고 있지 않고 모험을 즐기며 동시에 굉장히 창의적인 CEO였다면, 이병철 회장은 처음부터 끝까지 모든 것을 챙기는 완벽주의자였다"고 기억했다.

'GE 전설' 잭 웰치가 가장 사랑한 한국인

이뿐만 아니라 그는 한때 세계 경영자들의 존경을 한 몸에 받았던 GE의 수장 잭 웰치가 가장 사랑한 한국인이기도 하다. 강 전 회장은 잭 웰치가 GE 회장에 취임할 무렵 GE코리아 사장에 임명됐고, 잭 웰치가 퇴임한 이듬해에 GE코리아 회장에서 명예롭게 물러났다. 그런 면에서 두 사람은 소울메이트(영혼이 통하는 친구)나 다름없다.

강 전 회장이 처음 주창한 세계화(Globalization) 경영전략은 GE의 위상을 한 단계 끌어올린 것으로 평가받는다. 이전까지 GE가 추진한 국제화(Internationalization) 전략이 해외 수출에만 국한돼 있던 것과 달리, 강 회장의 전략은 GE가 진출 국가의 경제 발전을 함께 도와 장기간 파트너십을 구축하는 것이며 이를 통해 양측의 '윈-윈'(Win-Win)을 이끌어내는 게 핵심이다. GE와 잭 웰치가 이 전략을 적극적으로 펼친 것은 '한국'이라는 성공 모델이 있었기에 가능했다. 당시 잭 웰치가 강 회장이 기획·추진한 한국형 모델을 채택하면서 '컴퍼니 투 컨트리 어프로치(Company to Country Approach·한 국가를 동반자로 보고 장기적인 접근 방식을 택한다는 의미)'라고 이름을 붙인 것은 유명한 일화다.

최장수 외국계 기업 CEO 자리에서 물러난 뒤 강 전 회장은 한국형 기업의 성공모델을 연구해 왔다. 그 결실이 2015년 네덜란드의 기술공학 명문 트벤테대(Univ. of Twente)에서 받은 박사학위 논문(리더십 조직문화, 지식생산성과 가치창조)이다. 강 전 회장은 "삼성과 같은 한국 대기업들은 그룹 회장의 도전적인 장기 비전에 전문경영인의 역량과 리더십이 결합된 투 톱스(Two-Tops)가 성공에 결정적 역할을 했다"고 말했다.

그런 그도 최근 우리 기업들의 성장 엔진 소리가 작아지고 있는 것에 안타까워한다. 그는 "종업원(從業員)이라는 말은 사무라이 정신에 기반을 둔 일본식 잔재"라면서 "회사 구성원을 동반자·협력자로 바라봐야 하며, 잭 웰치가 GE에서 그랬던 것처럼 세계 1, 2위로 도약 가능한 사업에만 집중해야 한다. 그래야만 중국과의 경쟁에서 살아남을 수 있다"고 진단했다. 강 전 회장에 따르면, 지금까지와 같은 제조업 시대에는 그나마 미래 예측이 가능하기에 문어발식 확장이 가능했다. 하지만 그가 생각하는 미래 경영환경은 예측 자체가 불가능하다. 결국 정답은 업종 다변화가 아닌 '선택과 집중'에 달려 있다는 게 강 전 회장의 생각이다. 그는 "각 기업마다 우리가 세계 1, 2위가 될 수 있는 산업은 무엇인지를 살펴보고, 이들 핵심 산업을 완벽하게 업그레이드해야 한다. 그렇지 않으면 순식간에 10위권 밖으로 밀려날 것"이라고 내다봤다. 이웃 중국 경제가 급성장하는 상황에서 이러한 선택과 집중의 시간은 불과 2~3년밖에 남지 않았다는 것이다.

"세계 1, 2위 도약 가능한 업종에 올인해야"

반기업 정서가 여전히 팽배한 것도 국내 대기업들 앞에 놓인 숙제다. 그는 한국 대기업들이 사회 구성원으로부터 존경받지 못하는 이유를 '윤리의식 부재'에서 찾는다. 강 전 회장에 따르면, GE를 비롯해 서구 선진기업들은 엄격한 윤리기준이 기업 문화의 밑바탕에 깔려 있다. 그는 "대기업만 윤리경영을 실천할 게 아니다. 중견·중소기업, 심지어 자영업자도 윤리경영이 저변에 깔려 있어야 한다"고 강조했다. 그런 면에서 최근 대기업들이 ESG[환경(Environment)·사회(Social)·지배구조(Governance)를 뜻함] 경영을 도입하고 있는 것은 긍정적인 대목이다. 강 전 회장은 여기서 한발 더 나아가 "회사의 순이익 중 일부는 ESG에 써야 하며 기업 구성원들도 자발적으로 자신의 급여를 사회시민 기금으로 내 조직의 ESG 활동을 도와야 한다"고 주장했다. 그러면서 "앞으로의 기업 가치 창조는 기업 이익, 주가 상승에, 모든 조직구성원의 기업 만족도와 이를 토대로 고객들의 만족도가 더해져야 한다. 그래야만 미래에도 지속 가능한 성장을 이어나갈 수 있다"고 진단했다.

정부를 향해서는 "환경과 사회 윤리에 저촉되는, 다시 말해 절대 해서는 안 되는 분야만 제한하고 나머지는 규제를 없애는 방향으로 나가야 한다"고 조언했다. 강 전 회장의 말이다. "요즘 보고 있노라면 국회나 국회의원들은 규제를 만드는 게 직업인 것 같아요. 관료들은 규제가 없어지면 마치 자기 일자리가 없어질 것처럼 생각하고요. 이렇게 해서는 안 됩니다. 필요하면 대전 대덕 연구단지 내 국립연구기관에서 연구된 기술도 중소·중견기업에 넘겨야 합니다. 첨단 부품·소재 기업에만 상속세를 감면해 줘 기업의 고유하고 독특한 기술이 후대에 잘 승계되도록 하는 것도 중요하고요."

한 분야에 몰입해 커다란 성과를 낸다고 해서 잭 웰치로부터 "칭기즈칸 스피릿, 크레이지 캉(Chingiz Khan Spirit, Crazy Kang·칭기즈칸의 도전정신으로 무장한 경영자 강석진)"이라는 찬사를 들었던 1939년생 강 전 회장은 한때 동반자였던 이병철, 정주영, 그리고 파란 눈의 천재 경영인 잭 웰치가 먼저 세상을 떠났지만 여전히 홀로 남아 미래 산업의 변신을 주목하고 있다.

출처 : 시사저널(http://www.sisajournal.com)

제5절 _ 인공지능(AI)의 시대와 리더십 변화

제4차 산업혁명은 인공지능(AI), 사물인터넷(IoT), 빅데이터, 블록체인, 로봇공학 등 첨단기술의 발전을 통해 사회 전반에 걸쳐 대대적인 변화를 일으키고 있다(Kagermann, Wahlster & Helbig, 2013: 9). 이러한 변화로 인해 기존의 사고방식과 리더십 구조를 새롭게 재편해야 할 필요성이 제기된다. 특히, 인공지능 기술이 중심이 되는 시대는 정치, 경제, 행정, 사회, 문화 등 다양한 영역에 큰 영향을 미칠 수 있다(Schwab, 2016). 미래의 리더는 기술 발전에 따른 새로운 패러다임을 이해하고, 그에 적합한 혁신적 사고와 전략을 갖춰야 한다(Mayer, 2024). 따라서 제4차 산업혁명은 단순한 기술적 변화에 그치지 않고, 인간의 삶과 사회 전반을 재구성하는 데 노력해야 한다.

1. 초기 산업혁명과 리더십의 개념

제4차 산업혁명 시대에는 급변하는 산업구조와 환경변화에 적극적으로 대응해야 한다. 과거 18세기 후반부터 19세기 중반에 이르는 산업혁명은 기술의 발전, 생산성의 비약적인 향상, 도시화, 그리고 자본주의의 성장을 촉진하며 사회 전반에 걸쳐 깊은 영향을 미쳤다(Hobsbawm, 1996). 이와 같은 맥락에서 초기 산업화 시대의 리더는 기술혁신과 대량생산을 위한 경제시스템에 중점을 두었고, 새로운 환경의 적응과 생산성 및 능률성을 높이기 위하여 조직의 자원을 관리하는 경영을 하였다(Su, 2017: 105-107). 따라서 초기 산업화 시대의 리더십 개념은 다음과 같이 몇 가지로 설명할 수 있다.

1) 리더십의 권위적 · 위계적 관계

산업혁명 초기의 리더십은 주로 위계적이고 권위적인 형태를 기반으로 발전했으며, 이러한 구조는 당시의 산업환경에서 필수적이라고 여겼다. 그 당시 산업구조에서 사업주, 기업가, 자본가들은 조직 내에서 최상위 위치를 차지했으며, 노동자들 위에 군림하고 주요 의사결정을 독점했다. 리더들은 주로 명령과 지시를 통해 조직을 운영하며, 효율성과 통제를 극대화하는 데 초점을 두었다. 특히 막스 베버(Max Weber)가 지배의 유형에서 강조했듯이 조직에 합법적인 형태에서 엄격한 통제와 규율을 통해 조직 내 질서와 위계적 관계를 유지하는 데 중점을 두었다(Weber, 1980: 122-127). 그러나 권위적 구조는 종종 구성원의 권리와 복지를 희생시키는 방향으로 운영되었고, 노동자들의 자율성과 협력보다는 명령에 의존하는 환경을 조성하게 되었다. 이는 초기 산업 자본주의 체제에서 조직의 안정성과 생산성을 확보하기 위한 불가피한 것으로 보았다.

2) 능률성과 생산성의 중심

산업혁명은 대규모 생산과 표준화된 제조 공정을 특징으로 했기 때문에, 그 당시 리더십은 주로 능률성과 생산성을 높이는 데 초점을 두었다. 특히 프레드릭 테일러(F. Taylor)에 의해서 주장된 과학적 관리법(scientific management)이 대표적인 예로, 관리자는 노동과 시간 과정을 자세히 분석하고 최적의 작업 방식을 찾아 생산성과 능률성에 초점을 두었다(Uddin & Hossain, 2015; Dar, 2022: 4-5). 이 이론의 핵심은 경제적 효율성과 능률성 및 노동생산성을 높이는 것이었다. 이와 같이 테일러의 이론 핵심은 노동자들의 작업 방식과 시간을 철저히 분석하여 작업의 최적화와 표준화, 그리고 경제적 효율성을 달성하는 것이다. 또한 조직구성원들에게 인센티브 제도를 도입해, 구성원들이 높은 성과를 달성할 경우 그에 따른 보상을 받도록 하였다. 이런 접근 방식은 조직 내에서 능률성과 생산성을 높이고 비용 절감에 효과적이지만, 지나치게 기계적인 작업환경을 강요하고 인간적인 요소를 배제하는 결과를 초래하고 있다.

3) 기업가정신과 혁신

산업혁명 시기의 리더들은 단순히 회사를 관리하는 수준을 넘어 기술혁신과 경영혁신을 통해 시대를 선도하는 역할을 해야 했다. 예를 들어, 앤드류 카네기(Andrew Carnegie)는 철강 산업에서 수직적 통합을 통해 생산 효율성을 극대화했고, 헨리 포드(Henry Ford)는 생산하는 조립 라인을 도입하여 자동차 대량생산을 가능케 했다. 이들은 회사의 생산성을 높이면서 노동환경 개선과 함께 노동자 복지에도 관심을 가졌다. 특히, 포드는 높은 임금과 8시간 근무제를 도입했으며, 카네기는 교육과 사회기여 활동에 노력하였다. 이러한 리더십은 단순한 이윤 추구를 넘어 사회적 가치를 창출하며 현대 산업의 기틀을 마련했다(Snow, 2013).

4) 사회적 책임과 노동 문제

초기 산업혁명 시기의 경영자는 주로 경제적 성과, 생산성 향상에 중점을 두었으며, 이윤 극대화를 목표로 했다. 그러나 시간이 지나면서 산업화가 진행됨에 따라 노동자들은 열악한 근무환경과 장시간 노동, 그리고 저임금에 시달리게 되었고, 이는 빈부격차를 더욱 심화시켰다(Hobsbawm, 1996: 223). 따라서 일부 기업가들은 경제적 이윤 추구를 넘어서 사회적 책임(Corporate Social Responsibility: CSR)을 강조하게 되었다. 그들은 노동자의 권리와 복지를 고려한 경영방식을 채택하며, 노동환경을 개선하는 데 노력하였다. 이와 같이 기업의 경영자들은 단순히 이윤 추구를 넘어, 노동문제의 해결과 사회적 가치 실현의 중요성을 인식하게 되었다. 따라서 경영자들은 사회적 책임과 노동의 문제를 중요한 가치로 인식하게 되었다.

5) 노동자와의 긴밀한 관계

산업화 초기에는 경영자와 노동자 간의 갈등이 심화되었는데, 이는 거대 기업주들의 경영 철학과 노동자들의 노동 가치 인식 사이의 괴리에서 비롯되었다. 그러나 시간이 지나면서 경영자와 노동자 모두 공존 및 협력의 필요성을 깨닫게 되었고, 이를 통해 갈등을 해결하고 조직의 안정성을 유지하고자 노력하였다. 특히, 노동조합의 등장은 이러한 협력의 전환점이 되었으며, 경영자와 노동자는 상호 소통과 협상을 통해 관계를 개선하기 시작했다. 이러한 협력 관계는 단순히 갈등을 해소하는 데 그치지 않고, 생산성을 높이고 조직 내 긴밀성을 유지하는 중요한 요소로 발전하였다(Hobsbawm, 1996: 225).

이와 같은 리더와 노동자 간의 변화는 현대 조직 경영에서도 중요한 교훈을 제공하며, 협력과 소통을 기반으로 한 관계 형성과 조직의 성공에 필수적이라는 점을 인식해야 한다.

2. 제4차 산업혁명에 따른 인공지능(AI)의 특징과 전략적 사고

1) 제4차 산업혁명과 인공지능(AI) 시대의 특징

제4차 산업혁명과 인공지능(AI) 시대는 디지털 혁신과 첨단 정보통신기술의 발전으로 인해 전 산업 구조와 사회 전반에 걸쳐 큰 변화를 겪고 있다. 이 시기는 빅데이터, 인공지능(AI), 사물인터넷(IoT), 블록체인, 5G 통신과 같은 첨단기술들이 융합되면서 새로운 패러다임이 요구된다. 이러한 기술적 혁신은 정치·행정적, 경제적, 사회적, 문화적 환경에 영향을 미치며, 개인의 삶과 조직 운영에도 커다란 변화를 가져올 것으로 기대된다(Schwab, 2016: 12).

(1) 지능형 자동화 및 초연결성

인공지능(AI)과 사물인터넷(IoT) 기술의 발전은 지능형 자동화와 초연결성을 가능하게 하여 사람, 사물, 시스템이 실시간으로 연결되고 상호작용하는 환경을 창출한다. 사물인터넷(IoT)은 다양한 기기들이 네트워크로 연결되어 데이터를 수집하며, 인공지능(AI)은 이 데이터를 분석하여 자동화된 의사결정을 지원하게 된다. 예를 들어, 스마트팩토리에서는 기계와 센서가 연결되어 생산 과정을 실시간으로 모니터링하며, AI가 데이터를 분석해 생산성을 최적화하고 비용을 절감할 수 있다. 이러한 혁신적 기술은 조직 운영의 효율성을 높이고 새로운 기회를 창출하여 경쟁력을 강화시킬 수 있다(Schwab, 2016: 21).

(2) 빅데이터와 인공지능(AI) 분석의 중요성

제4차 산업혁명 시대에서 빅데이터를 수집하고 이를 인공지능(AI)으로 분석하는 과정은 기업과 조직의 경쟁력을 높이는 핵심 요소로 자리 잡고 있다. AI를 활용한 데이터 분석은 단순한 패턴 인식을 넘어 복잡한 상관관계를 파악하고, 이를 기반으로 정교한 예측 모델을 구축할 수 있다. 더불어, AI는 실시간 데이터 처리를 통해 변화하는 환경에 빠르게 적응하고 즉각적으로 대응할 수 있는 능력을 제공한다. 이러한 기술의 접목은 의사결정의 신속성과 정확성을 크게 향상시키며, 리더에게는 조직구성원의 행동을 예측하거나, 경쟁우위를 확보하기 위한 중요한 전략적 도구로 사용된다. 결과적으로 빅데이터와 AI 분석은 리더가 조직 운영 전반에 걸쳐 생산성 제고와 혁신을 이끄는 데 필수적이다.

(3) 변화의 속도와 불확실성

첨단기술이 급격히 발전함에 따라 변화와 혁신의 속도는 점점 빨라지고 있으며, 이로써 리더들은 새로운 기회와 동시에 예측할 수 없는 불확실성이라는 도전을 받게 된다. 이러한 환경에서 리더는 유연성과 신속한 대응력을 갖추는 것이 필수적이다. 특히, 리더는 변화하는 첨단기술과 트렌드에 맞게 조직의 구조와 운영 방식을 신속히 조정해야 하며, 동시에 미래의 불확실성에 대비해 리스크를 관리하고 다양한 상황에 적응할 수 있는 전략적 사고를 개발해야 한다. 결국, 변화에 민첩하게 대응하고 장기적인 비전을 갖춘 리더는 급변하는 시대에서 조직의 지속 가능한 발전과 경쟁력을 높여야 한다(Yukl, 2013: 67; Schwab, 2016: 34).

(4) 산업의 융합과 새로운 생태계 형성

제4차 산업혁명은 전통적인 산업의 환경을 초월해 새로운 산업의 융합과 생태계를 만들어 내는 것이다. 예를 들어, 제조업은 스마트 팩토리에 정보통신기술(IT)을 결합하고, 의료 산업은 인공지능(AI)을 통해 정밀 의료와 맞춤형 치료를 제공하여 의료서비스의 질을 높이고 비용 절감 등 다양한 산업에서 새로운 생태계를 형성할 수 있다(김성훈, 2020).

이러한 생태계에서는 상호 간 협업과 정보 공유가 필수적이며, 다양한 산업의 융합을 통해 혁신적인 모델과 다양한 서비스가 가능하다. 또한, 다양한 분야의 전문가들이 복잡한 문제를 해결하고 새로운 가치를 창출함으로써, 지속 가능한 발전을 위한 기반을 기대할 수 있다. 결국, 제4차 산업혁명에서는 산업 간의 경계를 허물고, 상호 연결된 생태계를 통해 경제와 사회 전반에 긍정적인 변화를 가져올 수 있다.

(5) 디지털 전환

디지털 전환(digital transformation)은 정보화 시대의 다양한 영역에서 조직관리 및 운영 방식을 혁신하는 포괄적인 과정이다. 이 과정에서는 조직의 문화, 업무 프로세스, 그리고 직원 간의 소통 방식 등을 변화시키는 것이 중요하다. 예를 들어, 리더는 클라우드 컴퓨팅과 데이터 분석 도구를 통해 정보의 접근성과 공유가 가능하다면, 구성원들은 더 빠르고 효율적으로 협업할 수 있다(Smith & Brown, 2020). 따라서 디지털 전환은 데이터 기반의 인사이트를 활용하여 구성원의 요구와 행동을 분석하고, 이를 바탕으로 맞춤형 관리를 함으로써 구성원의 만족도를 높일 수 있다. 이와 같이 디지털 전환은 조직구성원에게 더 좋은 경험을 제공하고, 지속 가능한 성장을 위한 기반을 마련하는 데 핵심적인 역할을 하게 된다.

2) 제4차 산업혁명과 새로운 사고

제4차 산업혁명 시대에는 전략적 사고가 다양한 방식으로 논의될 수 있다. 여기에서는 인공지능(AI) 시대의 전략적 사고와 인간 중심의 전략적 사고에 초점을 맞춰 설명하고자 한다. 이러한 전략적 사고는 학자들의 시각과 주장에 따라 다양하게 해석될 수 있다(Carter, 2022).

(1) 인공지능(AI) 시대의 전략적 사고

① 첨단기술과 융합적 사고

첨단기술과 다양한 업무환경의 변화 속에서 리더는 정보통신기술(ICT)과 융합적 사고를 결합하여 조직을 이끌어야 한다. 특히, 리더는 기술혁신과 변화에 유연하게 대응하며 지속적인 도전과 창의적 사고를 발휘해야 한다. 또한, 리더는 첨단기술을 바탕으로 인간적 가치를 중시하고, 조직구성원의 독창성, 감수성, 협력성을 존중하며 이들이 조직 내에서 지속 가능한 잠재력을 발휘할 수 있는 환경을 조성하는 융합적 사고를 높여야 한다. 융합적 사고를 통해 리더는 기술과 인간적 요소를 조화롭게 통합함으로써, 조직의 성과를 극대화하고 지속 가능한 발전을 이끌어낼 수 있다.

② 데이터 기반과 의사결정

미래의 리더는 중요한 의사결정을 위한 정확한 데이터와 인공지능(AI)을 활용해 신속한 의사결정을 내릴 수 있어야 한다. 그리고 리더는 다양한 데이터와 정확한 분석과 결과를 통해서 합리적인 정책과 의사결정을 도출하는 최적의 솔루션을 찾아야 하며, 과거 직관과 경험에만 의존했던 것을 지양하고, 새로운 첨단기술을 활용하여 정확한 데이터를 근거로 한 과학적 접근 및 신속한 의사결정을 내릴 수 있도록 해야 한다.

③ 지속적인 학습과 창의적 사고

리더는 급변하는 환경변화와 신기술의 도입으로 끊임없이 학습하며, 자신이 잘 모르는 신지식과 역량을 강화해야 한다. 이를 통해 환경변화에 빠르게 적응하고 효과적으로 대응할 수 있는 능력을 갖추는 것이 필수적이다(Brown, 2021: 102). 또한, 리더는 정보통신기술(ICT)의 발달과 함께 인공지능(AI)을 활용하여 창의적이고 복잡한 문제를 해결하기 위한 환경을 조성하고 창의적 사고를 발휘해야 한다. 따라서 리더는 조직 내에서 변화와 혁신을 이끌기 위해 첨단기술을 기반으로 지속적인 학습과 창의적 사고를 갖추는 것이 매우 중요하다.

④ 유연성과 개방적 사고

현대 조직에서는 전통적인 위계적 · 수직적 관계보다 협력적 유연성과 수평적 · 개방적 사고를 필요로 한다. 이는 리더가 조직의 유연성과 다양한 아이디어를 수용하고, 조직구성원과 자유롭게 소통하는 자세로 혁신적인 변화의 능력을 갖추는 것이다. 또한, 리더는 새로운 기술환경에서 변화와 도전을 두려워하지 않고 조직을 이끌어가야 한다. 따라서 오늘날 조직은 과거 일방적 · 수직적 형태보다 상호 협력적 동반자와 유연성 및 개방적 사고를 갖는 것이 중요하다.

⑤ 글로벌 네트워크의 강화

제4차 산업혁명 시대에는 조직 내외부의 다양한 파트너와의 협업

강화가 필수적이다. 특히, 리더는 복잡한 네트워크를 이해하고, 상호 협력할 수 있는 글로벌 네트워크를 갖춰야 한다. 이를 통해 리더와 조직구성원들은 혁신적인 아이디어와 솔루션을 공동으로 개발하며, 협력 능력을 강화할 수 있다. 미래의 리더는 인공지능을 활용하여 글로벌 문제를 해결하고 협업을 강화하는 역할을 수행해야 한다. 따라서 인공지능(AI) 시대에는 리더십의 역할이 변화할 뿐만 아니라, 글로벌 네트워크와 국제적 협력을 통해 공동의 목표를 달성할 수 있는 새로운 역량을 갖추는 것이 필요하다(Garvin, 2019: 134).

(2) 인간중심의 전략적 사고

① 감성 지능(EI) 강화

기술 중심의 시대에도 인간관계는 매우 중요하다. 특히, 감성 지능(Emotional Intelligence: EI)의 강화는 조직구성원의 동기부여와 조직몰입을 높이는 데 중요한 역할을 하며, 조직 내 상호 협력을 촉진하는 데 기여한다(Goleman, 2005: 125). 리더는 구성원들의 감정적 요구를 이해하고 공감할 수 있어야 한다. 이는 구성원 간 신뢰를 구축하고 긍정적인 영향을 미칠 수 있다. 또한, 리더는 구성원들과의 원활한 소통을 강화하고, 서로의 감정과 의견을 존중하며, 개개인의 성장과 팀워크를 바탕으로 긍정적인 조직문화를 조성해야 한다. 이러한 노력을 통해 조직은 기술 중심의 환경에서도 인간적인 가치를 유지하고 지속 가능한 성과를 창출할 수 있다.

② 다양성과 포용성

제4차 산업혁명 시대의 성공적인 리더는 다양한 배경과 사고를 바탕으로 조직 내 다양성과 포용성을 실현할 수 있는 역량을 갖추어야 한다. 다양성과 포용성은 모든 구성원이 차별 없이 자신의 역량을 발휘할 수 있는 환경을 조성하는 데 핵심적인 역할을 한다(Thomas, 1996: 80). 리더는 조직 내 구성원의 성별, 연령, 인종, 문화, 경력 배경 등에서의 차이를 존중하고, 이를 조직의 강점으로 전환할 수 있는 능력을 발휘해야 한다. 또한, 이러한 차이를 인정하고 상호 존중하는 문화를 조성함으로써 긍정적인 결과를 이끌어내야 한다. 다양성과 포용성을 중시하는 리더십은 조직의 창의성과 혁신성을 높이며, 지속 가능한 발전의 기반을 마련하는 데 중요한 역할을 한다.

③ 윤리성과 사회적 책임성 강화

인공지능(AI) 시대와 첨단기술의 확산은 개인의 인권 침해, 데이터 보안 문제, 일자리 감소 등의 문제를 초래할 수 있다. 이러한 상황에서 리더는 첨단기술 사용과 관련된 윤리적 기준과 사회적 책임성을 강화하는 역할을 해야 한다(Floridi, 2020: 78). 특히, AI와 데이터 사용에서 발생할 수 있는 윤리적 문제와 사회적 책임성은 리더십의 핵심 요소로 간주된다. 이는 개인 프라이버시 보호, 알고리즘의 편향성 해소, 데이터 처리의 투명성과 같은 논쟁적인 이슈를 포함한다. 리더는 이러한 문제를 해결하기 위해 명확한 윤리적 기준을 수립하고, 사회적 책임을 다하며, 기술의 활용이 공정하고 지속 가능한 방향으로 나아가도록 이끌어야 한다. 이를 통해 리더는 기술의 부작용을 줄이고 사회적 신뢰를 구축할 수 있다.

3. 디지털 시대와 인공지능(AI)의 관계

인공지능(AI)은 제4차 산업혁명의 핵심 기술로서 리더십에 긍정적인 영향을 미칠 수 있다. 특히, AI의 발전은 리더십의 형태와 조직 운영을 근본적으로 변화시킬 수 있으며, 리더가 새로운 방식으로 조직을 관리하고 운영할 수 있게 한다. 예를 들어, AI는 데이터를 분석하고 패턴을 식별하여 리더가 보다 정보에 근거한 의사결정을 내릴 수 있도록 돕는다. 이는 효율성을 향상시키고 예측 가능성을 높이며, 전략적 선택의 신뢰성을 강화한다(Brynjolfsson & McAfee, 2017: 92).

1) 디지털 문화의 주요 특징

디지털 문화는 여러 가지 중요한 특징을 지니며, 현대 사회와 조직 운영에 큰 영향을 미친다. 디지털 시대는 정보통신기술의 발전과 인터넷, 스마트 기기의 보급을 통해 시간과 공간의 제약을 뛰어넘어 사람들 간 연결과 소통을 가능하게 한다. 예를 들어 소셜미디어, 이메일, 메시지 앱과 같은 다양한 디지털 도구는 신속하고 효율적인 커뮤니케이션을 지원한다.

(1) 개방성과 참여성

디지털 환경과 리더십의 중요한 요소는 개방성과 참여성이다. 개방성은 리더가 정보와 자원을 독점하지 않고 구성원들과 공유하며, 투명한 조직문화를 형성하는 것을 의미한다. 이러한 개방성은 구성원들에게 정보에 쉽게 접근하고 활용할 수 있는 기회를 제공하며, 조직 내 소통과 협업을 강화한다. 참여성은 구성원들이 의사결정 과정에 적극적으로 의견을 내고, 그 의견이 실제로 반영되는 과정을 강조한다. 이는 리더가 단순히 지시를 내리는 역할에서 벗어나 구성원들의 의견을 경청하고 피드백을 주고받으며, 조직의 발전 과정에 함께 참여하는 구조를 의미한다. 이와 같은 개방성과 참여성은 조직의 창의성과 혁신을 촉진하며, 구성원의 몰입도와 만족도를 높이는 데 기여한다(Lucas et al., 2020: 134).

(2) 익명성과 정체성

디지털 시대는 익명성과 정체성이 공존하는 환경을 형성하고 있지만, 그 경계는 점차 모호해지고 있다. 익명성은 사용자가 신원을 공개하지 않고 자유롭게 의사를 표현할 수 있는 기회를 제공하며, 사생활 보호와 표현의 자유를 보장하는 긍정적인 측면이 있다. 그러나 익명성은 동시에 악성 댓글, 사이버 범죄, 허위정보 유포 등의 부정적인 결과를 초래할 위험이 내포되어 있다. 반면, 디지털 환경에서의 정체성은 사회적 연결과 신뢰 구축에 핵심적인 요소로 작용한다. 사람들은 소셜미디어와 온라인 플랫폼에서 자신을 드러내고 일관된 이미지를 유지하려는 경향이 강하다(Doe & Smith, 2021). 이는 온라인 활동이 현실 세계와 연결되면서 개인의 평판과 신뢰도가 중요하게 작용하기 때문이다. 결국, 디지털 환경에서 사용자는 익명성과 정체성 간의 균형을 유지해야 하는 과제를 안게 된다. 이러한 양면성은 자유와 책임의 조화가 필요하며, 이를 위해 적절한 규범과 기술적 지원이 요구된다.

(3) 정보의 즉시성

오늘날 디지털 시대는 정보의 즉시성이 핵심적인 특징으로 자리 잡았다. 이는 인터넷과 소셜미디어를 통해 실시간으로 정보를 접할 수 있는 환경을 조성하며, 전 세계에서 발생하는 사건들을 거의 동시에 경험할 수 있게 한다. 이러한 정보의 즉시성은 사회적, 정치적 이슈에 대한 대중의 반응속도를 가속화하고, 다양한 의견이 신속하게 확산될 수 있는 기반을 제공한다. 디지털 즉시성은 사회적 참여를 활성화하고 여론 형성을 촉진하는 데 중요한 역할을 하지만, 동시에 잘못된 정보나 허위 뉴스가 빠르게 확산될 위험도 내포하고 있다. 따라서 리더는 이러한 환경에서 정확하고 신속한 의사결정을 통해 긴급 상황에 적절히 대응하고 조직 내 혼란을 최소화하는 중요한 역할을 수행해야 한다. 결국 리더는 이를 통해 정보의 신뢰성을 판단하고, 필요시 적절한 조치를 취하는 능력이 필수적이다.

(4) 디지털 기기와 인간의 융합

디지털 기기와 인간의 융합은 현대 사회에서 점점 더 두드러지게 나타나는 현상으로, 스마트폰, 태블릿, 웨어러블 디바이스와 같은 기술이 인간의 일상에 깊이 스며들고 있다. 이러한 기기들은 단순히 정보를 제공하는 것을 넘어, 인간의 삶을 실시간으로 지원하고 효율성을 증대시키는 역할을 한다. 사람들은 디지털 기기를 통해 즉각적으로 의사소통하고, 건강 상태를 모니터링하며, 쇼핑, 업무 관리 등 다양한 활동을 수행할 수 있다. 이로 인해 인간과 디지털 기기가 유기적으로 연결된 디지털 생태계가 형성되고 있다(Floridi, 2014: 92-94). 특히, 이러한 융합은 인간의 일상생활을 최적화하고 새로운 형태의 생활방식을 만들어내며, 기기들이 단순한 도구를 넘어 인간의 신체와 정신의 확장선으로 기능하게 한다. 이는 인간의 능력을 보완하거나 향상시키는 동시에 새로운 윤리적, 사회적 과제와 기회를 함께 제시한다.

(5) 멀티미디어와 시각적 커뮤니케이션

디지털 문화에서 멀티미디어와 시각적 커뮤니케이션은 현대 커뮤니케이션의 핵심으로 자리 잡고 있다. 이미지, 동영상, 이모티콘 등 시각적 콘텐츠는 복잡한 정보를 직관적으로 전달하며, 텍스트 기반의 소통보다 더 빠르고 효과적인 메시지 전달을 가능하게 한다. 이러한 시각적 요소들은 단순히 정보 전달을 넘어 감정을 표현하고 분위기를 조성하며, 복잡한 개념을 쉽게 이해하도록 돕는 역할을 한다.

특히, 소셜미디어 환경에서 멀티미디어는 필수적인 소통도구로 자리 잡았다. 예컨대, 짧은 동영상 클립이나 시각적으로 매력적인 인포그래픽은 수많은 정보를 압축적으로 전달하며, 사용자의 주의를 끌기 위한 강력한 수단이 된다. 또한, 시각적 콘텐츠는 기억력 향상에도 기여하며, 학습과 마케팅 등 다양한 분야에서 효율성을 높인다.

(6) 데이터와 프라이버시 문제

데이터와 프라이버시 문제는 디지털 시대에서 점점 더 중요한 이슈로 부상하고 있다. 오늘날 많은 온라인 서비스와 플랫폼은 사용자의 데이터를 수집하여 맞춤형 광고, 콘텐츠 추천, 효율적인 사용자 경험 등을 제공하고 있다. 이러한 데이터 기반 기술은 개인화된 서비스를 가능하게 하고 효율성을 높이는 데 기여하지만, 동시에 개인정보가 의도치 않게 노출되거나 오용될 위험을 내포하고 있다. 특히, 사용자가 직접 제공한 정보뿐만 아니라, 온라인 행동 패턴, 검색기록, 위치 정보 등 민감한 데이터가 수집되고 분석됨에 따라 개인의 활동과 정체성이 상세히 추적되는 상황이 발생할 수 있다. 이는 개인 프라이버시 침해로 이어질 가능성이 높으며, 데이터가 해킹당하거나 불법 거래에 활용될 위험성도 존재한다.

이러한 문제를 해결하기 위해 디지털 사회에서는 데이터 활용과 관련한 투명성을 강화하는 노력이 요구된다. 구체적으로, 사용자 동의를 기반으로 데이터 수집 및 활용이 이루어져야 하며, 데이터 보호를 위한 기술적 · 법적 방안도 강화되어야 한다.

2) 인공지능(AI)과 직무적 관계

인공지능(AI)과 직무적 관계는 AI 기술이 인간의 직무수행 방식과 노동환경에 변화를 가져오는 과정에서 중심적인 역할을 한다. AI는 단순 반복 작업의 자동화를 넘어, 데이터 분석 및 의사결정 지원, 그리고 조직문화의 혁신과 같은 다양한 영역에서 인간의 직무를 지원하며 새로운 기회를 창출하고 있다. 이러한 변화는 직무의 형태를 근본적으로 전환시키고, 노동시장과 리더십 스타일에 새로운 방향성을 제시한다(Brynjolfsson & McAfee, 2014; Davenport & Kirby, 2016; Wilson & Daugherty, 2018).

(1) 데이터 기반과 의사결정의 중요성

인공지능(AI)의 발전은 데이터 기반 의사결정의 중요성을 크게 부각시키며, 리더십과 정책결정의 방식을 근본적으로 변화시키고 있다. AI는 대량의 데이터를 실시간으로 수집하고 분석함으로써 인간이 발견하기 어려운 패턴이나 관계를 찾아내어 중요한 통찰력을 제공한다. 이러한 기술적 지원은 리더들이 직관이나 경험에만 의존하던 전통적인 의사결정을 넘어, 객관적이고 정교한 데이터에 기반하여 더 신뢰성 높은 결정을 내릴 수 있도록 돕는다.

데이터 기반 의사결정은 특히 불확실성과 위험이 높은 환경에서 그 효과가 두드러진다. AI가 생성한 분석 결과는 리더에게 다양한 시나리오를 제시하며, 잠재적 리스크를 사전에 식별하고 완화할 수 있는 도구를 제공한다. 이를 통해 리더는 복잡한 문제를 효율적으로 해결하고, 변화하는 환경 속에서 더욱 신속하고 정확하게 대응할 수 있는 역량을 강화할 수 있다.

(2) 업무 효율성 및 생산성 향상

인공지능(AI)은 반복적이고 시간이 많이 소요되는 작업을 자동화하며, 리더와 팀이 전략적 · 창의적인 업무에 집중할 수 있도록 돕는다. 따라서 AI를 활용한 자동화는 직무의 생산성을 높이고, 조직 내 자원의 최적화를 가능케 한다. AI는 데이터를 분석하고 학습하여 반복적이고 시간 소모가 큰 작업을 자동화함으로써 업무효율성을 향상시킬 수 있다. 예를 들어, 조직 내에서 업무 처리, 데이터 입력, 일정 관리 등의 업무를 AI가 처리하면 조직구성원은 세밀한 전략과 창의적인 업무에 집중할 수 있다. 이를 통해 리더는 조직업무의 생산성을 높이고, 자원의 사용을 최적화하며, 조직 내 자원을 보다 효과적으로 배분할 수 있다. AI는 실시간으로 주어진 데이터를 분석해 의사결정을 지원하여 업무 속도와 효과성 및 생산성을 높일 수 있다.

(3) 인공지능과 맞춤형 전략

인공지능(AI)은 조직구성원 개인의 성과 데이터, 성향, 학습 스타일을 분석하여 개인에 맞는 맞춤형 피드백과 코칭을 제공할 수 있다. 이를 통해 리더는 각 구성원의 강점과 개선이 필요한 부분을 명확히 이해하고, 이를 기반으로 더욱 효과적인 개인화된 리더십을 발휘할 수 있다(Smith & Johnson, 2022). 예를 들어, AI는 특정 구성원의 업무 패턴을 분석해 성과를 높이기 위한 최적의 방법을 제안하거나, 구성원의 학습 선호도를 바탕으로 교육 콘텐츠를 추천할 수 있다. 이 맞춤형 접근은 개별 구성원의 요구를 충족시키면서도 팀의 목표와 조화를 이루도록 돕는다. 결과적으로 구성원의 업무 몰입도와 만족도를 높이며, 조직 전반의 효율성과 성과를 강화한다. 이처럼 리더십과 맞춤형 전략은 AI의 분석 능력을 활용해 리더십을 보다 세밀하고 효과적으로 진화시키며, 현대 조직이 변화하는 환경에서 성공적으로 적응하도록 지원한다.

(4) 인공지능과 위기관리의 강화

인공지능(AI)은 조직 내에서 다양한 시나리오 분석과 가능한 모델을 통해 잠재적인 위험 요인을 사전에 파악하고 위험 관리를 할 수 있다. 이를 통해 리더는 위기 상황을 미리 대비하고, 신속한 대응을 할 수 있다. 또한, AI의 데이터 기반 예측은 위기 발생 시 전략적 의사결정을 지원하며, 조직의 위험을 최소화하고 안정적으로 운영할 수 있도록 한다. 따라서 AI 활용은 조직에서 위기관리의 능력을 높이고, 예방적 대책을 강화하는 데 긍정적인 영향을 줄 수 있다. 예를 들어, AI는 새로운 환경변화와 사이버 보안 위협의 영역에서 경고 신호를 조기에 감지할 수 있다. 이는 AI가 과거 데이터를 학습하고 현재의 동향을 분석하여 미래의 위험을 예측할 수 있기 때문이며, 이를 통해 조직은 불확실성을 줄이고 안정적인 운영을 지속할 수 있다.

3) 인공지능(AI)과 인간관계

인공지능(AI)은 인간관계에 긍정적 · 부정적 영향을 미치며, 새로운 변화를 이끌어낼 잠재력을 가지고 있다. AI 기술은 구성원 간의 의사소통을 원활하게 하고, 소셜미디어와 개인화된 서비스를 통해 관계 형성과 유대를 지원한다. 하지만 AI에 대한 지나친 의존은 인간관계의 깊이를 약화시킬 위험이 있어 신중한 접근이 필요하다. 결국, AI는 조직과 사회에서 인간관계를 보완하고 심리적 지원을 제공하는 혁신적 도구로 사용될 수 있다.

(1) 리더와 구성원의 관계

인공지능(AI)은 리더의 역할을 변화시키며, 리더와 구성원 간 관계를 재정립하게 한다. AI가 데이터 분석과 일상적 의사결정을 하면, 리더는 전통적인 관리 중심의 역할에서 벗어나 전략적 비전 수립과 창의적 문제 해결에 더 집중할 수 있다. 리더는 AI를 활용해 구성원의 성과와 특성을 심도 있게 파악하고, 개인화된 맞춤형 지원과 동기부여를 제공함으로써 성장과 협력을 이끌어낼 수 있다. 이러한 변화는 리더와 구성원 간의 신뢰와 상호작용을 강화하고, 보다 효율적이고 조화로운 관계를 형성하는 기반이 된다.

(2) 윤리적 책임성

조직에서 인공지능(AI)의 활용이 증가함에 따라 개인의 프라이버시 침해, 데이터 편향성, 의사결정의 투명성 부족과 같은 윤리적 문제들이 점점 더 중요한 이슈로 부각되고 있다. AI는 데이터를 기반으로 작동하기 때문에 데이터의 수집, 처리, 활용 과정에서 발생할 수 있는 편향성과 불공정성을 미리 파악하고 방지하는 것이 필수적이다. 이에 따라 리더는 AI 기술을 사용하는 모든 과정에서 윤리적 책임성을 갖고 데이터 관리와 활용에 있어 높은 수준의 책임감을 유지해야 한다. 특히, 리더는 조직의 주요 의사결정 과정에서 AI가 제공하는 통찰을 신중히 검토하고, 이를 투명하고 공정한 방식으로 활용할 수 있는 시스템을 구축해야 한다.

(3) 리더와 구성원의 관계 재정립

리더는 조직에서 인공지능(AI)의 역할이 확대됨에 따라 리더와 구성원 간 관계의 변화를 재설정할 수 있다. 리더는 구성원들에게 AI 기술을 효과적으로 활용하는 방법을 교육하고, AI가 단순한 도구를 넘어 협업과 동기부여를 촉진하는 역할을 하도록 방향을 제시해야 한다. 이를 통해 구성원들이 AI에 의존하는 것을 넘어, AI와의 상호작용을 통해 업무의 생산성을 높이고 창의적 문제해결능력을 강화할 수 있도록 지원해야 한다. 결국, AI는 구성원들의 역할을 보완하며, 리더는 이러한 협력적 환경을 조성하여 조직의 성과와 혁신을 극대화하는 데 기여해야 한다.

4) 디지털 문화와 인공지능이 리더십에 미치는 영향

리더십은 디지털 문화에 상당한 영향을 받을 수 있다. 디지털 기술의 발전과 디지털화로 인해 리더는 새로운 소통방식, 문제해결, 조직관리의 변화를 마주해야 한다. 디지털 문화가 리더에게 미치는 주요 요인으로 소통방식의 변화, 데이터 기반에 의한 의사결정의 변화, 유연한 업무환경의 변화, 문화적 변화 등을 들 수 있다. 이는 디지털 기술의 확산이 리더의 역할을 재정의하는 주요 요인으로 작용하기 때문이다. 특히, 소통방식의 변화는 전통적인 대면 중심의 방식에서 벗어나 디지털 플랫폼을 통해 실시간으로 이루어지는 협업 중심의 소통방식으로 전환을 요구한다.

(1) 소통방식의 변화

디지털 환경에서 리더는 이메일, SNS, 채팅, 영상 회의와 같은 다양한 소통도구를 활용하여 빠르고 효율적으로 조직구성원과 팀 혹은 국제적인 기구에서 소통해야 한다. 이러한 도구들은 조직구성원 간의 즉각적인 소통을 가능하게 하여 문제해결과 의사결정을 신속하게 할 수 있다. 특히, 글로벌 환경에서 리더는 조직구성원과 협업할 때 시간과 공간의 한계를 극복하는 데 큰 도움이 된다. 이렇게 변화된 소통방식은 조직의 응집력을 높이고, 성과 향상에 큰 도움이 될 수 있다.

(2) 데이터 기반에 의한 의사결정의 변화

디지털 시대에는 리더가 방대한 양의 데이터를 신속하게 수집하고 분석할 수 있는 도구와 기술이 제공되고 있다. 이를 통해 리더는 미래환경의 예측, 조직환경의 대응력, 조직 내부 성과 지표 등을 실시간으로 파악할 수 있다. 리더는 이러한 데이터 분석 결과를 바탕으로 보다 정교한 정보에 기반한 의사결정을 내리고, 정책결정의 오류를 최소화하여 성공적으로 정책을 집행할 가능성을 높일 수 있다. 이러한 데이터 기반에 의한 의사결정은 특히 업무성과 향상에 기여하며, 경쟁력을 유지하는 데 필수적이다. 결국, 데이터에 기반한 접근방식은 리더십의 신뢰성 강화와 조직의 목표 달성에 긍정적인 효과를 기대할 수 있다.

(3) 유연한 업무환경의 변화

디지털 문화는 시간과 공간의 제약을 뛰어넘는 원격 근무와 하이브리드 근무 방식을 통해 기존의 노동문화를 근본적으로 변화시키고 있다. 특히 리더는 물리적 공간에 구애받지 않고 조직을 보다 효과적으로 관리하며, 업무환경을 유연하고 포용적으로 개선할 수 있는 기회를 얻게 되었다. 이러한 변화는 구성원들에게 선호하는 시간과 장소에서 업무를 수행할 기회를 제공함으로써 자율성을 높이는 데 기여한다. 유연한 근무환경은 직원만족도를 증대시키는 동시에 업무효율성도 향상시키는 긍정적인 효과를 가져온다. 이에 따라 리더는 구성원들의 다양한 요구를 수용하고, 조직 내 응집력을 강화함으로써 혁신적인 업무문화를 조성해야 한다. 이러한 노력은 조직의 전반적인 노동문화를 긍정적으로 변화시키고, 인적자원의 발전과 창의성, 그리고 혁신성을 촉진하는 데 기여할 수 있다.

(4) 문화적 변화

디지털 문화의 확산으로 조직 내에서는 수평적인 리더십이 점점 더 중요해지고 있으며, 리더는 전통적인 권위적 역할에서 벗어나 멘토와 코치로서의 역할을 수행해야 하는 요구에 직면하고 있다. 이러한 문화적 변화는 구성원들이 자신감을 가지고 자유롭게 의견을 제시할 수 있는 환경을 조성하며, 조직 내 참여를 촉진한다. 또한, 리더는 구성원의 강점과 약점을 더 명확히 이해할 수 있게 되어, 이를 기반으로 개인별 맞춤형 지원과 조언을 제공함으로써 동기부여를 더욱 강화할 수 있다. 나아가, 구성원 간 협력과 개방성을 중시하는 조직문화는 창의적인 아이디어의 활성화와 수평적인 조직구조를 더욱 공고히 하는 데 기여한다(Brown, 2020). 이와 같은 문화적 변화는 리더십 스타일의 전환을 요구함과 동시에 조직의 경쟁력과 지속 가능성을 강화하는 데 중요한 요소로 작용한다.

4. 인공지능(AI) 시대에 따른 리더십의 한계 및 도전

1) 인간적 · 윤리적 한계

(1) 인간적 측면에서의 한계

첨단기술이 주도하는 시대에서도 인간의 소통과 감성지능은 여전히 중요한 가치를 지닌다. 디지털 시대에 데이터와 자동화가 중심이 되는 환경에서 리더가 인간적인 소통과 교류를 간과한다면 구성원의 조직몰입도와 팀워크가 크게 저하될 수 있다. 특히, 리더가 첨단

기술과 데이터를 지나치게 강조하면 구성원들이 조직 내에서 소외감을 느끼고 정서적 유대감이 약화될 위험이 있다. 첨단기술이 모든 문제를 해결할 수 있는 만능 열쇠는 아니며, 인간적인 소통이 부족한 조직은 장기적으로 발전하기 어렵고 통합적인 조직문화를 형성하기 힘들다. 따라서 디지털 시대의 리더는 기술과 데이터를 효과적으로 활용하면서도, 구성원들의 감정과 경험을 고려한 인간 중심의 리더십을 실천해야 한다. 리더가 조직구성원들에 대한 부분에서 지나치게 기계적이고 결과중심적으로 접근한다면 조직의 응집력을 약화시키고 구성원들에게 불필요한 압박감을 줄 수 있다.

(2) 윤리적 측면에서의 한계

오늘날 인공지능(AI)과 자동화기술의 확산은 혁신적인 가능성을 열어주지만, 동시에 중요한 영역으로 개인정보 보호와 인공지능의 편향성, 그리고 책임소재의 불명확성 등 몇 가지 윤리적 한계가 따른다(Brown, 2021).

첫째, 개인정보 보호 및 데이터 프라이버시 문제가 심각하게 대두된다. AI는 방대한 데이터를 학습과 의사결정에 활용하는 과정에서 개인의 민감한 정보가 유출되거나 오용될 위험을 내포하고 있다. 예를 들어, 데이터 보안이 취약할 경우 사생활 침해나 부적절한 데이터 활용으로 개인의 권리가 심각하게 침해될 수 있다.

둘째, AI의 편향성이 윤리적 논란을 불러일으킬 수 있다. AI는 주어진 데이터를 기반으로 학습하기 때문에, 데이터에 내재된 편향성이 그대로 의사결정에 반영될 가능성이 높다. 이로 인해 특정 인종, 성별, 계층에 대한 차별이 강화되거나 공정성을 저해할 수 있다.

셋째, 책임소재의 불명확성이 중요한 윤리적 문제로 부각된다. AI가 독립적으로 내린 결과에 대해 누가 책임을 져야 하는지는 여전히 명확하지 않다. 예를 들어, 의료 AI가 잘못된 진단을 내리거나, 자율주행 차량이 사고를 일으켰을 때 책임은 개발자, 사용자, 혹은 AI 자체에 귀속되어야 하는지에 대한 논의가 필요하다.

이와 같이 윤리적 한계는 최첨단 AI 기술의 발전과 함께 이를 적절히 규제하고 윤리적 기준을 마련해야 하며, 첨단기술의 발전이 인간과 사회발전을 위한 도구로서 기능하기 위해 최소한 윤리적 통제와 사회적 합의는 필수적이다.

2) 첨단기술의 한계

(1) 지나친 기술 의존성과 위험성

인공지능(AI)과 자동화기술은 리더십의 중요한 도구로 활용될 수 있지만, 첨단기술에 과도하게 의존할 경우 심각한 문제를 초래할 수 있다. 리더가 첨단기술의 한계를 충분히 인지하지 못한다면, 잘못된 의사결정이나 예상치 못한 정책 실패로 이어질 위험이 있다. 특히, 리더가 모든 의사결정을 데이터에만 의존할 경우, 개인의 창의성과 인간적 직관이 배제될 가능성이 크다. 오늘날 산업사회에서 AI는 방대한 데이터를 기반으로 뛰어난 분석과 예측을 제공하지만, 급격히 변화하는 환경이나 복잡하고 새로운 문제에 직면했을 때는 한계를 드러낼 수 있다.

(2) 기술격차에 따른 문제

조직 내에서 디지털 역량의 격차는 새로운 도전과 문제를 야기할 수 있다. 리더는 구성원들이 최신 기술을 효과적으로 습득할 수 있도록 교육과 학습 기회를 적극적으로 제공해야 한다. 그러나 모든 구성원이 동일한 속도로 디지털 기술을 익히는 것은 현실적으로 쉽지 않다. 이로 인해 구성원 간 기술격차가 발생할 경우, 조직에서는 주어진 목표의 생산성과 능률성이 저하되고, 조직 내 갈등이 증폭될 가능성이 높다. 특히, 기술격차는 업무수행에 대한 자신감 저하나 스트레스를 유발하며, 장기적으로는 조직 내 불평등을 심화시킬 수 있다. 따라서 이러한 문제를 완화하기 위해 리더는 맞춤형 지원을 통해 개별 구성원의 학습속도와 필요를 고려한 전략적 접근이 필요하며, 기술격차를 줄이고 포용적인 디지털 환경을 구축하는 것은 조직의 성공과 협력적인 문화를 유지하는 데 중요한 요소다.

3) 첨단기술의 이해와 적응의 한계

리더는 인공지능(AI)과 디지털 혁신을 통해 새로운 기회를 창출하고 조직의 효율성을 극대화하며, 기존의 복잡한 문제를 해결할 혁신적인 접근법을 모색해야 한다. 그러나 디지털 시대의 급격한 기술발전은 리더와 구성원 간 기술적 이해와 적응능력의 격차를 유발할 수 있다. 이러한 첨단기술의 빠른 변화에 적응하지 못하는 리더는 조직

운영과 경쟁력 강화에 큰 제약이 될 수 있다. 특히, 제4차 산업혁명과 디지털 혁신은 첨단기술이 주도하는 중요한 전환이 되었고, 리더는 변화의 속도와 방향을 신속히 파악하고 이를 조직의 지속 가능한 성장과 발전의 기회로 전환해야 한다. 이를 위해 리더는 모든 구성원이 첨단기술에 대한 이해와 적응력을 높일 수 있도록 지속적인 교육과 환경변화에 맞는 지원을 통해 조직의 역량을 강화해야 한다.

참고문헌

강정애 외(2010). 리더십론. 시그마프레스.

강진구(2017). 위기를 기회로 바꾸는 힘 "Change Management". LG경제연구원.

개리 윌스(1999). 시대를 움직인 16인의 리더. 곽동훈 옮김. 서울: 작가정신.

고성국(2008). 오바마 리더십의 비밀(프러시안. 2008.11.11.).

국가공무원인재개발원(2018). 공공조직의 리더십 무엇이 다른가.

권기헌(2011). 행정학원론. 서울: 학림.

김병직 · 김지연(2012). 변혁적 리더십과 조직 몰입간의 매개변인 연구: 조직공정성의 신뢰에 대한 매개효과를 중심으로. 산업혁신연구, 28(4), 211-239.

김성훈 · 강영순(2012). LMX질의 선행요인과 임파워링 리더행동의 조절효과. 산경론집, 28, 39-60.

김성훈(2020). 제4차 산업혁명과 융합 생태계. 서울: 미래지식. 25-30.

김영식(1999). 논점 행정학, 대명출판사.

김영훈(2018). 4차 산업혁명의 선도국 전략과 후발국 대응방안. 국제개발협력, (2), 3-19.

김용현(2021). 아이마케팅. 서울: 비앤엠북스.

김용호 · 이종현 · 신강현(2016). 직무관여와 조지몰입의 관계: 상사-부하 교환관계(LMX)의 질, 조직지원인식의 조절효과. 사회과학연구, 40(2), 1-29.

김윤호(2019). 리더십의 이해. 파주: 형설출판사.

김의성(2019). 제4차 산업혁명 시대를 대비한 법제 정책 개선방안 연구(국외훈련결과 보고서). 법제처.

김재득(2008). 리더십. 서울: 대영문화사.

김정광 · 송병주(2011). 서번트 리더십이 조직시민행동에 미치는 영향에 관한 연구. 지방정부연구, 15(2), 51-72.

김정민(2021). 창조적 리더십의 유형과 적용 사례. 한국리더십학회, 45(3), 121-135.

김정식 외(2013). 리더-구성원 간 교환관계(LMX)의 질이 구성원들의 주도적 행동과 발언행동에 미치는 영향: 심리적 안전감의 매개역할을 중심으로. 경영학연구, 42(3), 613-643.

김종호 외(2018). 공공조직의 리더십 무엇이 다른가. 국가공무원재개발원.

김진숙(2017). 4차 산업혁명을 준비하는 인재양성방향. 공공정책, 135, 18-21.
김혜원(2020). 사회인지이론과 의학교육: 어떻게 사회적 상호작용을 통해 학습이 일어나는가. *Korean Medical Education Review*, 22(2), 67-76.
로버트 K. 그린리프(2012). 서번트 리더십. 강주헌 옮김. 서울: 도서출판 참솔.
박보식(2019). 리더십. 대영문화사.
박수용(2018). 4차 산업혁명시대의 진로교육. 한국비즈니스연구, 2(1), 1-11.
박영진(2020). 조직 혁신과 리더십 전략. 서울: 한국경영출판사.
박영진(2021). 창조적 리더십과 조직 혁신의 상관관계. 한국경영학회지, 35(4), 245-267.
박일순(2019). 리더십과 인성. 서울: 한올출판사.
박재춘(2013). 리더십 행동과 리더-구성원 교환관계(LMX), 리더십 효과성 간의 관계: 공직사회를 중심으로. 한국행정연구, 22(1), 29-61.
박종훈 · 박경아(2001). 리더십과 followership 간의 적합성이 조직유효성에 미치는 효과: 변혁적 리더십과 거리적 리더십의 비교. 인사관리연구, 24(2), 87-115.
박지혜 · 김재홍 · 김대중(2019). 2016년 미국 대선 TV토론에서 나타난 후보자의 메시지와 얼굴표정의 특징 분석. 지역과 커뮤니케이션, 23(4), 33-64.
박형근(2014). 4차 산업혁명이 시작됐다. 기계가 소통하는 사이버물리시스템 주목하라. 동아비즈니스리뷰, 166.
배정훈(2011). 조직관리와 리더십. 서울: 형설출판사.
배정훈 · 송경수(2016). 리더십 에센스. 형성출판사.
백지연(2018). 리더십의 이해. 서울: 한올출판사.
변상우(2018). 리더십. 서울: 청람.
삼성경제연구소(2010). 긍정에너지를 이끌어내는 힘, 감성리더십. SERI경영노트, 제57호, 1-10.
성재환 · 문재승 · 김수영(2019). CEO의 감성리더십, CEO 신뢰, 직무열의, 그리고 CEO 정당성 간의 관계. 기업경영리뷰, 10(1), 153-175.
성혜정(2016). 제4차 산업혁명. 국토 420, 39.
시사저널. 정주영의 도전 · 창조적 리더(http://www.sisajournal.com).
신구범(2013). 리더십의 이론과 실제. 서울: 형설출판사.
심규성(2007). 한국어 교사의 비언어적 커뮤니케이션 연구: 교실상황을 중심으로. 석사학위논문. 경희대학교 교육대학원.
안인숙(2013). 비언어적 의사소통의 의미강화 양상 연구. 國語文學, 54, 51-75.
LG 주간경제. 도덕경(道德經)을 통해 배우는 감성 리더십(2002.10.30.).
오세덕 외(2013). 행정관리론. 서울: 대영문화사.

유훈(2000). 행정학원론. 서울: 법문사.
윤대혁(2004). 인간관계론. 서울: 삼영사.
윤영득(2020). 4차 산업혁명 시대의 기술혁신, 탈중앙 그리고 창조성. 문화산업연구, 20(3), 23-33.
윤유리 외(2020). 4차 산업혁명 기반 혁신기술 활용을 통한 개발협력사업 발전방안 연구. 한국국제협력단, 연구보고서.
이동형(2011). 학교자문에서의 저항에 대한 사회인지이론적 고찰. 한국심리학회지, 8(2), 111-132.
이상호(2015). 조직과 리더십. 서울: 북넷.
이성우 · 정성희(2019). 4차 산업에 따른 정치 패러다임의 변화: 시민사회, 정부, 국제관계에 대한 영향. 경기연구원, 기본연구 2019-06.
이소희 · 김은주 · 박혜숙(2011). 에니어그램을 활용한 감성리더십 프로그램을 통해서 본 아버지 역할의 변화. 한국가족복지학, 16(3), 127-154.
이응석 · 김병근(2018). 기업가 지향성과 개방적 조직문화가 기업성과에 미치는 영향: 개방형 혁신의 매개효과를 중심으로. 기술혁신연구, 26(2), 37-68.
이장로(2012). 성공을 위한 셀프 리더십(self-leadership). 고대신문(2012.04.02.).
이재우(2021). "스마트 팩토리와 AI를 활용한 제조업의 혁신". 산업혁신연구, 15(3), 45-62.
이종수(2009). 행정학 사전. 대영문화사.
이철기(2010). 변혁적 · 거래적 리더십의 효과에 관한 한국과 중국의 비교 연구. 대한경영학회지, 23(6), 3101-3124.
이태식 · 이병규(2009), LMX의 질과 구성원 성숙도 및 조직유효성의 관계에 관한 연구. 전문경영인연구, 12(1), 69-90.
이학희(2019). 기업경영 리더십. 서울: 청람.
이호선 외(2013). 서번트 리더십이 조직시민행동에 미치는 영향: 신뢰와 임파워먼트의 매개효과 중심으로. 한국조직학회보, 10(1), 203-234.
이호형(2020). 4차 산업혁명 관련 무역연구의 체계적 문헌고찰과 사례연구. 통상정보연구, 22(2), 23-41.
이화형 · 이지환(2020)). 무사 사카모토 료마의 리더십 연구: 거래적 리더십을 중심으로. 한국체육교육학회지, 25(3), 195-209.
인성호(2020). 조직시민행동을 위한 윤리적 리더십 및 LMX에 관한 연구. 관광연구저널, 34(3), 89-102.
임윤경(2016). 시시간이 흘러도 변치 않는 리더십 GE 전 CEO 잭 웰치 20세기 최고의 경영자, 시사뉴스(검색일: http://www.sisanewsn.co.kr. 2020.12.01.).

임재강(2009). 경찰관의 감성과 감성리더십에 관한 연구. 경찰연구논집, (4), 75-107.
장석인(2009). 변혁적 및 거래적 리더십이 조직몰입에 미치는 영향에 관한 구조모형분석. 인적자원관리연구, 16(2), 213-229.
장석인(2017). 제4차 산업혁명 시대의 산업구조 변화방향과 정책과제, 국토 제4213호, 22-30.
장영희(2006). 비언어적 행위 표현에 대한 연구. 國語文學, 41, 221-247.
장현아 · 최애경. 상사-비서 교환관계(LMX)의 질이 직무태도에 미치는 영향. 서사무경영연구, 16(2), 49-71.
전수진 · 구관모(2003). 상사-비서간 교환관계가 비서의 직무태도에 미치는 영향-팔로워십 유형의 조절효과를 중심으로. 비서사무경영연구, 12(1), 151-172.
정우일 외(2017). 리더와 리더십. 서울: 박영사.
정우일(2006). 공공조직론. 서울: 박영사.
정정승(2006). 의사소통과 비언어적 표현 양상. 영미어문학, 18, 225-249.
정진철 · 최승준 역(2017). 경영자의 리더십 이론과 실무. 서울: 한경사.
정태일 · 쑨이페이(2017). 시진핑의 정치적 리더십에 관한 연구: 막스 베의 정치지배유형을 중심으로. 한국과 국제사회, 1(2), 129-148.
정혜경(1999). 언어행동과 비언어행동. 서울: 박이정.
조선닷컴(2011). 애플의 '전설' 스티브 잡스가 남긴 성공 10계명은?(검색일 2011.09.06.).
조원희 · 황찬규 · 김창섭(2020). ICT 스타트업 CEO의 변혁적 리더십이 상사-부하 교환관계(LMX)를 통하여 이직의도에 미치는 영향. 한국융합과학회지, 9(3), 386-403.
조지프 슘페터 · 요제프 알로이스 슘페터(2016). 자본주의 사회주의 민주주의. 이종인 옮김. 북길드.
최무현(2013). 리더십 입문 이론과 실제. 서울: 소통과 공감.
추계자(2007). 비언어적 의사소통 수단으로서 옷차림 신호, 코기토(61). 243-260.
통계청(2017). 4차 산업혁명 주요 테마분석 -관련 산업을 중심으로, 통계청 연구보고서, 226-286.
하상군 · 장문학(2010). 행정학 개론. 대영문화사.
하승미(2018). 리더십 이론과 개발. 서울: 윤성사.
하승태 · 이희은(2020). 정치 지도자의 비언어적 ANCODI(분노, 경멸, 혐오) 정서 표현 연구: 정서적 표정부호체계(EMFACS)와 손짓 제스처 분석을 중심으로. 언론과학연구, 20(3), 155-187.
한동엽(2016). EQ(감정적 지능지수)가 높은 사람들의 10가지 특징, 중앙일보. 2016.03.30.
한은미 외(2019). 글로벌 리더십. 파주: 수양재.

한태천 · 임재강(2011). 감성리더십이 조직몰입에 미치는 영향: 경찰조직을 중심으로. 지방정부연구, 15(1), 253-275.

한형서(2017). 중앙정부와 지방정부의 위기관리시스템: 구축과 대응전략에 관한 연구. 서울: 비앤엠북스.

Albrecht, A. & Albrecht-Goepfert, E. (2012). Vertrauen, Verantwortung, Motivation und Kommunikation. *Personalfuehrung,* 6/2012. 44-50.

Amabile, T. M. (1996). Creativity and Innovation in Organizations. *In Handbook of Industrial and Organizational Psychology*. 367-417.

Amabile, T. M. (1998). How to Kill Creativity. *Harvard Business Review*, 76(5), 76-87.

Antonakis, J., Cianciolo T. & Sternberg, R. (2004). The nature of leadership. Sage, Thousand Oaks.

Atkinson, T. N. & Pilgreen, T. (2011). Adopting the Transformational Leadership Perspective in a Complex Research Environment. *Research Management Review,* 18(1), 1-23.

Avolio, B. J., Bass, B. M., & Jung, D. I. (1999). Re-examining the components of transformational and transactional leadership using the Multifactor Leadership Questionnaire. *Journal of Occupational and Organizational Psychology,* 72(4), 441-462.

Baldonado, A. (2017). Servant Leadership: Learning From Servant Leaders of the Past and Their Impact to the Future. *International Journal of Management Sciences and Business Research,* 6(1), 53-57.

Bass, B. M. & Avolio, B. J. (1990). The implications of transactional and transformational leadership for individual, team, and organizational development. *Research in Organizational Change and Development,* 4, 231-272.

Bass, B. M. & Avolio, B. J. (1994). *Improving Organizational Effectiveness Through Transformational Leadership*. SAGE Publications.

Bass, B. M., Waldman, D. A., Avolio, J. J., & Bebb, M. (1987). Transformational Leadership and the Falling Dominoes Effect. *Group and Organization Studies,* 12, 7-19.

Bass, B. M. (1985). *Leadership and Performance Beyond Expectations*. New York: Free Press.

Bauer, T. N. & Erdogan, B. (2015). *The Oxford handbook of leader–member exchange,* Oxford University Press.

Beck, U. (1986). Risikogesellschaft Auf dem Weg in eine andere Moderne. Suhrkamp Verlag Frankfurt am Main.

Bloisi, W. (2003). *Management and organizational behaviour* (2nd ed.), UK; McGraw-Hill Education.

Böhret, C. & Junkers, M. T. (1976). *Führungskonzepte für die öffentliche Verwaltung*. Kohlhammer Verlag.

Böhret, C. & Konzendorf, C. (1997). *Ko-Evolution von Gesellschaft und funktionalem Staat*. Westdeutscher Verlag.

Breuilly, J. (2011). Max Weber, Charisma, and Nationalist. *Nations and Nationalism*. 17(3), 477-499.

Brewer, C. (2010). Servant Leadership: A Review of Literature. *Online Journal of Workforce Education and Development,* Volume 4, Issue 2-Spring, 1-8.

Brown, J. (2020). *Leadership in the digital age*. Cambridge: Academic Press.

Brown, J. (2021). Privacy risks in AI systems. *Journal of Digital Ethics*, 3(2), 45-60.

Brown, P. (2021). *Adaptive Leadership in a Rapidly Changing World*. London: Routledge.

Browning, M. (2018). Self-Leadership: Why It Matters. *International Journal of Business and Social Science,* 9(2), 14-18.

Brynjolfsson, E. & McAfee, A. (2014). *The Second Machine Age: Work, Progress, and Prosperity in a Time of Brilliant Technologies*. W. W. Norton & Company.

Brynjolfsson, E. & McAfee, A. (2016). *The second machine age*. Work, progress, and prosperity in a time of brilliant technologies. W.W. Norton & Company.

Brynjolfsson, E. & McAfee, A. (2017). *Machine, Platform, Crowd: Harnessing Our Digital Future.* New York: W. W. Norton & Company.

Bundeszentrale fuer politische Bildung. (2010). M 04.02 Vier Ohren und ein Eisberg. https://www.bpb.de/lernen/grafstat/klassencheckup/46406/m-04-02-vier-ohren-und-ein-eisberg

Burns, J. M. (1978). *Leadership,* New York: Harper & Row.

Burton, R. M., Obel, B. & DeSanctis, G. (2011). *Organizational Design: A Step-by-Step Approach*. Cambridge University Press.

Cabane, O. F. (2012). *The Charisma Myth.* How Anyone Can Master the Art Science of PersonalMagnetism. https://ia801007.us.archive.org/22/items/TheCharismaMythHowAnyoneCanMasterTheArtAndScienceOfPersonalMagnetism/Charisma.pdf(검색일 2021.05.31).

Carter, R. (2022). Divergent Perspectives on Strategic Thinking in the Fourth Industrial Revolution. *Journal of Strategic Studies,* 20(4), 120-125.

Christoph, D. (2022). Don't be too SMART, but SAVE your goals: Proposal for a renewed goal-setting formula for Generation Y. *Journal of Applied Leadership and Management*, 9, 73-87.

Cole, G. A. (2006). *Management Theory and Practice* (6th ed.), London: Book Power.

Conger, J. A. (1993). Max Weber's conceptualization of charismatic authority: Its influence on organizational research. *The leadership Quarterly,* 4, Issues 3-4. 277-288.

Cook K. & Rice E. (2003). Social Exchange Theory. John Delamater (ed.), *Handbook of Social Psychology.* New York: Kluwer Academic/Plenum Publishers.

Daft, R. L. & Lane P. G. (2015). *The Leadership Experience.* Australia: Cengage Learning.

Daft, R. L. (2008). *The Leadership Experience* (4th ed), Mason, Ohio: Thomson.

Dansereau, F., Graen, G. & Haga, W. J. (1975). "A vertical dyad linkage approach to leadership within formal organizations, *Organizational Behaviour and Human Performance,* 13, 46-78.

Dar, S. A. (2022). The Relevance of Taylor's Scientific Management in the Modern Era. *Journal of Psychology and Political Science,* 2(6), 1-6.

Daud, Y. M. (2021). Self-leadership and its application to today's leader leader a review of literature. The Strategic Journal of Business & Change Management, 8(1), 1-11.

Davenport, T. H. & Kirby, J. (2016). *Only Humans Need Apply.* Winners and Losers in the Age of Smart Machines. Harper Business.

Deborah, B. B. & Robert, N. S. (1999). Resistance and cooperation: A response to conflict over job performance. *Human Relations,* 52, 1029-1053.

Deci, E. L. & Ryan, R. M. (1987). The support of autonomy and the control of behavior. *Journal of Personality and Social Psychology,* 53(6), 1024-1037.

Dhani, P. & Sharma, T. (2016). Emotional intelligence; History, Models and Measures. *International Journal of Science Technology and Management,* 5(7), 189-201(http://www.ijstm.com.(검색일 2021.06.01).

Doe, J. & Smith, A. (2021). *Digital Identity and Privacy in the Internet Age.* Oxford: Oxford University Press.

Doran, G. T. (1981). There's a S.M.A.R.T. Way to Write Management's Goals and

Objectives. *Management Review*, 70, 35.

Drucker, P. F. (1954). *The Practice of Management*. New York: Harper & Row.

Drucker, P. F. (1992). *Managing for the Future.* Routledge.

Drucker, P. F. (1998). Wissen - die Trumpfkarte der entwickelten Länder - In den Industrieländern schrumpft die Bevölkerung. Der Produktionsfaktor Wissen muss daher systematisch verstärkt und genutzt werden, *Harvard Business Manager 20,* 9-11.

Edmondson, A. C. (1999). Psychological safety and learning behavior in work teams. *Administrative Science Quarterly*, 44(2), 350-383.

Emerson, R. M. (1976). Social Exchange Theory. *Annual Review of Sociology,* 2, 335-362.

Evans, M. G. (1966). R. J. House's "A path-goal theory of leader effectiveness.", *Leadership Quarterly,* 7(3), 305-309.

Fiedler, F. E. & Chemers, M. M. (1984). *Improving Leadership Effectiveness: The Leader Match Concept*(2nd edn). New York: Wiley.

Fiedler, F. E. (1972). The Effects of Leadership Training and Experience: A Contingency Model Interpretation. *Administrative Science Quarterly*, 17(4), 453-470.

Finzel. H. (2013). *The Top Ten Mistakes Leaders Make.* David C Cook.

Floridi, L. (2014). *The Fourth Revolution: How the Infosphere is Reshaping Human Reality.* Oxford University Press.

Floridi, L. (2020). *Ethics of Artificial Intelligence and Robotics.* New York: Springer.

Freshman, B. & Rubino, L. (2002). Emotional Intelligence: A Core Competency for Health Care Administrators. *Health Care Manager,* 20(4), 1-9.

Freud, S. (1923). Das Ich und das Es, https://psychanalyse.lu/Freud/FreudIchEs.pdf(검색일 2024.11.10.)

Furtner, M. & Baldegger, U. (2016). *Self-Leadership und Fuehrung.* Springer Gabler, Wiesbaden.

Gabler Verlag. (2001). *Wirtschafts-Lexikon.* (17th. ed) Wiesbaden.

Gambill T. & Carbonara, S. (2021). *Getting It Right When It Matters Most: Self-leadership for Work and Life.* Business Expert Press.

Gannon, D. & Boguszak, A. (2013). Douglas Mcgregor's Theory X and Theory Y, *CRIS Bulletin.* 2, 85-93.

Garvin, D. A. (2019). *Building Collaborative Networks.* Boston: Harvard Business Review Press.

George, B. (2000). *Authentic Leadership: Rediscovering the Secrets to Creating Lasting Value*. Jossey-Bass.

Giuliani, R. W. & Kurson, K. (2002). Leadership. New York: Hyperion.

Goffee, R. & Jones, G. (2005). Managing Authenticity. *Harvard Business Review, 8*, 86-94.

Goldman, E. F. (2011). Strategic thinking at the top. *MIT Sloan Management Review,* 48(4), 75-81.

Goleman, D. (1995). *Emotional intellengence.* New York, NY: Bantam Books.

Goleman, D. (2000). Leadership That Gets Results. Harvard Business Review. March-April 2000. 1-15.

Goleman, D. (2005). *Emotional Intelligence:* Why It Can Matter More Than IQ. New York: Bantam Books.

Goodson, J. R., McGee, G. W. & Cashman, J. F. (1989). Situational Leadership Theory. A Test of Leadership Prescriptions. *Group & Organization Studies,* 14(4), 446-461.

Graen, G., Dansereau, F. & Minami, T. (1972). Dysfunctional leadership styles. *Organizational Behavior and Human Performance,* 7(2), 216-236.

Green, M. F. (1994). "Not for Wimps or Cowards: Leadership in the Post-Heroic Age." *Educational Record,* 75(3), 55-60.

Greenleaf, R. K. (1977) Servant Leadership: A Journey into the Nature of Legitimate Power and Greatness. Paulist Press, New York.

Habermas, J. (1981). Theorie des kommunikativen Handelns: Band 1 - Handlungsrationalität und gesellschaftliche Rationalisierung. Suhrkamp Verlag.

Hall, E. T. (1976). Beyond Culture. Anchor Books.

Hardin, R. (2003). Liberalism, constitutionalism, and democracy. New York, NY: Oxford University Press.

Heath, K., Martin L. & Shahisaman, L. (2017). Golbal Leadership Competence: The Intelligence Quotient of a Modern Leader. *Journal of Leadership Education,* 16(13), 136-137. https://journalofleadershiped.org/wp-content/uploads/2019/02/16_3_Heath.pdf

Hellriegel, D. et al. (1995). *Organisational behaviour* (13nd ed.), South-Western. Cengage Learning.

Herbst, D. (2003). *Praxishandbuch Unternehmenskommunikation.* Cornelsen. 6.

Herold, G. (2016). Leadership in the Fourth Industrial Revolution, *Stanton Chase.* 1-14.

https://www.stantonchase.com(검색일 2021.06.30).

Hersey, P. & Blanchard, K. H. (1977). Management of Organizational Behavior 3rd Edition-Utilizing Human Resources. Prentice Hall, New Jersey.

Hersey, P. & Blanchard, K. H. (1982). Leadership style: Attitudes and behaviors. *Training & Development Journal,* 36(5), 50-52.

Hinterhuber, H. H. & Krauthammer, E. (2014): *Leadership - Mehr als Management.* Wiesbaden. Verlag Gabler.

Hinterhuber, H. H. (2003): *Leadership - Strategisches Denken systematisch schulen von Sokrates bis Jack Welch,* Frankfurt am Main.

Hobsbawm, E. (1996). *The Age of Revolution:* 1789-1848. Vintage. https://sajip.co.za/index.php/SAJIP/article/view/2172

Hock, M., T. Clauss & E. Schulz (2016), "The Impact of Organizational Culture on a Firm's Capability to Innovate the Business Model", *R&D Management,* 46(3), 433-450.

Hofstede, G. (1991). Cultures and Organizations: Software of the Mind. McGraw-Hill.

House, R. & Howell, J. M. (1992). Personality and Charismatic Leadership. *Leadership Quarterly,* 3(2), 81-108.

House, R. (1976). *A 1976 Theory of Charismatic Leadership. Working Paper Series,* University of Toronto. 1-38.

House, R. J. & Mitchell, T. R. (1975). Path-Goal Theory of Leadership. University of Washington.

House, R. J. et al. (1999). Cultural Influences on Leadership and Organizations: Project GLOBE. W. H. Mobley, M. J. Gessner & V. Arnold (eds.), *Advances in Global Leadership,* Stamford, CT: JAI Press. 171-233.

Institut für Textiltechnik der RWTH Aachen University. (2024). Schritt-für-Schritt zur Digitalisierung: Ein Leitfaden für Unternehmen.

Jacobs, T. O. & Jaques E. (1990). Military Executive Leadership, K. E. Clark & M. B. Clark (eds.), *Measures of Leadership.* West Orange, NJ: Leadership Library of America. 281-295.

Jago, A. G. (1982). Leadership: Perspectives in Theory and Research. *Management Science,* 28, 315-336.

Jane, M. & Hirt, K. (2016). Path-Goal Theory of Leadership. A. Farazmand (ed.), *Global Encyclopedia of Public Administration, Public Policy and Governance,* Springer International Publishing Switzerland.

Joosse, P. (2014). Becoming a God: Max Weber and the social construction of charisma. *Journal of Classical Sociology,* 14(3), 266-283.

Kagermann, H., Wahlster, W. & Helbig, J. (2013). *Umsetzungsempfehlungen für das Zukunftsprojekt Industrie 4.0: Abschlussbericht des Arbeitskreises Industrie 4.0. Frankfurt/Main: Acatech.*

Kanesan, P. & Fauzan, N. (2019). Models of emotional intelligence: A review. *Journal of Social Sciences and Humanities,* 16(7), 1-9.

Kazmi, A. & Naaranoja, M. (2015). Cultivating Strategic Thinking in Organizational Leaders by Designing Supportive Work Environment!. *Procedia - Social and Behavioral Sciences,* 181, 43-52.

Kotter, J. P. (1996). Leading Change. Harvard Business Review Press.

Kotter, J. P. (2012). Leading Change. Harvard Business Review Press.

Kron, F. (1993). *Grundwissen Didaktik.* Muenchen/ Basel: Verlag Reinhardt.

Kuh, W. L., Steer, R. M. & Tergorg, J. R. (1995). The Effects of Transformational Leadership on Teacher Attitudes and Student Performance in Singapore. *Journal of Organizational Behavior,* 16, 319-333.

Kumle, J. & Kelly, N. J. (2000). Leadership vs. Management. *Supervision,* 61, 11-13.

Langmaack, B. & Braune-Krickau, M. (2000). Wie die Gruppe laufen lernt, Ein praktisches Lehrbuch, Weinheim, Psychologie Verlags Union.

Laub, J. A. (1999). Assessing the Servant Organization Development of the Servant Organizational Leadership Assessment (SOLA) Instrument. Boca Raton, Florida.

Lawlor, K. B. & Hornyak, M. J. (2012). SMART GOALS: HOW THE APPLICATION OF SMART GOALS CAN CONTRIBUTE TO ACHIEVEMENT OF STUDENT LEARNING OUTCOMES. *Developments in Business Simulation and Experiential Learning,* 39, 259-267.

Lepsius, M. R. (1986). *Charismatic Leadership: Max Weber's Model and Its Applicability to the Rule of Hitler.* Carl F. Graumann, Serge Moscovid(ed.). Changing Conceptions of Leadership Springer-Verlag New York.

Lewis, J. D. & Weigert, A. (1985). Trust as a Social Reality. *Social Forces,* 63, 967-985.

Liden, R. C., Sparrowe, R. T. & Wayne, S. J. (1997). Leader-member exchange theory: The past and potential for the future. *Research in personnel and human resources management,* Vol. 15, 47-119.

Liden, R. C. & Graen, G. (1980). Generalizability of the vertical dyad linkage model of leadership. *Academy of Management Journal,* 23, 451-465.

Likert, R. (1967). *The Human Organization: Its Management and Value*. New York: McGraw-Hill.

Lowe, K. B., Kroeck, K. G. & Sivasubramaniam, N. (1996). Effectiveness correlates of transformational and transactional leadership: A meta-analytic review of MLQ literatur. *The Leadership Quarterly,* 7, 385-415.

Lussier, R. (2004). Leadership, theory, application, skill development, 2nd. Thomson/ South-Western, Mason.

MacDonald, G. (2008). Die Eisberg-Theorie - das Verborgene im Offensichtlichen. in: Arnd Joachim Garth. (2008). Krisenmanagement und Kommunikation. GWV Fachverlage GmbH, Wiesbaden. pp. 123-135.

Madanchian, et al. (2016). Leadership Theories; an Overview of Early Stages.https://www.researchgate.net/publication/305323677_Leadership_Theories_an_Overview_of_Early_Stages.(검색일 2020.08.15.).

Manz, C. C. & Sims, H. P. (1987). Leading Workers to Lead Themselves: The External Leadership of Self Managing Work Teams. *Administrative Science Quarterly* 32(1), 106-128.

Manz, C. C. & Sims, H. P. (1991). SuperLeadership: Beyond the myth of heroic leadership. *Organizational Dynamics,* 19(4), 18-35.

Manz, C. C. & Sims, H. P. (2001). *The New Superleadership: Leading Othersto Lead Themselves,* San Francisco, CA: Berrett Koehler.

Mayer, C. (2024). Leaders' views on leadership and skills development in the Fourth Industrial Revolution. *SA Journal of Industrial Psychology,* 1-11.

Mayer, J. D. et al. (2008). Human Abilities: Emotional Intelligence. *Annual Review of Psychology,* 59, 507-536.

Mayntz. R. (1985). *Soziologie der oeffentlichen Verwaltung*. Heidelberg: Mueller, Juristischer Verlag.

McGregor, D. (1960). *The Human Side of Enterprise.* New York : McGraw-Hill.

Meier. P. (2002). *Interne Kommunikation im Unternehmen.* Von der Hauszeitung bis zum Intranet, Zürich Orell Füssli Verlag.

Melchar, D. D. & Bosco, S. M. (2010). Achieving High Organization Performance through Servant Leadership. *The Journal of Business Inquiry,* 2010, 74-88.

Meyer, R. (1925). "Freud and the Role of the Unconscious", Journal of Psychology, 5(2), 215-230.

Mittal, R. (2015). Charismatic and Transformational Leadership Styles: A Cross-Cultural

Perspective. *International Journal of Business and Management,* 10(3), 26-53.

Morrison, M. (2010). History of SMART objectives. *Rapid Business Improvement.* Retrieved from. http://rapidbi.com/management/history-of-smart-objectives/.

Mumford, M. D. & Hunter, S. T. (2005). Transforming Leadership: The Role of Creativity. *The Leadership Quarterly*, 16(4), 459-486.

Mumford, M. D. & Hunter, S. T. (2005a). Innovation in organizations: A multi-level perspective on creativity. Research in Multi-Level Issues, 4, 373-383.

Nanus, B. (1992). *Visionary Leadership: Creating a Comelling Sense of Direction for Your Organization,* San Francisco, CA: Jossey-Bass Publischer.

Neff, T. & Citrin, J. (2001). Uncommon traits.

Nikoloski, K. (2015). Charismatic leadership and power: Using the power of charisma for better leadership in the Enterprises. *Journal of Process Management – New Technologies, International,* 3(2), 18-27.

Nindyati, A. D. (2013). Visionary Leadership Measurement in Indonesia(Conference: The 8th International Conference on Business and Management Research(ICBMR) At: Seoul-South Korea. *ResearchGate.* 1-7. https://www.researchgate.net/publication/290805430_Visionary_Leadership_Measurement_in_Indonesia_The_Implementation_Visionary_Leader_from_Burt_Nanus_Concept(검색일 2021.06.30)

Nitzschke, B. (2010). Die Psychoanalyse Sigmund Freuds. Konzepte und Begriffe, Wiesbaden.

Northouse, P. G. (2015). *Leadership theory and practice,* 6th edn. Sage, Thousand Oaks.

Northouse, P. G. (2018). *Leadership: Theory and Practice.* Thousand Oaks, CA: SAGE Publications.

O'Connor, et al. (2019). The Measurement of Emotional Intelligence: A Critical Review of the Literature and Recommendations for Researchers and Practitioners. *Front Psychol,* Published online 2019 May 28. https://www.ncbi.nlm.nih.gov/pmc/articles/PMC6546921(검색일 2021.06.06)

Odumeru & Ifeanyi. (2013). Transformational vs. Transactional Leadership Theories: Evidence in Literature. *International Review of Management and Business Research,* 2, Issue 2, 355-361.

Park Ji eun · Kwon Hye Sun · Kim Seong-cheol. (2017). "Telco Strategies for the Fourth Industrial Revolution - A Scenario-based Approach". *Korean Journal of*

Broadcasting & Telecommunications Research, 97, 37-59.

Pastoors, S. (2018). "Phase 3: Probleme und Ziele beschreiben". U. Scholz et al., Praxishandbuch Nachhaltige Produktentwicklung, Springer-Verlag GmbH Deutschland.

Patterson, K. A. (2003). *Servant leadership: A theoretical model. Doctoral dissertation,* Regent University (UMI Microform 3082719).

Pelz, W. (2016). *Transformationale Fuerhrung – Forschungsstand und Umsetzung in der Praxis.* Wiesbaden.

Perry, J. (2011). Martin Luther King, Jr: A True Servant Leader. https://www.huffpost.com/entry/martin-luther-king-jr-a-t_b_427417(검색일 2021.05.20.).

Petrides, K. V. (2009). Psychometric properties of the Trait Emotional Intelligence questionnaire(TEIQue). In C. Stough, D. H. Saklofske & J. D. Parker (eds.), *Assessing emotional intelligence. Theory, research, and applications.* Boston, MA: Springer.

Pettigrew, A. M. (1979). On Studying Organizational Cultures. *Administrative Science Quarterly.* 24(4), 570-581.

Porter, M. E. (1985). *Competitive Advantage*: Creating and Sustaining Superior Performance. Free Press.

Powers, W. T. (1978). Quantitative analysis of purposive systems: Some spadework at the foundations of scientific psychology. *Psychological Review,* 85(5), 417-435.

Rahayani, Y. (2010). Servant Leadership: Educational Institution. *Journal of English and Education,* 4(1), 91-101.

Rauch, C. F. & Behling, O. (1984). Functionalism: Basis for a Alternate Approach to the Study of Leadership. Hunt J. G., Hosking D. M., Schriesheim C. A. & Stewart R(eds.), *Leaders and Managers: International Perspectives on Managerial Behavior and Leadership, Elmsford,* NY: Pergamon Press. 45-62.

Raza, S. A. & Sikandar, A. (2018). Impact of Leadership Style of Teacher on the Performance of Students: An Application of Hersey and Blanchard Situational Model. *Bulletin of Education and Research.* December 2018, 40(3), 73-94.

Reh, S., Van Quaquebeke, N. & Giessner, S. R. (2015). Leader charisma: An embodiment perspective. Paper presented at the Academy of Management Annual Meeting 2015, Vacourver, CA, August 7th-11th, 1-41.

Reinermann, H. (1995). New Public Management: Challenges for IS in Public Administration. PACIS 1995 Proceedings, 22.

Reinermann, H. (2015). Wohin steuert die Digitale Gesellschaft? - Eine Kartenskizze von Neuland -. Speyerer Arbeitsheft Nr. 215. Deutsche Unversitaet fuer Verwaltungswissenschften Speyer.

Richards, D. & Engle S. (1986). After the Vision: Suggestions to Corporate Visionaries and Vision Champions. Adams J. D. (ed.), *Transforming Leadership,* Alexandria, V A: Miles River Press. 199-214.

Robbins, S. (1992). *Essentials in Organizational Behaviour.* Prentice-Hall international Editions.

Robbins, S. P. & Coulter, M. (2007). *Management* (9th ed.), London: Prentice- Hall.

Robert, C. L. et al. (1997). Leader-member exchange theory: The past and potential for the future. *Personnel and Human Resources Management,* 15, 47-119.

Rosner, S. (2012). Gelingende Kommunikation - revisited. Ein Leitfaden für partnerorientierte Gesprächsführung, wertschöpfende Verhandlungsführung und lösungsfokussierte Konfliktbearbeitung, 3., völlig überarbeitete und erweiterte Auflage, Mering.

Russell, R. F. (2001). the role of values in servant leadership. *Leadership & Organization Development Journal,* 22(2), 76-83.

Russell, R. F. and Stone, A. G. (2002). A review of servant leadership attributes: developing a practical model. *Leadership & Organization Development Journal,* 23(3), 145-157.

Ryan, R. M. & Deci E. L. (2000). Intrinsic and Extrinsic Motivations: Classic Definitions and New Directions. *Contemporary Educational Psychology 25,* 54-67.

Salovey, P. & Mayer, J. D. (1990). Emotional Intelligence. *Imagination, Cognition and Personality,* 9(3), 185-211.

Schein, E. H. (1992). Organizational Culture and Leadership. Jossey-Bass.

Schein, E. H. (2010). *Organizational Culture and Leadership.* Jossey-Bass. New York: Harper & Brothers.

Schermerhorn, J. R. et al. (2000). *Organizational Behavior.* John Wiley & Sons.

Schriesheim, C. A. (1997). Substitutes-for-leadership theory: Development and basic concepts. *Leadership Quarterly,* 8(2), 103-108.

Schwab, K. (2016). *The Fourth Industrial Revolution.* World Economics Forum, Switzerland.

Senge, P. M. (1995). *Robert Grennleaf's Legacy: A new Foundation for twenty-first century Institutions, Reflection on Leadership: How Robert K. Greenleaf's Theory of Servant-Leadership influenced today's Top Management Thinkers,* New York: John Wiley & Sons, INc.

Setyaningrum, R. P. (2017). Relationship between Servant Leadership in Organizational Culture, Organizational Commitment, Organizational Citizenship Behaviour and Customer Satisfaction. ***European Research Studies Journal,*** 22(3A), 554-569.

Shah, J. & Ali, B. (2011). Super-leadership: An approach to maximize idea generation and creative potential for creative culture. ***African Journal of Business Management,*** 6(1), 2012 (388-401.

Shamir, B. (1991). The charismatic relationship: Alternative explanations and predictions. ***Leadership Quarterly,*** 2, 81-104.

Simon, J. (2019). "Super-Leadership" als zentrale Führungskompetenz. https://www.chemietechnik.de(검색일.2021.06.30).

Sims, B. J. (1997). ***Servant hood: Leadership for the group effectiveness.*** Philadelphia, PA: The Wharton School, University of Pennsylvania.

Smith, A. & John, B. (2022). ***Artificial intelligence in leadership.*** New York: Leadership Press.

Smith, C. (2005). ***Servant Leadership: The Leadership Theory of Robert K.*** Greenleaf, Submitted december 4.

Smith, J. & Brown, L. (2022). *Digital Transformation in Modern Organizations.* Cambridge: Academic Press.

Snow, R. (2013). ***I Invented the Modern Age:*** The Rise of Henry Ford. Scribner.

Sorensen, P. F. & Minahan, M. (2011). "McGregor's legacy: the evolution and current application of Theory Y management", ***Journal of Management History,*** 17(2). 178-192.

Spears, L. (1995). Reflections on leadership for the group effectiveness, ***The Wharton School,*** University of Pennsylvanian.

Spears, L. (2004). Practicing servant-leadership. ***Leader to Leader,*** 34, 2-8.

Starbucks, P. (2017). Peter F. Drucker's Management by Objectives and Self-Control. ***The Oxford Handbook of Management***, Oxford University Press. New York.

Stogdill, R. M. (1974). ***Handbook of Leadership.*** A Survey of Theory and Research, New York: Free Press. South-Western.

Stowasser et al. (1994). ***Lateinisch-Deutsches Schulwörterbuch.*** Oldenbourg.

Su, Y. (2017). Taylor Scientific Management Theory Carding and Significance of Organization Management. ***Social Sciences,*** 6(4), 102-107.

Szilagyi, A. D. & Wallace, M. J. (1990), Organizational Behavior and Performance, Harper Collins Publishers.

Takala, T. A. (2005). Charismatic Leadership and Power. *Problems and Perspectives in Management,* 3, 45-57.

Thibaut, J. W. & Kelley, H. H. (1959). *The social psychology of groups.* NY: John Wiley & Sons.

Thomas, D. A. & Ely, R. J. (1996). Making Differences Matter: A New Paradigm for Managing Diversity. *Harvard Business Review,* 74(5), 79-90.

Tse, H. M. & Mitchell, R. (2010). A theoretical model of transformational leadership and knowledge creation: The role of open-mindedness norms and leader-member exchange. *Journal of Management & Organization,* 16(1), 1-34.

Uddina, N. & Hossain, F. (2015). Evolution of modern management through Taylorism: An adjustment of Scientific Management comprising behavioral science. *Procedia Computer Science* 62, 578-584. https://www.sciencedirect.com/

Van Knippenberg, D. & Sitkin, S. B. (2013): A critical assessment of charismatic-transformational leadership research: Back to the drawing board?. *Academy of management Annals,* 7(1), 1-60.

Vries, R. E., Roe, R. & Taillieu, T. (1999). On Charisma and Need for Leaderhip. *European Journal of Work and Organizational Psychology,* 8(1), 109-133.

Walter-Bisch, E. (1996). *Organisationstheorien von Weber bis Weick. Verlag Fakultas.* Amsterdam.

Watzlawick, Paul, Beavin, Janet H. & Jackson, Don D. (1967). The Pragmatics of Human Communication. W. W. Norton & Company.

Weber, M. (1980). *Wirtschaft und Gesellschaft.* Tuebingen: Mohr.

Weihrich, H. et al. (2008). *Management*(12th ed.), New Delhi: Mc Graw Hill.

Weihrich, H., Cannice, M. V. & Koontz, H. (2008). *Management* (12th ed.), New Delhi: McGraw Hill.

Wilson, H. J. & Daugherty, P. R. (2018). *Collaborative Intelligence:* Humans and AI Are Joining Forces. Harvard Business Review, 102-104.

Winkler, I. (2010). *Contemporary Leadership Theories,* Springer Physica-Verlag, Heidelberg.

Wofford, J. C. & Liska, L. Z. (1993). Path-goal theories of leadership: a Meta-analysis. *Journal of Management,* 19(4), 857-876.

Yukl G. (1989). Managerial leadership: a review of theory and research. *Journal of*

Management, 15(2), 251-289. https://www.kubiss.de/bildung/projekte/schb_netz/Komm11_Begriff_AB_1.pdf(검색일 2021.06.30).

Yukl, G. (1993). A retrospective on Robert House's "1976 theory of charismatic leadership" and recent revisions. *The Leadership Quarterly,* 4(3-4), 367-373.

Yukl, G. (2002). *Leadership in Organizations* (5th ed), Prentice Hall, Upper Saddle River.

Yukl, G. (2010). *Leadership in Organizations* (7th ed.). Prentice Hall.

Yukl, G. (2013). Leadership in Organizations. Pearson.

Zaleznik, A. (1977). "Managers and Leaders: Are They Different?", *Harvard Business Review,* 55(3), 67-76, May-June 1977.

Zenger, J. & Folkman, J. (2014). Research: 10 Traits of Innovative Leaders. *Harvard Business Review,* December 15.

웹페이지 주소

https://business-elf.de(검색일 2021.05.01)

https://business-elf.de/drei-v-verantwortung-verbindlichkeit-vertrauen(검색일 2021.05.15)

https://de.wikipedia(검색일 2021.06.30).

https://de.wikipedia.

https://de.wikipedia.org/wiki/Eisbergmodell(검색일 2024.10.11.)

https://en.wikipedia.org/wiki/Niccol%C3%B2_Machiavelli (검색일 2021.06.30).https://lexikon.stangl.eu/2929/selbstregulationstheorie. Online Lexikon für Psychologie und Pädagogik(검색일 2021.06.30)

https://namu.wiki/나무위키(검색일 2021.06.30.).

https://studyflix.de/biologie/eisbergmodell-2693(검색일 2024.09.30)

https://thekingcenter.org(검색일 2021.06.20.).

https://thekingcenter.org/about-tkc/martin-luther-king-jr/(검색일 2021.05.01)

https://www.universalclass.com

www.buero-kaizen.de/

www.nwlink.com/~donclark/leader/lead_path_goal.html(Path-Goal Leadership Theory. 검색일 2020.06.20).

www.personio.de.

찾아보기

ㅇ

ㅈ

ㅊ

ㅋ

저자약력

한형서

학력/주요경력

- 국제대학교 법경대학 경영학과 졸업
- 독일국립슈파이어(Speyer) 대학교(행정학 석 · 박사)
- 중원대학교 인문사회과학대학장/대학원장 역임
- 한양대학교 정부혁신연구소, 연구교수
- 서울대학교 행정대학원, BK21 사업단 연구원
- 국민권익위원회, 청렴컨설팅 자문위원
- 고위공직자범죄수사처, 출제 및 면접위원
- 교육부, 공무직위 및 서기관 승진 면접위원
- 인사혁신처, 출제 및 면접위원
- 한독사회과학회(부회장)
- 한국이민정책학회(부회장)
- 한국행정학회(운영이사) 및 법무행정포럼(위원장)
- 독일 라인란트-팔츠(Rheinland-Pfalz) 주정부경찰청, 객원연구원
- 독일하이델베르크(Heidelberg)시청, 객원연구원
- Deutsche Universität für Verwaltungswissenschaften Speyer, 초빙연구원
- 독일 Zeppelin University, 교환교수
- 현) 중원대학교 경찰행정학과 명예교수

저서 및 연구논문

- 「중앙정부와 지방정부의 위기관리시스템 구축과 대응전략에 관한 연구」(2017, 비앤엠북스)
- 「한국의 권력구조의 논쟁IV」(2005, 도서출판 인간사랑)
- 「유럽연합정부론」(2002, 앰-애드)
- 「독일연방정부론」(2001, 백산자료원) 외 다수
- 지역사회 복지정책의 중요도와 만족도에 관한 실증분석: 경기도를 중심으로: 「한국정책연구」(2023)
- 청소년마약류사범의 효과적인 재범예방을 위한실증분석: 「입법과 정책」(2020)
- 과학수사의 전문성 향상을 위한 실증분석: 「한국국가안보 · 국민안전학회지」(2020)
- IPA분석을 통한 지방분권정책의 중요도와 만족도에 관한 실증분석: 「지방행정연구」(2019)
- Eine Studie zur direkten Demokratie und Buergerbeteiligung in der deutschen Kommunalverwaltung: 「한 · 독사회과학논총」(2019)
- New Governance öffentlicher Verwaltung in Südkorea. Ein tragbares Konzept für die Zukunft?, DÖV(Ausgabe 3/2009) 외 다수

리더십의 이해 [2판]

2021년 08월 27일 초판 발행
2025년 02월 03일 2판 인쇄
2025년 02월 07일 2판 1쇄 발행

저 자 : 한 형 서
발행인 : 정 광 식
발행처 : **비앤엠북스**
서울시 금천구 가산디지털1로 70 B1-103(호서대벤처타워)
등 록 2004. 12. 29. / 제313-2004-00298호
전 화 2627-5710~13, 팩스 2627-5720
홈페이지 www.대학교재.net
이 메 일 bnmbook@daum.net

정가 28,000원 ISBN 978-89-6821-228-4